東方選書

三国志の考古学

出土資料からみた三国志と三国時代

関尾史郎

東方書店

『三国志の考古学』正誤表

i 頁 3 行	簡牘史料 → 簡牘資料
10 頁 7 行	斗拱 → 斗栱
102 頁 5 行、115 頁 6 行、116 頁後ろから 3 行	磚室墓 → 塼室墓
126 頁最終行	皇后 → ・皇后 （冒頭にビュレット）
239 頁後ろから 2 行	出土史料 → 出土資料
325 頁後ろから 2 行	画像磚 → 画像塼

お詫びして訂正いたします。　東方書店

はしがき

中国古代史研究では、出土資料への関心が高まっている。このことは、中国出土資料学会編『地下からの贈り物』からも知ることができるが、戦国・秦・前漢史研究における簡牘や帛書はその代表格と言えるだろう。冨谷至氏は、前世紀末、「簡牘史料」という副題を附した「二一世紀の秦漢史研究」という論文で、前世紀の秦・(前)漢史研究を総括した上で、今世紀には新出簡牘を史料として用いることにより、研究レベルが高まることを予測していた(もっともそのいっぽうで、簡牘の実見が困難なことなど、制約があることも指摘されている)。じじつ、冨谷氏自身の『木簡・竹簡の語る中国古代』や『文書行政の漢帝国』をはじめとして、簡牘を史料として用いた研究・簡牘それ自体を対象とした研究が続出している。もっとも、いかなる問題を解明するために、いかなる簡牘を、いかにして史料として用いるのか、が重要であるべきだが、法制や官制といった問題を論じた研究だけではなく、髙村武幸『漢代の地方官吏と地域社会』のような「社会史」的研究や、藤田勝久『中国古代国家と情報伝達』のように交通とネットワークを論じた研究も見られるようになった。

　降って、晋・南北朝・隋唐史研究では墓誌に代表される石刻を取り上げた研究が、かつてないほどに盛況を呈している。近年の窪添慶文『墓誌を用いた北魏史研究』は、長年にわたって墓誌研究を牽引してきた窪添氏自身の研究の集大成と言えよう。また石見清裕編『ソグド人墓誌研究』も見逃すことができない成果である。

　新疆ウイグル（維吾爾）自治区のトゥルファン（吐魯番）市にある古墓群から出土したトゥルファン文書や、甘粛省の西端敦煌市にある莫高窟千仏洞の第一七窟（蔵経洞）から発見された敦煌文書が、唐・五代史研究に大きな貢献を果たして来たことは説明するまでもないだろう。

　ところが二つの時代にはさまれた後漢・三国時代史研究では、まさにそのはざまにあって出土資料への関心はけっして高くはないし、残念ながら出土資料に対する偏見もあるようだ。これはある程度やむをえないことなのかもしれない。岡村秀典『鏡が語る古代史』のようなすぐれた成果が生まれている銅鏡をべつにすれば、そもそも目立った出土資料に長い間、恵まれてこなかったからである。たしかにこの時代は続く西晋時代も含め、書写材料が簡帛から紙や石（書写ではなく刻字だが）にゆるやかに切り替わっていく時代への入り口ではある（関尾「簡帛と紙石の世紀」）。しかし前世紀末以来の中国の経済成長も手伝って、各地で興味深い資料が相次いで出土している。長沙走馬楼呉簡（以下、「走馬楼呉簡」）はその最たるものと言えよう。これについては、すでに谷口建速『長沙走馬楼呉簡の研究』のような専著も刊行されているが（この他、森本淳氏の遺稿集『三国軍制と長沙呉簡』の第三部が「長沙呉簡研究」にあてられている）、三国時代は『三国志演義』とそのもとにもなった「正史」の『三国志』の存在感があまりに大きいためもあってか、出土資料への注目度はなかなか高くならない。

本書はそのような傾向に抗って、副題に示したように、走馬楼呉簡をはじめとする出土資料を紹介しながら、それらを手がかりとして『三国志』と三国時代について考えてみたものである。取り上げた出土資料には三国時代（二二〇～二八〇年）のものと断定できないものや、明らかに後代のものも含まれているが（三国時代に作製されたことが疑いないのは、第三章で取り上げる朱然の名刺と、第四章で取り上げる走馬楼呉簡だけである）、『三国志』と三国時代を考えるための史料としたことには変わりない。また主題にはあえて「考古学」の三文字を入れたが、取り上げた出土資料は全て考古学の発掘調査により出土したものばかりであるという理由によっている（一部に盗掘品を含む）。

【関連文献】（五十音順）

石見清裕編『ソグド人墓誌研究』汲古書院、二〇一六年。
岡村秀典『鏡が語る古代史』岩波書店・岩波新書、二〇一七年。
窪添慶文『墓誌を用いた北魏史研究』汲古書院・汲古叢書、二〇一七年。
関尾史郎「簡帛と紙石の世紀」『歴史学研究』第九六四号、二〇一七年。
髙村武幸『漢代の地方官吏と地域社会』汲古書院・汲古叢書、二〇〇八年。

谷口建速『長沙走馬楼呉簡の研究　倉庫関連簿よりみる孫呉政権の地方財政』早稲田大学出版部・早稲田大学学術叢書、二〇一六年。

中国出土資料学会編『地下からの贈り物　新出土資料が語るいにしえの中国』東方書店・東方選書、二〇一四年。

冨谷　至「二一世紀の秦漢史研究―簡牘資料―」『岩波講座　世界歴史』第三巻（中華の形成と東方世界）、岩波書店、一九九八年。

――『木簡・竹簡の語る中国古代　書記の文化史』岩波書店・世界歴史選書、二〇〇三年。

――『文書行政の漢帝国　木簡・竹簡の時代』名古屋大学出版会、二〇一〇年。

藤田勝久『中国古代国家と情報伝達―秦漢簡牘の研究―』汲古書院・汲古叢書、二〇一六年。

森本　淳『三国軍制と長沙呉簡』汲古書院、二〇一二年。


【附記】

本書は、ＪＳＰＳ科研費（JP16H05678,JP25244033,JP20242019,JP16652053,JP16320096,JP12610367,JP22242022,JP21242023,JP18320117）、および第三七回（平成二〇年度）三菱財団人文科学研究助成などを受けて行なった研究の成果をふまえている。

目次

第一章

曹氏の人びと——曹氏一族墓と出土刻字塼

はじめに

倭人塼のことを知ったのは、東京大学で開かれていた「魏書研究会」の席上だった。『魏書』語彙索引の作成作業中の雑談で、西嶋定生先生が曹氏一族墓から出土した塼《せん》（土を固めて作られたレンガ）のなかに「倭人」と刻されたもの（倭人塼）があるということだと話されたのである。曹操の本貫である沛《はい》国譙《しょう》県は現在の安徽省亳《はく》州《しゅう》市譙城区にあたるが、その市街地の南側で曹氏一族墓が見つかったのは一九七四年で、足かけ四年にわたった発掘調査の簡報、安徽省亳県博物館「亳県曹操宗族墓葬」（以下、簡報A）が『文物』に掲載されたのは一九七八年のことである。倭人塼の存在もこれによって明らかになったので、西嶋先生の話もその直後のことだったのだろう（もっとも先生ご自身は、「倭人」という釈読には懐疑的だったが）。

倭人塼は、ただちに森浩一氏をはじめとする考古学者の注目を浴びるところとなった。その倭人塼とは、元宝坑村一号墓から出土した塼のなかの一点（番号は〇七四。以下、番号は後掲の『図録文釈』による）で、「有倭人以時盟不」と刻されたものである。森氏はこれを「倭人時を以て盟すること有りや」と訓読し、この倭人とは日本列島に住む倭人で、しかもこの墓の墓主は生前会稽太守（会稽は浙江省紹興市越城区）を歴任したと考えられるので、倭人は江南と往来していた可能性が高いというのである（同「倭人磚と会稽」／「曹氏墓出土の倭人字磚と二、三の問題」）。加えてこの墓からは、「倉（蒼）天乃死（倉天乃ち死す）」と刻された塼も出土した。この塼（倉天塼。○三二）も倭人塼と同じように注目を集めたが、それは「蒼天已に死す、黄天まさに立つべし。歳は甲子に在り、天下大吉（蒼天已死、黄天當立、歳在甲子、天下大吉）」（『後漢書』巻七一皇甫嵩伝）という、一八四年（干支では甲子）に蜂起した黄巾のスローガンと類似していたからである。この二つの塼を根拠に、倭人が、黄巾の母体であった太平道教団とも交渉をもった可能性を指摘するむきもあったようだ。

　西嶋先生の話を聴いて、私も手元にあった考古学関係の雑誌を繰ってみた。すると、簡報Ａにより、倭人塼どころか、じつに多くの刻字塼がこの古墓群から出土していることがわかった。数字が刻されただけのもの（数字塼）も少なくないが、曹氏一族をはじめ曹氏や沛国にゆかりのある人びとの姓名が刻されたもの（姓名塼）がたくさん出ていた。曹氏一族の族的な広がりや社会的なつながりがよくわかる史料群であり、俄然興味がわいてきたのを覚えている。曹氏一族墓の調査はその後も続けられ、その報告（亳州市博物館「安徽亳州市発現一座曹操宗族墓」。以下、簡報Ｂ）も発表されたので、これらを手がかりにして刻字塼を内容で分類し（関尾「安徽曹氏一族墓出土文字磚緒論」）、さらに刻された姓名を整理してみた（関尾「安徽曹氏一族墓出土姓名磚試論」）。また伴出文物や『水経注』の記述などを手がかりに、出土墓の墓主についても初歩的な検討を試みた（関尾「安徽曹氏一族墓墓主試探」／「関于安徽曹氏一族墓葬的幾個問題」）。ただ発表されたのはあくまでも簡報であり、簡報Aと前後して公表された塼の拓本の写真（亳県博物館「安徽亳県発現一批漢代字磚和石刻」。以下、「字磚和石刻」）もけっして鮮明とは言いがたいものだったためもあって、私の整理や分類も不十分なものであった。その後、ほかの仕事に忙殺されていて、この史料群のことも忘れがちだったのだが、突然、李燦編『亳州曹操宗族墓字磚図録文釈』（全二冊。以下、『図録文釈』）という図録本刊行のニュースが届いた。早速購入したのはもちろんである。編者の李燦氏は、かつて発掘調査や簡報の執筆に携わった研究者で、本書には曹氏一族墓のみならず、やはり沛国譙県を本貫とした夏侯氏の一族墓から出土した刻字塼の拓本の写真も収録されている。

本書のコンテンツを簡単に紹介しておくと、第一篇の「曹操宗族墓字磚与文釈」には、件の元宝坑村一号墓（簡報Aは「元宝坑一号墓」とするが、以下では『図録文釈』にしたがう。一四七点）をはじめ、董園村一号墓（一六六点）、曹四堌堆一号墓（簡報Bは「曹四堌堆附属一号墓」とするが、『図録文釈』にしたがう。一七〇点）、張園村一号墓（一二五点）、袁牌坊村二号墓・同三号墓（あわせて一五点。うち石碑一点）、白果樹村一号墓（一五点）の七座から出土した刻字塼の拓本と釈文が、第二篇の「夏侯氏墓字磚与文釈」には、汪張村一号墓（八八点）、化肥廠一号墓（三三点）、劉花園村墓（五点）の三座から出土した刻字塼の拓本と釈文が収録されている。当然のことながら、この一〇座の築造時期はいずれも後漢（東漢）とされている。さらにこれに加え、「附録一」として、曹騰墓（李氏は董園村二号墓の墓主を曹騰と考える）の画像石の拓本と曹憲印（馬園村二号墓出土）の写真と印影が掲載され、「附録二」として、「論中国書体的演変」と「論中国与日本古代文化的関係」という二つのテーマに関する李氏の論稿が収録されている。説明するまでもなく、「附録二」の後者のテーマは倭人塼にまつわるものである。刻字塼の拓本の写真は判型が大きくなったぶんだけ粒子が粗くなり、かえって釈読がむつかしくなってしまった感もあるが、本書によって初めて存在が明らかになった刻字塼も少なくなく、その意味でも刊行の意義は大きい。

本章では、この『図録文釈』を中心に、二篇の簡報、「字磚和石刻」、董園村一号墓の発掘簡報である亳州市文物管理処「安徽亳州董園村一号墓」(以下、簡報C)、さらに墓群全体を概述した任暁民編『曹操宗族墓群』などを手がかりにしながら、曹氏一族墓出土の刻字塼からあらためて曹氏一族の族的な広がりや社会的なつながりなどについて考えてみよう。

一──『三国志』のなかの曹氏一族

まずここでは、曹操をはじめとする曹氏一族が『三国志』にどのように記述されているかを確認しておこう。

巻一武帝紀は、曹操の家系が前漢の相国曹参に由来すること、祖父が後漢の宦官で大長秋だった曹騰、父が同じく太尉の曹嵩（字は巨高）であることを最初に述べるが、この記述については、尾形勇氏の「あまりに簡素であ」る上に、「すこぶる微妙」な書き方という指摘がある（同『東アジアの世界帝国』、五七頁）。曹操と文帝曹丕の男子たちの伝が、巻一九と巻二〇の二巻にまとめられているほか、巻九にはそれ以外の曹氏一族の伝が集められている。曹操の従弟である曹仁・曹純の兄弟、同じく従弟の曹洪、族子の曹休と曹真（秦邵の子）らである。また本文の記述から、仁・純兄弟の父が曹熾であることや、洪の族父に曹瑜、真の宗人に曹遵といった人物がいたことなどがわかる。さらに裴松之が同巻の注に引く『魏書』には、「仁の祖は褒といい、潁川太守であった。父の熾は、侍中・長水校尉であった（仁祖褒、潁川太守。父熾、侍中・長水校尉）」とあるほか、「洪の伯父の鼎は尚書令となり、洪は蘄《き》春長に任じられた（洪伯父鼎為尚書令、任洪為蘄春令）」とか、「休の祖父は嘗て呉郡太守であった（休祖父嘗為呉郡太守）」とかあって、官歴もわかる。このうち仁・純兄弟は曹操の従弟なので、その祖父曹褒は操の祖父曹騰と兄弟、正しくは三人いたはずの兄のうちの一人だった可能性もある。曹騰(字は季興)は、やはり巻一の注に引かれた司馬彪『続漢書』によると、父を曹節(字は元偉)といい、伯興・仲興・叔興という三人の兄がいたという。三人の兄はいずれも字《あざな》しか伝わっておらず、曹褒がいずれなのかはわからない。曹操や曹丕の男子について、『三国志』が詳しく記すのは当然だが、曹操から上の世代について、私たちが知ることのできる情報はきわめて限られているのである。確かに曹操の祖父の曹騰は宦官で、父の曹嵩も養子だったのだから、曹騰の子の世代が少なかったことはわかる。しかし、曹氏一族がもともと族的な結合や広がりをもっていなかったことが想像されよう。このことは、巻一の裴注に引かれた『続漢書』からもわかる。そこには、曹節の隣人のブタ(豕)が盗まれ、節の家のブタがよく似ていたので、節が盗んだと思った隣人が節のブタを持ち去ったという逸話である。節は争わなかったが、後日、隣人のブタは戻って来たので、節にブタを返して謝罪をしたところ、節は笑ってこれを受け取ったという。たった一匹のブタをめぐって争う必要がないほど沢山のブタを飼っていたともとれるが、この時、節は怒ることなく、笑ってブタを受け取ったために周囲の人びとは節を賞嘆したというから、節にとってもブタは貴重な財産だったと思われる。もちろん、末子の季興、すなわち曹騰を宦官として出仕させるだけの財力や人脈があったわけだから、ごくごく普通の農民だったと考えることはできないだろう。

この逸話から、尾形氏は、曹節について「せいぜい小地主クラスのありふれた農家で」、「地方の豪族に成り上がったとしても」、「曹騰の出世以降のことであろう」と推測している（同『東アジアの世界帝国』、六三頁）。万縄楠氏も同じように、曹騰の父曹節は官途についておらず、曹氏一族の官界への進出は曹騰の世代から始まったとする（同「廓清曹操少年時代的迷霧」）。石井仁氏が言うように（同『魏の武帝曹操』、二〇頁）、似たような逸話は他にもあるので、後世の創作だったとも考えられるが、ブタを飼育していたこと、節自身が隣人とじかに応対したらしいことなどから考えて、尾形氏や万氏の推測は正鵠を射ていると思う。であるからこそまた、末子を宦官として出仕させるという選択に賭けたのであろう。ただ族的結合を基盤として地域社会で社会的・経済的な力量を伸長させたというケースとは異なるので、尾形氏や津田資久氏（同「〈貴族〉の盛衰と「天下」観の変容」）の「（地方）豪族」という評価はいかがであろうか。

なお曹騰については、『後漢書』巻七八宦者伝に本伝があることは周知のとおりだが、そこには、曹嵩の少子すなわち曹操の弟として曹疾（巻一武帝紀興平（一九四）元年条注引『世語』では曹徳）の名が、また同巻六七党錮・蔡衍伝には、曹騰の弟として河間相曹鼎の名がそれぞれ見えている。これら「正史」に見えている曹氏の人びとを示したのが、［図一］である。

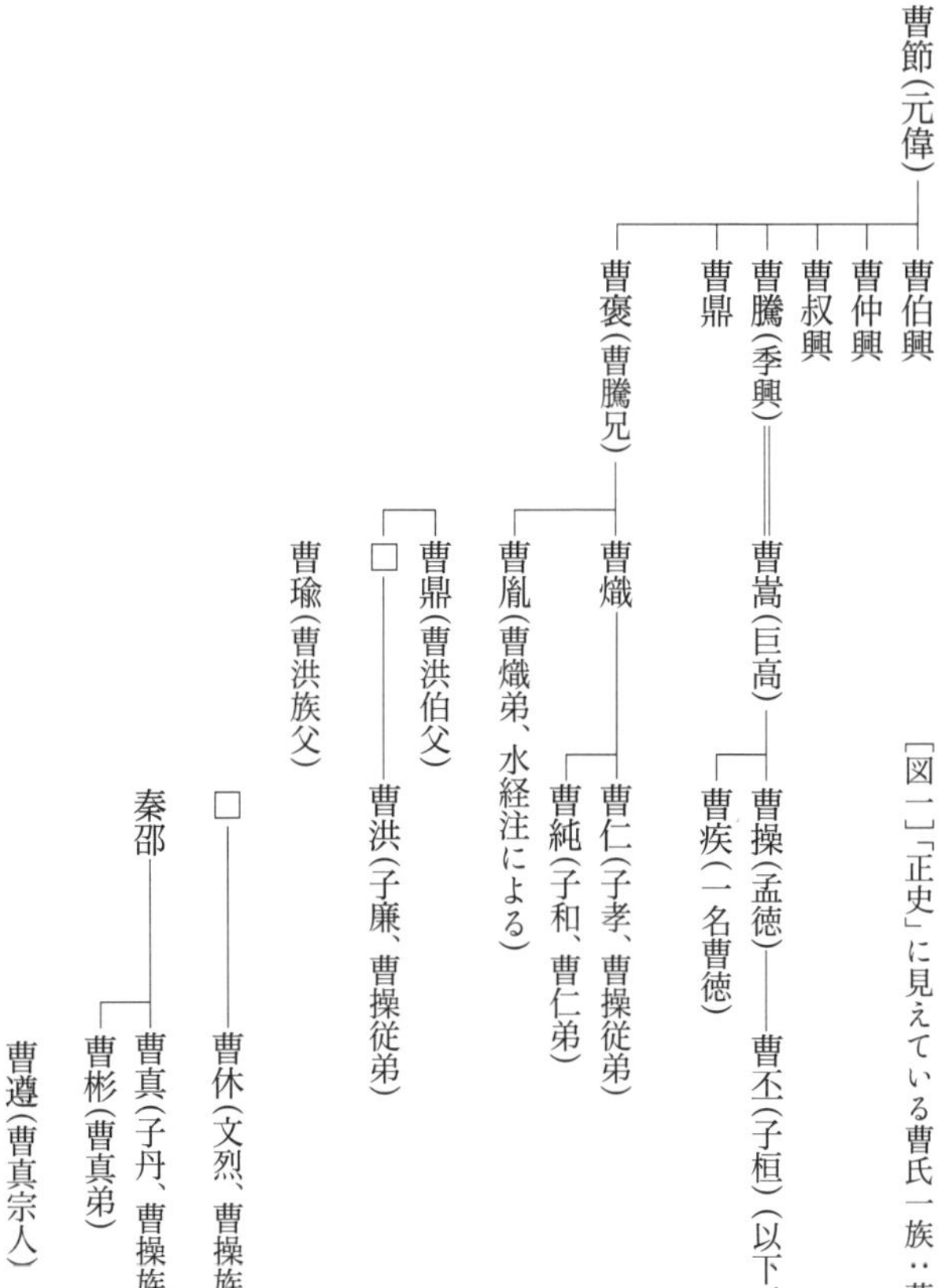

［図二］「正史」に見えている曹氏一族：著者作成（カッコ内は字《あざな》）。

二――『水経注』に記された曹氏一族墓

ところで、本章で取り上げる曹氏一族墓だが、じつは北魏の酈《れき》道元が著した『水経注』に、この墓群に関する記述がある。巻二三陰溝水条にあるもので、出土した墓群との整合性についてもすでに議論が行なわれている。そこで、関係箇所を掲げておこう。陰溝水とは、現在、亳州市譙城区の市街地の北側から東南に向かって流れている渦河のことである。

ⓐ(譙)城の南には曹嵩の冢《つか》がある。その北側には碑があり、さらにその北側には廟堂があった。(廟堂の)基礎は一部がなお残っており、柱の基石もやはり残っている。廟(堂)の北側には二つの石闕が向かい合って立っている。高さは一丈六尺ほどで、その垂木・斗拱(榱櫨《すいろ》)や柱は、いずれも雲気や矩形の紋様の彫刻をちりばめて飾り立てられているが、上部を掩う囲い(罘罳《ふし》)は已に破損している。ⓑ(石)闕の北側には圭碑があり、題額には「漢の故中常侍・長楽太僕・特進・費亭侯、曹君の碑」とある。延熹三(一六〇)年に建立されたもので、その碑陰にはまた詔勅が二首刊《きざ》まれているが、(内容は)碑陽の文章と同じである。この碑を東西から挟むようにして、石製の馬が相対して列《つら》なっている。その高さは八尺五寸ほどで、作りは稚拙

で、(後漢の)光武帝の墓道(隧道)に表現された石馬には及ぶべくもない。ⓒ(曹)騰の兄の冢がある。その東側に碑がある。その題額には「漢の故潁川太守、曹君の墓」とある。延熹九(一六六)年に卒したが、碑が建立された年月については記されていない。ⓓ冢(墳)の北側にはその長子(元子)である(曹)熾の冢がある。その東側に碑があり、題額に「漢の故長水校尉曹君の碑」とある。(碑文によると)太中大夫・司馬・長史・侍中などを歴任し、長水(校尉)に遷り、三九歳にして卒した。(碑は)熹平六(一七七)年に建立された。ⓔ(曹)熾の弟の(曹)胤の冢(がある)。冢の東側に碑があって、題額には「漢の謁者、曹君の碑」とあり、熹平六年に建立されたものである((譙)城南有曹嵩冢。冢北有碑、碑北有廟堂、餘基尚存、柱礎仍在。廟北有二石闕雙峙、高一丈六尺、榱櫨及柱、皆雕鏤雲矩、上罘罳已碎。闕北有圭碑、題云「漢故中常侍・長楽太僕・特進・費亭侯曹君之碑」。延熹三年立、碑陰又刊詔策二、碑文同。夾碑東西、列対両石馬、高八尺五寸、石作麤拙、不匹光武隧道所表象馬也。有騰兄冢。冢東有碑、題云「漢故潁川太守曹君墓」、延熹九年卒、而不刊樹碑歳月。墳北有其元子熾冢。冢東有碑、題云「漢故長水校尉曹君之碑」、歴太中大夫・司馬・長史・侍中、遷長水、年三十九卒、熹平六年造。熾弟胤冢。冢東有碑、題云「漢謁者曹君之碑」、熹平六年立)。

ここには、曹氏一族のうち五人の墓について述べられている。すなわちⓐ曹嵩、ⓑ曹騰、ⓒ曹騰の兄で潁川太守だった曹某、ⓓⓒの長子で長水校尉だった曹熾、そしてⓔⓓの弟で謁者だった曹胤の五人である。『魏書』の記述と照らし合わせれば、ⓒは曹褒のことだとわかる。

ところで清末の楊守敬が著した『水経注図』にもこれらの墓は示されているが［図二］、示されているのは、北から「曹嵩冢」、「曹熾冢」・「曹胤冢」、「曹騰兄冢」の四座だけで、ⓑの曹騰については、冢に関する記述がないからであろう、抜け落ちている。堀敏一氏も、『水経注』には曹騰の墓に関する記述がないことを指摘している（同『曹操』、一四頁）。しかし圭碑（頭部を三角形に尖らせた形状の碑）の題額に記された官歴は間違いなく曹騰のものであるし（ただし『後漢書』本伝にある大長秋が題額にはなく、本伝にない長楽太僕が題額にあったようだ）、延熹三年という碑が建立された年、そしてその碑陰に刻された詔勅（『隷釈』巻一五に、「費亭侯曹騰碑陰」として採録されているが、うち一首は建和元（一四七）年、すなわち曹騰の生前に、もう一首は年次未詳だが、文言から曹騰の殯《かりもがり》にあたり、印綬が追贈された際に出されたことがわかる）、いずれをとっても曹騰の墓碑であることは疑いない。したがってその冢も至近の場所に営まれていたはずである。ただ知名度からすれば第一位の曹騰に限って、その冢に関する記述がないことはやはり不自然の感がある。そのため、楊守敬・熊会貞『水経注疏』は脱文の存在を想定しているが、その墳丘はもともと目立たない程度の大きさだったのか、あるいは『水経注』の成った六世紀初めにはすでに何らかの理由で破壊（損壊）されていたのか、いずれかであったとも考えられる。ともかく『水経注』によれば、曹騰の圭碑は、曹嵩の冢の北側に位置していたので、その冢も曹嵩の冢の北側にあったものと考えてよいだろう。しかし、曹褒以下の三人の冢と、この曹騰・曹嵩父子の冢との位置関係は残念ながらわからない。曹褒父子の冢は、曹熾の冢が、曹褒のそれの北側にあったことがわかるが、曹胤の冢との位置関係も不詳である。したがって『水経注図』の示し方にも不確かな点があることは否めないのだが、『水経注』の記述が、河川ごとにその上流から下流に向かって進められていることからすれば、曹褒以下三人の冢は、曹騰父子の冢よりも下流方向に立地していたと考えることができよう。この附近では渦河は東南に向かって流れているので、三人の冢は、曹騰父子のそれよりも南側に位置していた（渦河の流れとは離れてしまうが）と判断して大過あるまい。

またここで重要なのは、墓主の五人がいずれも曹騰と同世代（曹騰とその兄曹褒）かその下の世代（曹騰の養子曹嵩、曹褒の子である曹熾・曹胤兄弟）に集中していることである。曹騰の父曹節の墓もこの墓群に含まれていた可能性はあるが、確たる証拠はない。少なくとも曹騰より上の世代の墓に関しては記述がないことだけは確認しておきたい。

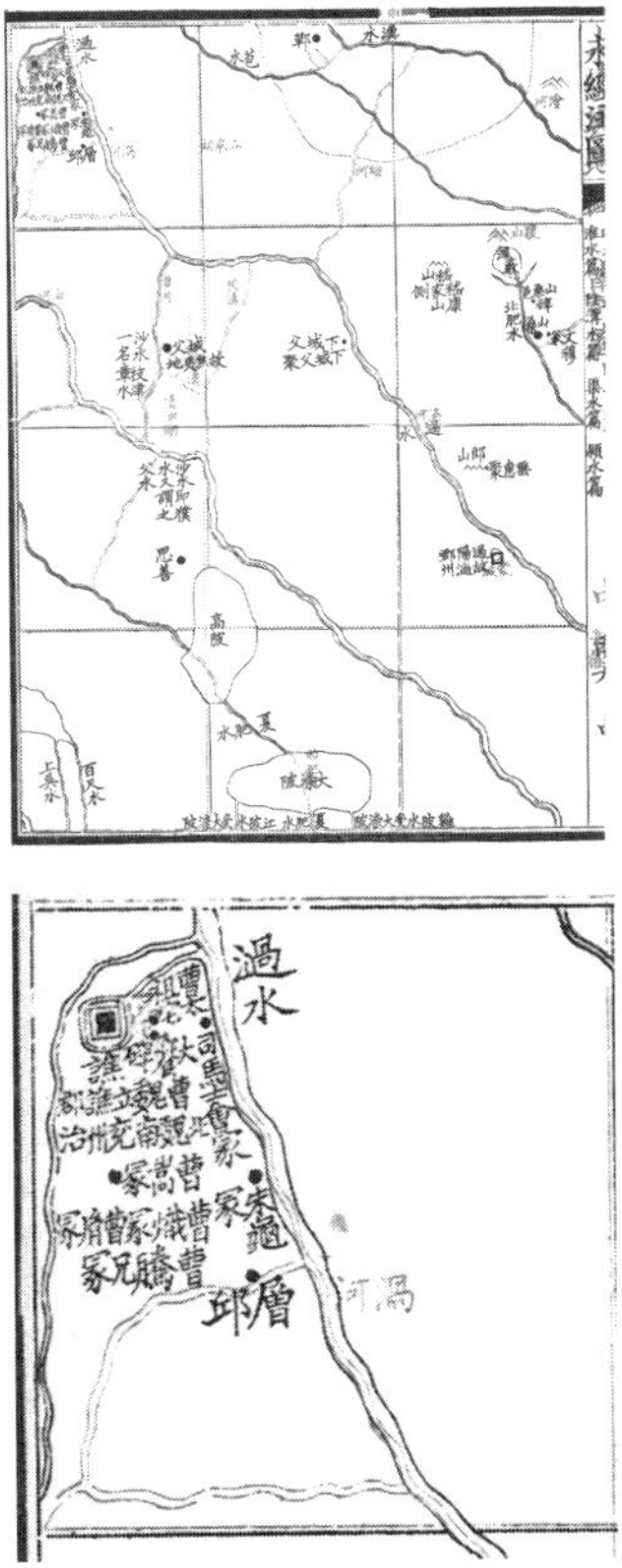

［図二］『水経注図』の曹氏一族墓：『水経注図』、南六中（拡大図も）。

三──発見された曹氏一族墓

簡報Aには、❶元宝坑村一号墓、❷董園村一号墓、❸董園村二号墓、❹馬園村二号墓、および❺袁牌坊村二号墓の五座について、その概要が述べられている。また簡報Bでは、❻曹四堌堆（簡報Cは「曹氏孤堆」とするが、『図録文釈』にしたがう）一号墓が対象となっている。これに『図録文釈』に出土刻字塼が収録された❼張園村一号墓、❽袁牌坊村三号墓、および❾白果樹村一号墓の三座と、簡報Cの地図［図四］にポイントされている❿馬園村一号墓、⓫袁牌坊村一号墓、⓬劉園孤堆、⓭薛家孤堆、⓮観音山孤堆、⓯菜市村一号墓、⓰曹四堌堆を加えると、発見された曹氏一族墓は合計一六座になる。ただ緒方勉氏は、画像石墓である元宝坑村二号墓を参観し、その際に耳にした「亳県周辺には三十数基の古墓がある」という李燦氏の発言を紹介している（同「中国亳県に倭人磚を訪ねて」）ほか、李景彪氏は『図録文釈』に寄せた「東漢時代的社会記憶（代序）」のなかで四〇座前後とする。また尾形勇氏によると、簡報Bで紹介された曹四堌堆とは、四つの古墓の総称らしいので（同『中国歴史紀行』、一〇八頁。なお尾形氏は、曹操の妻妾たちの墓という説を紹介している）、曹四堌堆一号墓から至近距離にも曹氏一族墓が四座立地していたことになる（これが簡報Cが紹介する⓰であろう）。現在、亳州博物館［図三］が建っているあたりが曹四堌堆だったようだが、ようするに、酈道元が『水経注』に記載したのは曹氏一族墓のうちのごく一部にすぎなかったのである。これはどうしてなのだろうか。記載された五座の墓主は曹騰・曹嵩父子をはじめよく知られた人物だったが、それが理由なのだろうか。あるいは、この五座は一族墓のなかで景観的に際立っていたのだろうか。はたまた広大な墓域のなかで中心に位置していたのだろうか。いずれにせよ、『水経注』に記述された五座に、見つかった一族墓の墓主を当てはめようとするような論証方法は本末転倒であって、慎しむべきであろう。

簡報Cの地図［図四］により、一六座の位置関係がようやく明らかになった。では墓群の広さはいかほどだろうか。この点については、楊徳炳氏が東西三〜四キロ、南北五キロという数字を掲げているが（同「試論曹操政権的性質」）、［図四］で確認すると、やや大きすぎるきらいがある。それ

［図三］
亳州博物館：2019年4月、著者撮影。

［図四］
曹氏一族墓位置図：
簡報C、229頁図一をもとに作成。

は、墓群の南端を構成する馬園村一・二号墓が、宋湯河の東南端から南に二・二〜二・三キロの地点に位置するからである（宋湯河以北にある白果樹村一号墓からは約二・六キロ）。東西は約二キロ程度なので（東端の白果樹村一号墓から西端の薛家孤堆まで）、やはり李景彪氏が『図録文釈』で上げる約九平方キロという数字のほうが信頼できそうである。

墓の図面が公表されているのは、❷の董園村一号墓［図五］と❻の曹四堌堆一号墓［図六］である（これ以外の墓についても、任編『曹操宗族墓群』に簡単な平面図がある。また❸董園村二号墓と❼張園村一号墓は公開されていて、墓室に入ることができる）。董園村一号墓は、墓門を東側、墓室を西側に造る前・中・後室の三室構造で、後室にはそれぞれ南北に独立した側室が設けられている。また曹四堌堆一号墓は、董園村一号墓と同じく墓門が東側、墓室が西側に位置する三室構造で、前室と後室が東西方向に造られているのに対し、中室だけは南北方向に造られている点も共通する。違いは、後者では側室が中室の南側の東西方向に設けられていることだろうか。この二座以外について、簡報が紹介するデータのうち、墓室の規模を示すデータをまとめたのが［表一］である。四室構造の馬園村二号墓以外は、中室が横向きの曹四堌堆一号墓を含め、残りの五座はいずれも三室構造で、これに複数の側室や耳室が附属するのが基本的な構造だったことがわかる。墓室の規模としては董園村一号墓が最大で、これに元宝坑村一号墓や董園村二号墓などが次ぐ。馬園村二号墓は四室構造ながら各墓室の規模はそれほど大きくはない。また石室墓とも言うべき董園村二号墓以外の五座は、塼室墓であった。唯一の石室墓でもある董園村二号墓には、多くの画像石が用いられてい

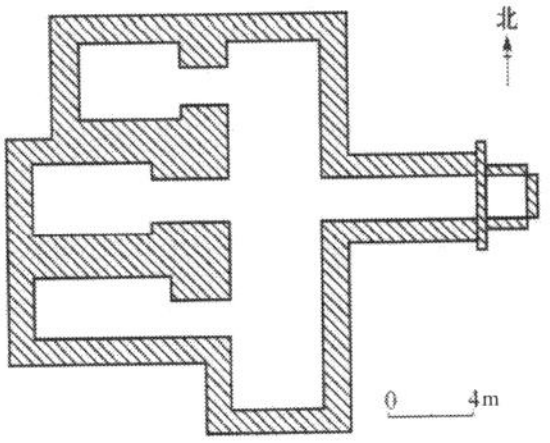

［図五］董園村一号墓平面図：簡報C、一二九頁図二。

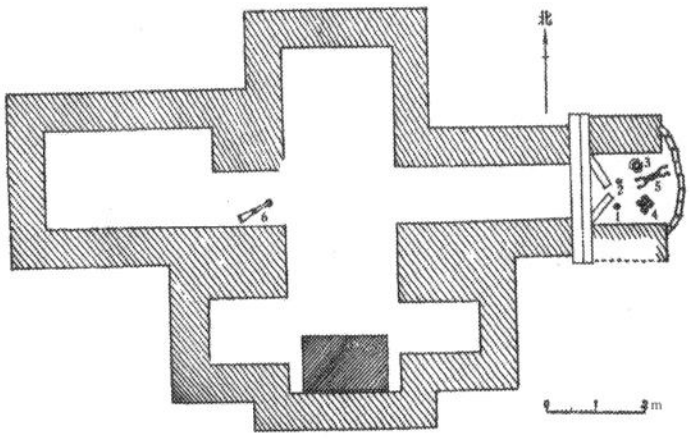

［図六］曹四堌堆一号墓平面図：簡報B、五七頁図一。

［表一］曹氏一族墓の概要：著者作成

単位：m、長さ×寛さ（×高さ）

	墓　名	所在(簡報公表時のもの)	墓門	墓室組成	前　室	中　室	主　室	後　室
❶	元宝坑村一号墓	十九里公社薛閣大隊	東	塼	4.1×1.44×不詳	8.72×2.36×3.28		4.96×2.32×3.13
❷	董園村一号墓	十九里公社薛閣大隊	東	塼	4.56×1.2×2.35	10.4×3.0×3.9		5.9×2.15×2.4
❸	董園村二号墓	十九里公社薛閣大隊	東	石	3.5×1.45×2.23	8.7×2.8×3.0		4.7×2.45×2.82
❹	馬園村二号墓	十九里公社劉園大隊	東	塼	1.54×1.37	1.82×1.6	2.05×1.82	3.72×1.6
❺	袁牌坊村二号墓	十九里公社陳湾大隊	北	塼	1.76×1.72	1.88×1.72		3.6×1.72
❻	曹四堌堆附属一号墓	曹四孤堆北側	東	塼	3.60×1.05	6.85×2.30		5.0×2.0

	耳　室・偏　室など			
❶	前・北耳室3.74×1.41	中・東耳室2.4×1.68	中・西耳室2.4×1.6	
❷	後・北偏室5.62×1.76	後・南偏室4.5×2.16		
❸	前・北耳室3.16×1.69	前・南耳室1.46×1.45	中・西偏室4.75×1.72	中・東偏室3.1×1.72
❹	前・南北耳室1.85×0.84	中・南北耳室1.46×1.42	主・南北耳室1.46×1.42	
❺	前・東耳室1.64×1.0	前・西耳室1.6×1.32	中・東耳室1.52×1.08	中・西耳室1.6×1.07
❻	中・東耳室1.65×1.0	中・西耳室1.65×1.3		

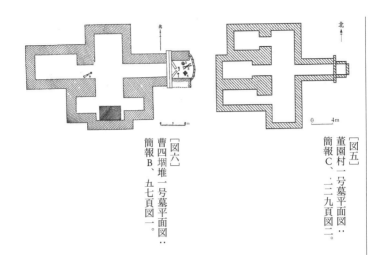

た。たとえば墓室の入口にあたる墓門（石門）の上部に、四神のうち青龍（神龍）と白虎が対で描かれている［図七］のをはじめ、墓門に至る甬道の両側の壁面、墓門上の石額、前室と中室間の石額、前室の耳室の石額、さらには中室や後室の壁面など随所に図像の痕跡が認められたとのことだが、その多くは脱落してしまったようである。壁画や画像石・画像塼は、董園村一号墓［図八］や袁牌坊村二号墓［図九］などでも見つかっているが、とくにこの董園村二号墓が「地下小宮殿」（簡報A、三八頁）と評されるのは、墓室の規模や構造ばかりか、これら画像石の多さに由来するのであろう。それでは、董園村二号墓の墓主は誰なのだろうか。この問いかけは、至近距離にある董園村一号墓の墓主は誰なのか、を同時に問うことにもなる。

　そうすると、なによりも注目されるべきは、玉衣である。董園村一号墓からは銀鏤《ぎんる》玉衣［図一〇］と銅鏤玉衣がそれぞれ一領、董園村二号墓からは銅鏤玉衣の残片（玉片）が数百点出土しているからである。後者は一領分か複数の領分か不明とのことだが、一領が復元された。玉衣とは、小さな玉片を縫合して全身を覆う衣裳のことで、銀鏤とは銀の糸、銅鏤とは銅の糸で、玉片をつなぎ合わせている糸のことである。『続漢書』巻六礼儀志下に、「諸侯王・列侯・始封の貴人・公主は薨ずると、皆な印綬・玉柙・銀鏤を贈られる。大貴人・長公主は銅鏤である（諸侯王・列侯・始封貴人・公主薨、皆令贈印綬・玉柙・銀鏤。大貴人・長公主銅鏤）」とあって、銀鏤（玉衣）は、生前に列侯以上にのぼっていなければまとうことができなかった。後漢時代、曹氏一族で封侯されたのは、費亭侯に封じられた曹騰・曹嵩父子と、巻九曹洪伝に「洪の族父の瑜は、慎しみ深くかつ篤実な人柄で、

［図七］
董園村二号墓出土、神龍（青龍）・白虎画像石：
『図録文釈』、五七一・五七二頁。

［図八］
董園村一号墓出土、奔馬画像塼：
「字磚和石刻」、一五八頁の二。

［図九］
袁牌坊村二号墓出土、
画像石：「字磚和石刻」、
一七五頁。

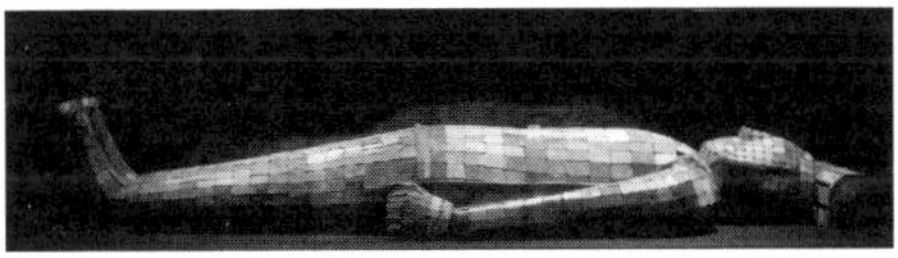

［図一〇］
董園村一号墓出土、
銀鏤玉衣（亳州博物館蔵）：
二〇一九年四月、著者撮影。

官は衛将軍まで至り、列侯に封じられた（洪族父瑜、脩慎篤敬、官至衛将軍、封列侯）」とある曹瑜の三人だが、二三二（太和六）年に没した曹洪の父の世代であれば、曹瑜の封侯は早くとも二世紀末頃であろうから、やはり銀鏤玉衣を身につけたのは、曹騰・曹嵩父子のいずれかであろう。田昌五氏はこれを曹嵩とし（同「談曹操宗族墓磚刻辞」／「曹操宗族墓和《水経注》的有関問題」／「読《対曹操宗族墓磚銘的一点看法》有感」）、殷滌非氏は曹騰としている（同「対曹操宗族墓磚銘的一点看法」）。つまり田説に従えば、銀鏤玉衣が出土した董園村一号墓が曹嵩墓、これに程近い二号墓が曹騰墓となり、殷説ではそれとは真逆に、一号墓が曹騰墓、二号墓が曹嵩墓となる。煩雑になるが、田氏が説く根拠を紹介しておこう。田氏は第一に、『水経注』によればⓑの圭碑は一六〇（延熹三）年に建立されたのに、一号墓からは延熹七（一六四）年と刻された塼（〇六七）が出土していること［図一―二］、第二に、一号墓からは銅鏤玉衣も出土しており、夫婦合葬墓と考えられるが、曹騰は宦官だったので妻帯していなかった可能性が高いこと、第三に、一号墓は塼室墓で、石室墓で「地下小宮殿」と称される二号墓に比べると粗末なこと、この三点である。『図録文釈』はこれを踏襲しているようで、董園村二号墓を曹騰墓としているが、ほかにも堀敏一氏が、宦官の曹騰は「独身であったとみるのが普通であろう」（同『曹操』、一四頁）と述べ、合葬墓である一号墓ではなく、二号墓の墓主を曹騰、一号墓の墓主を曹嵩と考えている。しかしこの第二の点については、石井仁氏が指摘しているように（同『魏の武帝 曹操』、四一頁）、明帝は二二九（太和三）年に、高祖大長秋すなわち曹騰を高皇帝に追尊するとともに、その夫人である呉氏を高皇后に追尊しているのである（巻三明帝紀太和三年六月条）。すなわち宦官だった曹騰にも夫人がいたのである。曹嵩を養子に迎えて家を承継させたからには、名目的にも妻（養子の母）が求められたのであろう。したがって第二の根拠は意味を失う。銀鏤玉衣は曹騰自身の、銅鏤玉衣は夫人呉氏のものと考えれば問題ない。第三の点は、『水経注』が曹騰墓について、圭碑と石馬だけを上げるにとどめ、その墓（冢）に全く触れていないことが想起される。曹騰の墓は、墳丘など地上にある施設もだが、墓室など地下の施設も特段際だった特徴をもっていなかったのではないだろうか。そう考えれば、これも問題とするには及ぶまい。残るは第一の点である。たしかに当該の塼は「八月一日」延熹七⧄」（文中の」は改行箇所を示す）と釈読できそうである。これは圭碑の四年後である。では、田説は正しいのであろうか。一号墓を曹嵩墓と考えると、曹嵩の没年は一九三（初平四）年だから、塼にある延熹七（一六四）年の三〇年後である。なぜ三〇年も以前の紀年を刻した塼が出土したのか、という疑問が今度は生じる。この疑問に答えることも容易ではなさそうだ。

　では董園村一号墓を曹騰墓と決めつけてよいかとなると、他にも問題がある。簡報Aによると、一号墓は董園村の「東頭」に、二号墓は同じく「東南角」に位置しているということなので、

［図一一］「延熹七年」塼：「字磚和石刻」、一六三頁。（「七」は下端右寄りに大書されている）

一号墓が北側、二号墓が南側にあたることは確かである。一号墓を曹騰墓、二号墓を曹嵩墓とすれば、『水経注』の記述とも合致する。しかし二号墓を曹嵩墓とすると、なぜ合葬墓ではなかったのか、またなぜ銀縷玉衣ではなく、銅縷玉衣(の残片)だったのか、といった疑問が生まれる。曹操の生母か否かは不明だが、曹嵩にも丁氏出身の夫人がいたからである(巻二文帝紀延康元(二二〇)年五月条)。私はつぎのように考えることができると思う。

簡報Bは、曹氏一族墓は多くが盗掘を受けているが、それは一般的な盗掘ではなく、「〝政治〟性破壊」であるという(同、五七頁)。この「〝政治〟性破壊」の意味がよくわからないが、意図的な破壊ないしは損壊といったことであろう。そして簡報Aによると、董園村二号墓には複数の盗掘口があり、少なくとも二度にわたり破壊をこうむり、また火で焼かれた形跡があるという。銅縷玉衣がバラバラに解体されていたのもそのためであろうが、最初から銅縷玉衣をまとった亡骸が埋葬された、つまり単葬墓であったと断言することはできないと思う。銀縷玉衣をまとった亡骸、すなわち曹嵩の亡骸が安置されていた可能性を完全に否定することはできないのである。[表二]からわかるように、「地下小宮殿」とされる二号墓のほうが一号墓よりもやや墓室が小さ目に造られているが、父・祖のそれよりも小規模の墓を造営することはごく一般的に行なわれていたようなので、これも納得できよう。曹嵩が逝去した当時、すでに曹操は群雄の一人で兗州牧・東郡太守を称していた。曹操が自らの権威を誇示するためにも、太尉だった父の墓を、祖父の墓よりもやや小さく、しかし相当の格式により築造したとしても不思議ではない。それは、地上にも墳丘（冢）のほか墓碑・廟堂・石闕と多くの施設などが設けられたことからもうなづける。またからこそ、それが目印になったがために、盗掘の被害を集中的に受けることになってしまったとは考えられないだろうか。ようするに、董園村一号墓が曹騰墓、同二号墓が曹嵩墓であるというのが、私の推論である。延熹七年塼の問題はひとまず保留しておこう。

この二座以外で墓主が判明するのは、馬園村二号墓である。墓内から、「曹憲印信」と「曹憲」という印文を有する銅印（私印）が出土したためである。印は入れ子状になっており、一番内側の小さな印は見つかっていない［図一二］。曹憲なる人物に関連して、『後漢書』巻一〇皇后・献穆曹皇

［図一二］
曹憲印：『図録文釈』、五七七頁。

后紀に、建安一八(二一三)年に曹操が三人の娘、すなわち曹憲・曹節・曹華をそろって献帝の夫人として入内させ、翌年には貴人に進め、さらに伏皇后の殺害後、次女の曹節を皇后(献穆曹皇后)に立てたという記事がある。長女の曹憲のその後については伝えられていないが、簡報Aはこの曹憲である可能性を指摘する。しかし彼女は漢の帝室に嫁いだのであるから、田氏や堀氏が言うように、なお検討の余地がある。簡報Aも認めているように、同墓からは鉄刀や鉄鞭など、男性の所持品にふさわしい文物が出土している反面、女性の所持品らしき文物は出土しておらず、墓主が男性である可能性は否定できない。「正史」には名のない曹憲なる男性が墓主である可能性もなお大きいように思われる。

また袁牌坊村二号墓からは石碑の残片(高さ三六×幅二五×厚さ四・二センチ)が出土しており、左のような隷書体の刻字が残されていた[図一三]。一部、堀敏一氏の成果(同『曹操』、一五頁)にしたがい、試釈を附しておく。

①侯歴代式昭□(侯、歴代式昭《はなはだあらわ》れ、……)

戸熾膺天之祐皇□(戸?。熾は天の助けを膺《う》け、……を皇《ただ》し?)

孝友蒸蒸義行信立(父母に孝行を尽くし、兄弟には友愛を捧げた。義と信がともに行なわれ)

□由父匡桓惠氓有(許由や巣父が、氓《たみ》に恵み)

神祇靡不思齊(天地の神々に……、斉しからんと思わないことはなかった)

□禮牛刀

これ以外に、さらに小さな「残碑」も出土しており、書体も①と同じだというが、公開されていない。簡報Aは①の第二行目に「熾」字が見えていることから、これが曹熾である可能性を指摘するが、断定は躊躇している。これに対して田昌五氏は曹熾という判定を下している（同「曹操宗族墓和《水経注》的有関問題」）。しかし、どうであろうか。これが曹熾のことだとすると、『水経注』にもある曹熾の墓碑である可能性が出てくるが、墓碑では通常、墓主（碑主）に対して君や公といった敬称が用いられるはずで、諱で記されることはまずない。ただ曹熾を顕彰するような内容ではあり、まったく無関係とも言い切れないようだ。とすると、熾の父曹褒か、弟曹胤かいずれ

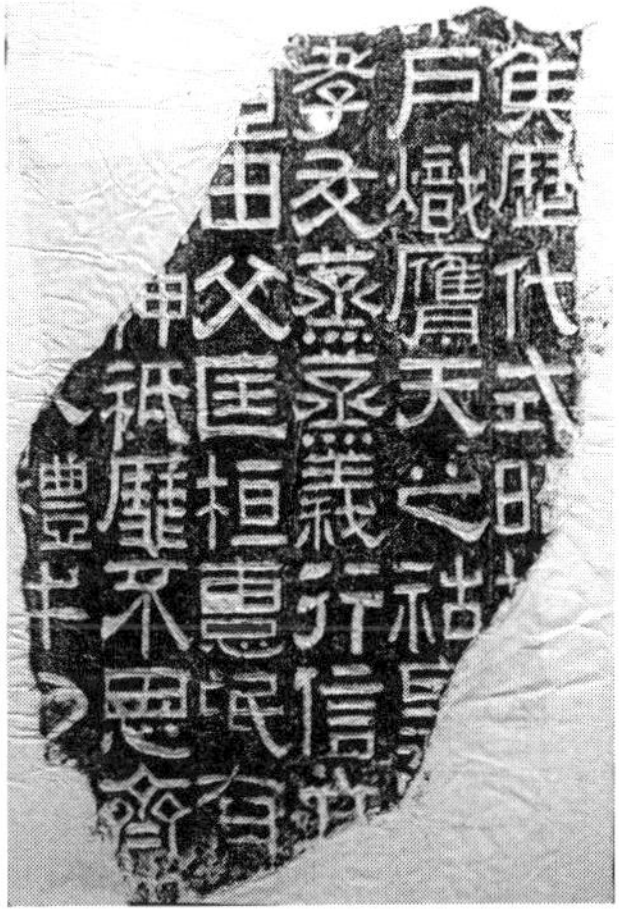

〔図一三〕
袁牌坊村二号墓出土、石碑残片拓本（亳州博物館蔵）：二〇一九年四月、著者撮影。

かの墓だったのだろうか。簡報Aによると、袁牌坊村一帯には多くの墓が密集していること、『図録文釈』に袁牌坊村三号墓出土とおぼしき刻字塼が収録されているが、ほかに袁牌坊村一号墓も近くに立地していたことなどから、あるいは袁牌坊村の三座は、曹褒・曹熾・曹胤父子の墓群だったのではないだろうか。董園村が県城の南約五百メートルであるのに対し、袁牌坊村が県城から一キロ離れていて、董園村（とその一号墓・二号墓）より南に位置していることもその有力な根拠となろう。

墓の規模や構造、出土文物などからできる墓主の確定作業はここまでである。隔靴掻痒の感は拭えないが、ここから先は刻字塼に期待することになる。いよいよ刻字塼に眼を向けることにしたい。

四――刻字塼とは

［表二］に示したように、簡報によると、董園村二号墓以外の五座では塼を用いて墓室が造られている。塼とは粘土を固めて乾燥させたもので、大きさが異なる四角錐台の楔形塼と直方体の長条塼とがあり、これらを巧みに組み合わせて墓室の壁面や天井が構築されたようだ。このなかで刻字塼の点数だけを、『図録文釈』に依拠して塼の形状ごとに示したのが［表二］である。塼の大小は相対的な区分のようだが、たとえば、張園村一号墓と袁牌坊村二・三号墓の小長条塼は同じ大きさであることがわかる。董園村一号墓の小長条塼もこれとほとんど変わらない大きさである。いっぽう中長条塼は、袁牌坊村二・三号墓と白果樹村一号墓のものが同じで、曹四堌堆一号墓のものもほとんど変わらない。元宝坑村一号墓の大長条塼もほぼ同じ大きさだが、これだけはなぜか大長条塼とされている（曹四堌堆一号墓の大長条塼よりも大分小さいので、中長条塼とすべきであろう）。このことは刻字塼の史料的な価値を考える場合、重要なポイントになる。つまり墓を築造するたびに、新たな笵型を用意して塼を作製するのではなく、同じ笵型を用いて塼が作製された可能性が指摘できるからである。そればかりか一度に大量の塼を作製しておき、墓を新たに築造することになった際に、それを使用したという可能性も想定できる。じじつ、簡報Bは、元宝坑

村一号墓の「牛頭也曹□」塼（〇二二／大楔形塼表面）と、曹四堌堆一号墓の「作牛頭此故大」塼（〇一三／楔Ⅱ型塼表面）・「牛頭壁」塼（〇一四／楔Ⅱ型塼表面）の三点は、同じ「牛頭」という文言（姓名であろうか）が見えているのみならず、書風（字体）も一致するので、同一人による刻字だったという［図一四］。拓本の写真から書風まで云々することは控えたいが、このほか、月日を刻した塼には墓の違いを超えて七月上旬が多く（関尾「安徽曹氏一族墓出土文字磚緒論」）、これが塼の作製や墓の築造の時間を示すとすれば、同時に作製ないしは築造された可能性が浮上しよう。

この問題とも関連するが、［表二］に示したように、元宝坑村一号墓では刻字された小長条塼が二点出土しているが（〇三六／〇四三）、この墓の天井には大小の楔形塼が、壁面と床面には大長条塼が用いられていたことが簡報Aに述べられており、小長条塼は用いられていないのである。［表二］からもわかるように、当時の塼は通常縦横の比が一対二だったことから考えても、この二点には謎が多い。墓群全体が盗掘を受けていたので、他の墓の塼が混入したという可能性もなくはないが、この大きさからするとそれも考えにくい。

つぎは、塼のどの面に刻字がほどこされたのかという問題だが、多くは一番広い表面（❶の小長条塼の場合、二〇×一四センチの面。表面には縄目模様がある）に刻されているが、一部には二番目に広い長側面（同じく二〇×五センチの面）や最小の短側面（一四×五センチの面）に刻されたものもある。塼を積み上げて墓壁を造る場合、長側面を表に向けて三段程度積み上げ、その上に表面を一段積み、その上にまた長側面を三段程度積み上げる方法と、第三章でみる朱然墓のように、表面のかわり

［表二］刻字塼の大きさと墓別出土点数（横×縦×厚さ〔cm〕／点数）：著者作成

No.	墓　　名	大楔形塼(楔Ⅰ型塼)	小楔形塼(楔Ⅱ型塼)	大長条塼
❶	元宝坑(村)一号墓	36.5×21〜16×6.5／22	29.5×14.5〜10.5×5.5／4	30.5×14.5×5.5／117
❷	董園村一号墓	37.8×18〜12.2×5.8／13	31.3×15〜12.2×5.8／8	
❸	曹四墹堆(附属)一号墓	36.4×19〜14.5×5.6／6	35.8×19〜12.3×5.6／6	37.5×19.5×6.6／10
❹	張園村一号墓			
❺	袁牌坊村二・三号墓			
❻	白果樹村一号墓	大きさ不詳／1		大きさ不詳／2

No.	中長条塼	小長条塼	形状不明	刻字塼合計
❶		20×14×5／2	1	146
❷		24.2×12×4.5／143	2	166
❸	30×15×5.6／30	24.6×12×4.9／17	1	70
❹	28×14×5.5／13	24×12×4.5／11	1	25
❺	30×15×5.5／6	24×12×4.5／8		14
❻	30×15×5.5／10	24.5×12.2×4.5／2		15

（〇二一）

（〇一三）

（〇一四）

［図一四］三点の「牛頭」塼：『図録文釈』、二三三、三二五、三二六頁。

に短側面を表に向けて一段積み上げる方法とがある。残念ながら曹氏一族墓の塼室墓で、どちらの積み方が一般的だったのかわからないのだが（全く異なった積み上げ方が用いられた可能性も否定できないが）、表面が隠れてしまうような積み方であれば、その面に文字を刻しても意味はない。逆に隠したければ表面に刻することになる。なお数字だけを刻した塼（数字塼）は短側面に刻されたのがほとんどである（関尾「安徽曹氏一族墓出土文字磚緒論」）。

刻字の書体だが、李燦氏によると、楷書と行書を中心として、隷書や草書がこれに次ぎ、篆書は僅少にすぎないとする。また簡体字を用いたものもあるという（同「曹操宗族墓群字磚考」／「曹操宗族墓磚字書体考」）。たしかに一般的な傾向としては、姓名を刻した塼（姓名塼）には、曹氏一族の塼（曹氏塼）を中心に楷書体のものが多く（曹氏塼以外の姓名塼の書体は多様である）、姓名塼以外の塼（倭人塼や倉天塼のような銘文塼）には行書・草書のものが多いと言えそうである。とすると、刻された文言により、刻字者・刻字の意図などが微妙に異なっていたようにも思われる。

これらの刻字は、簡報Aによると、墓の築造に従事した「工人」たちが塼が乾くのを待っている間に、細い棒状のもので書き込んだものらしい。ただ数字塼の刻字は、どれも文字通りの金釘流で、書体を云々する以前のできばえである。おそらくは塼の完成後に先端が尖った棒状のもので刻されたのであろう。刻された数字には、「十」・「廿」・「卅」など整った数が多いので、作業中に塼を数える際などに目安として刻されたものだろうか。

工人の来歴については、「字磚和石刻」が、墓の築造に動員されたのは、多くが一般民（労働人民で、一部に法を犯して強制労働に従事させられた官吏が含まれていたとする。とにかく墓主(正しくはその遺族)は墓を築造するためにあらゆる労働力を寄せ集めたので、その労働条件は苛酷で、不満の心情が刻された文言に表出しているともいう。冒頭にふれた「倉天塼」も、このような塼の一つと言えよう。田昌五氏も、徴発された技術者(工匠)と一般民のほかに犯罪歴のある官吏や墓主自身の奴隷の存在を想定し(同「談曹操宗族墓磚刻辞」)、殷滌非氏も犯罪歴のある官吏と刑徒を上げている(同「対曹操宗族墓磚銘的一点看法」)。これに対して趙超氏は雇傭された技術者とし(同「論曹操宗族墓磚銘的性質及其有関問題」)、尾形勇氏は墓の築造にあたった「人夫」には「附近から無理やり駆り出された農民も多いようである」(同『東アジアの世界帝国』、六四頁)という。しかし、いずれの説も確固たる根拠があるわけではないので、択一は危険である。

ただし刻字者が塼の作製者や墓の築造者と同一であったかどうかは別途検討を要する問題だろう。たしかに塼の作製者が作業中に随意に心情を吐露したような銘文塼は、行書体や草書体(と言うよりも走り書きと呼ぶべきだろう)で刻されており、これらについては、「塼の作製者イコール刻字者」という等式が成立するかもしれない。しかし姓名塼とりわけ楷書体のものが多い曹氏塼の場合は、刻字者や刻字の意図がこれらとは異なっているようで、「塼の作製者イコール刻字者」という等式は必ずしも成立しないように思われる。また書体から判断して、曹氏塼の多くは一定の刻字・書写技術を有している人びとの手になったと考えることができよう。

最後は、これらの刻字塼が墓室内のどこに、そしてどのようにして置かれていたのか(あるいは嵌め込まれていたのか）という問題である。簡報Aによると、元宝坑村一号墓では、とくに規則的に配置されていたわけではなく、多くは三つある墓室の壁面や天井部分に認められたとのことである。森浩一氏は、このうち大楔形塼である倭人塼は、中室の天井が崩落してできた堆積の中にあったという（同「曹氏墓出土の倭人字磚と二、三の問題」）。この倭人塼も含めていくつかの断片に破砕されたものも少なくない。董園村一号墓の刻字塼についても、簡報Aは、規則的な配置を否定しているので、ランダムに嵌め込まれていたものと考えられる。この二座以外でも事情は同じようなものだったと考えてよいだろう。

以上、刻字塼とその出土状況について簡報の記述を要約して紹介してきたが、刻字塼がまことに厄介な史料群であることが理解できたのではないだろうか。もっぱら倭人塼や倉天塼に関心が集中し、それ以外の刻字塼が一向に注目されなかったことも無理からぬことなのである。もちろん、一つの史料群全体に眼を向けようとしない、このような史料へのアプローチの仕方に問題があることは言うまでもない。ましてや苛酷な労働に従事させられた人びとが、思わず不平不満の思いを塼に刻してしまったのだとすれば、まさに生の声の宝庫であり、唯一無二の価値を有する史料群でもある。本章では、あくまでも曹氏一族の族的な広がりや社会的なつながりを考えるために手がかりとなるような姓名塼を中心に見ていくが、この厄介な史料群を理解するための第一歩でもある。

五——姓名塼を読み解く——曹氏塼

それでは、墓主を特定する手がかりになるものを中心に曹氏塼から見ていこう。

◈元宝坑村一号墓

先にも述べたように、倭人塼が出土した元宝坑村一号墓の被葬者は生前、会稽太守の任にあったと考えられていた。根拠になりそうな塼を番号順に掲げておこう。

②會稽〼　（〇〇一／大長条塼表面）

③會稽曹君　（〇〇二／大長条塼長側面）

④會稽曹君喪軀　（〇〇三／大長条塼表面）

⑤會稽曹君

天年不幸喪軀　（〇〇四／大長条塼表面）

⑥念會稽府
君棄離帷屋（幄）　（〇〇五／大長条塼表面）

⑦會稽明府早
棄春秋不竟世　（〇〇六／大長条塼表面）

⑧▨會稽▨　（〇〇七／大長条塼表面）

⑨會稽太守字□□　（〇四三／小長条塼表面）

⑩▨稽君曹庖▨　（〇四四／大長条塼長側面）

元宝坑村一号墓からは一四七点の刻字塼が出土しているが、四〇点近い数字塼や、紋様塼・朱書塼などを除くと、刻字塼は百点をやや下回ることになる。このうち九点に、会稽ないしは会稽太守と刻されているのである（「府君」や「明府」は太守のこと）。長側面に走り書きしたような③や⑩、小長条塼の⑨、そして欠損の大きい②・⑧を除くと、会稽太守の曹某なる人物が逝去したことを伝えている（書き下し文は、堀『曹操』、一三頁）。おそらくはこの会稽太守だった曹某が元宝坑村一号墓の墓主で、そのことを知っていて、塼の作製に関与した人物が刻字したのであろう。この曹某だが、⑩の曹庖である可能性が浮上する。⑩は刻字面が長側面であり、書風も粗雑なのが難点だが〔図一五〕、積極的に否定する根拠もない。もちろん「正史」には見られない人物である。しかし、殷滌非氏は曹某を曹褒とし（同「対曹操宗族墓磚銘的一点看法」）、田昌五・石井仁・金文京の三氏は曹胤とする（田「曹操宗族墓和《水経注》的有関問題」／石井『魏の武帝 曹操』、三四一頁／金『三国志の世界』、四八頁）。残念ながら、いずれも明らかに誤りである。なぜならば、曹褒は逝去時（あるいは逝去直前）に潁川太守、曹胤は同じく謁者だったからである（関尾「安徽曹氏一族墓墓主試探」）。このことは『水経

〔図一五〕
曹庖塼：『図録文釈』、四六頁。

注』に記録された墓碑の題額から疑う余地はない。とくに潁川（太守）曹褒の名を刻した塼は、曹熾の名を刻した塼とともにこの元宝坑一号墓から出土している。

⑪故潁川〼
曹褒〼　（〇一一／大長条塼表面）

⑫長水□尉
曹熾字元盛　（〇一二／大長条塼表面）

⑬故長水校尉
沛國譙熾　（〇一三／大長条塼表面）

このような塼が出土しているということは、会稽太守だった曹庖の没年は、かれら二人よりも早かったと考えるのが妥当であろう。曹熾の墓碑は、弟である胤の墓碑とともに熹平六（一七七）年に建立されているが、二人ともその没年は不明で、少なくともそれ以前ということになる。元宝坑一号墓の築造は二人の没年以前ということになるが、同墓からは、「四月四□」建寧三〼」と刻された塼（〇〇九／塼型不明）が出土しているので、その築造は建寧三（一七〇）年以降となり、大きな矛盾は来さない。

このほか、「比美詩之此為」曹嵩字季興」（〇一〇／大長条塼表面）や、「贊費亭侯」曹忠（嵩？）字巨高」（〇三六／小長条塼表面）といった曹騰や曹嵩の名を刻した塼もあったが、これら以外の主な曹氏塼を掲げておこう。

⑭呉郡太守曹　（〇一六／大長条塼表面）
鼎字景節

⑮山陽太守曹　（〇一七／大長条塼表面）
勳遭疾不豫

⑯□郡太守譙曹　（〇二〇／大楔形塼表面）
鸞

⑰譙功曹史曹　（〇二二／大長条塼表面）
湖再拝謁職事

これらのうち、⑭の曹鼎には、曹洪の伯父で尚書令だった人物と、曹騰の弟で河間相だった人物がおり、「河間明府」(〇一五／大長条塼表面)という塼も出土しているが、それ以外にも、曹休の祖父が呉郡太守だったことが先掲の『魏書』の記事からわかる。曹騰の弟であれば、字は兄たちと同じように「某興」であったろうから、曹洪の伯父で、曹休の祖父だった人物だろう。呉郡太守や尚書令を歴任したのだろう(石井『魏の武帝 曹操』、三四一頁)。また⑯は永昌太守曹鸞であろうか(『後漢書』巻八霊帝紀熹平五(一七六)年閏五月条／同巻六七党錮伝)。年代的には整合する。ただこの熹平五年閏五月に誅殺された時、鸞は九〇歳だったという記事があり(『後漢紀』巻二四孝霊帝紀中熹平五年閏月条)、この年齢などから、鸞を曹騰の長兄とする説もあるようだが、確証はない。九〇歳という超高齢で郡の太守だったというのもどうだろうか。

⑮の曹勲(山陽太守)、⑰の曹湖(譙県の功曹史)らの名前は「正史」に見られない。功曹史とは、県廷の人事を統轄するポストで、県の属吏では首座にあった(厳耕望『中国地方行政制度史・秦簡地方行政制度』第五章「県廷組織」／紙屋正和「両漢時代における郡府・県廷の属吏組織と郡・県関係」)。この曹勲と曹湖も含め、年代からすると、曹騰の世代よりさかのぼることはないだろう。

◈曹四堌堆一号墓

元宝坑村一号墓以外で墓主がわかりそうなのは、曹四堌堆一号墓である。その手がかりとなりそうな塼を上げる。

⑱豫州刺史曹　（〇〇一／中長条塼表面）
水有陵朱謙

⑲豫州従事史　（〇〇二／中長条塼表面）

⑳待事史　（〇〇五／中長条塼長側面）

曹四堌堆一号墓から出土した刻字塼は全部で七〇点で、うち数字塼が半数近い三一点を占め、

〔図一六〕
曹水塼：『図録文釈』、三一三頁。

曹氏塼は⑱一点だけである。その⑱［図一六］には、予州刺史曹水の名前が見え、⑲と⑳の二つの塼には、その属吏の職名が刻されている。曹水の名前も「正史」にはないが、曹氏の本貫である沛国を含む予州の長官である。属吏のうち、従事史は治中従事・別駕従事・簿曹従事などの総称である（『続漢書』巻二七百官志四／同巻二八百官志五）。これに対して待事史は「正史」に記載を欠くものの、第四章でふれる走馬楼呉簡に含まれる簿籍の構成簡（竹簡）に数例ほど確認できる。所属する官府が州か郡かわからないのが難点だが、州の属吏である可能性も十分に考えられる。会稽太守の曹庖とは異なり、曹水が逝去したことにはふれられていないかわりに、「有陵朱謙」という解釈不能の四字が加えられているが（朱謙は姓名であろう）、属吏の職名が刻された塼が伴出しているのは、墓主（曹水）の生前に仕えた吏（故吏）が逝去した故主の墓の築造に関与していたことを示しているとは考えられないだろうか。

刻字塼が出土したのは六座だが、出土した曹氏塼から墓主が推測できるのは、この二座だけである。残る四座のうち、董園村一号墓については曹騰墓と考えた。また袁牌坊村二・三号墓は同一号墓とあわせて、曹褒・曹熾・曹胤父子の墓というのが私の推定である。張園村一号墓と白果樹村一号墓については、出土した刻字塼が少ないこともあり、墓主を考えるすべを欠いている。

元宝坑村一号墓の墓主と考えられる会稽太守の曹庖、曹四堌堆一号墓の墓主の可能性がある予州刺史曹水らはいずれも「正史」には名前が見られない人物である。また山陽太守曹勲や譙県の功曹史曹湖なども同じである。「正史」に名前のある人びとも含め、太尉（曹嵩）や尚書令（曹鼎）をはじめとする中央の高官、本貫である予州の刺史（曹水）、そして全国各地の郡太守や県長（曹洪）など、曹氏一族は多数の勅任官を輩出させていた。それだけではなく、本貫の譙県では県廷の人事を統轄する功曹史の地位も曹氏の出身者（曹湖）が占めていた。これはおおよそ一七〇年代以降のことだが、曹操が群雄として成長していくにしたがってこのような傾向は強まりこそすれ、弱まることはなかったに違いない。そして曹氏一族墓の造営も、このような官界への進出も、曹騰以降のできごとであり、彼の宦官としての成功が一族に大きな収穫をもたらしたのかがわかろうというものである。

曹氏以外の人びとの姓名を刻した塼を読み解きながら、もう少しこの問題を考えてみよう。

六――姓名塼を読み解く――曹氏塼以外の姓名塼

今度は曹氏以外の人びとの姓名を刻した塼、すなわち曹氏塼以外の姓名塼である。まずは曹氏の本貫である沛国や譙県の長官だった人びとの姓名塼がある。

㉑沛相□▨　（元宝坑村一号墓〇二四／大長条塼表面）

㉒沛相孟郁
字敬達　（同〇二五／大長条塼表面）

㉓譙令中山盧奴
敦享敷　（同〇二六／大長条塼表面）

㉔譙令▨　（曹四堌堆一号墓〇〇六／中長条塼表面）

㉕譙令郢◪　（白果樹村一号墓〇〇二／小長条塼表面）

沛国の相（孟郁）や譙県の令（敦享？・郢某）の塼である。このうち㉒の孟郁については、巻四二孟光伝に、「孟光、字は孝裕といい、河南郡洛陽県の人である。漢の太尉孟郁の族人でもある（孟光字孝裕、河南洛陽人、漢太尉孟郁之族）」とあり、さらにその注に引かれた『続漢書』は、「（孟）郁は、中常侍孟賁の弟である（郁、中常侍孟賁之弟）」というのである。ようするに宦官で中常侍だった孟賁の弟なのだが、兄の賁は曹操の祖父曹騰と同時代の人で、騰とも行動を共にすることがあったらしい（『後漢書』巻三四梁統附梁商伝／巻七八宦者・孫程伝）。郁が太尉だったのは、熹平六（一七七）年一二月から翌七（一七八）年正月までのわずかな期間にすぎず（練恕編『後漢公卿表』）、これ以前はやはり短期間ながら太常だったので、沛相だったのはそれ以前のことであろうか（関尾「曹氏一族墓の姓名磚雑識」）。国相は郡太守に相当する地位なので、沛国の人材を孝廉科によって中央に推挙する権限をもっていた。郁が兄の賁と親しかった曹騰の同族の者を孝廉に推挙したことは想像にかたくない。であればこそ、曹氏の出身者が多く官界に入ることができたのであろう。たんに曹騰が宦官として勢威を振るっていたからというだけではないのである。石井仁氏は、曹操を孝廉に推挙したのは、熹平三・四（一七四・七五）年頃から光和二（一七九）年までの間沛国の相だった王吉と推定しているが（同『魏の武帝 曹操』、七一頁）、その王吉も、宦官で中常侍だった王甫の養子であった（『後漢書』巻七七酷吏・王吉伝）。曹操以外にも王吉によって孝廉に推挙された曹氏の出身者がいたかもしれない。王吉とは異なり、孟郁が沛国の相であった期間はわからないが、石井氏は孟郁の名が刻された㉒の塼［図一七］から、彼が「曹氏一族墓の造営に寄進」(同『魏の武帝曹操』、三八頁)したと推測している。孟郁が曹氏一族墓(とくに元宝坑村一号墓)の築造に何らかのかたちで関わったことは疑いなく、同じようなことは譙県の県令だった敦享や郢某にも言えるのではないだろうか。

さてつぎは、予州の使府や沛国の府、および譙県の県廷などに出仕していた属吏である。予州の使府の属吏については、すでに⑲・⑳の二点を紹介しておいたが、彼らの多くは本貫をこの地に繋いでおり、長官である沛国の相や譙県の令が曹氏一族の墓の築造に関与していたとすれば、その配下にあった彼らも当然何らかの形で関わっていたはずである。

㉖丁掾永豪致獨
曹侯女孝
(元宝坑村一号墓〇一九／大長条塼表面)

㉗作此大壁者丁永豪故核
(同〇五九／大長条塼長側面)

㉘東部督王熾
字元異
(董園村一号墓〇〇五の一／小長条塼裏面)

㉙別駕従事王左叩頭死　（同〇〇五の三／小長条塼長側面）

㉚卒史儔　（同〇四三／小長条塼表面）

㉖・㉗には丁永豪の名前が見えているが、前者に「掾」とあるので、具体的な職掌はわからないが、郡府ないしは県廷の属吏だったのであろう。㉘・㉙は、同じ塼の別の面に刻されたものである。王熾については、このほかにも「熾叩頭死罪敢」塼（董園村一号墓〇〇四／小長条塼表面）があり、王左についても「唯念王左及未」塼（同〇〇七／小長条塼長側面）、「咄成王左甚不」塼（同〇〇八／小長条塼長側面）、および「王左死奴復死苛」塼（同〇六〇／小長条塼長側面）などが出土している。王熾は郡の、

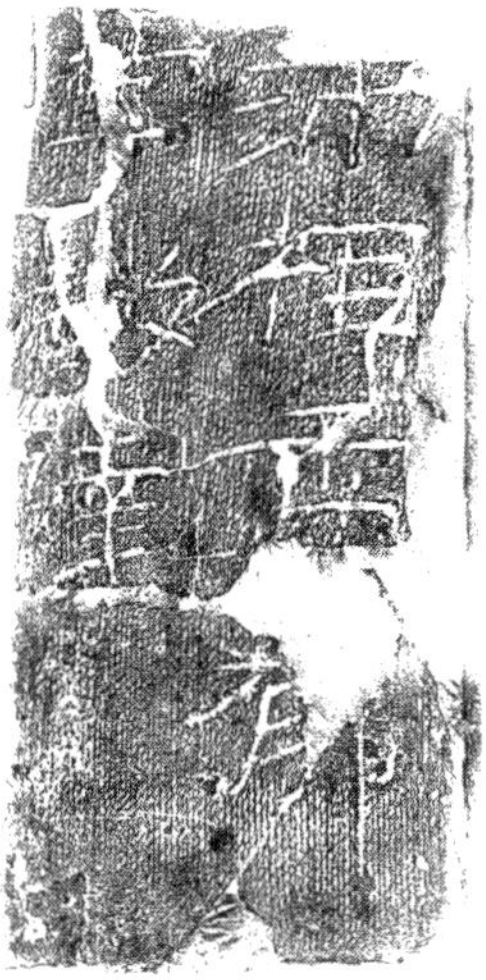

［図一七］
孟郁塼：『図録文釈』、二七頁。

また王左は州の属吏であろうか。

塼の刻され方からすると、同族だったのであろう。

なお丁氏の出身者のなかには、丁斐・丁謐父子や丁沖・丁儀・丁望父子など、曹操の近侍や魏の要職を占めた人物が少なくない。丁斐は「郷里」(巻九曹爽伝注引『魏略』)という理由で、曹操から典軍校尉として重用され、その子である謐は曹爽から尚書に任じられている。丁沖も後漢末に司隷校尉に抜擢されたが、その子である丁儀・丁望兄弟は曹植と近かったため、曹丕が魏王位につくと誅殺された(巻一九曹植伝/同伝注引『魏略』)。そればかりか、曹嵩の夫人、曹操の夫人いずれも丁氏であった(巻二文帝紀延康元(二二〇)年五月条/巻五后妃・武宣卞皇后伝注引『魏略』)。このように、曹氏一族は丁氏一族ときわめて深い関係を結んでいたのであって(石井『魏の武帝 曹操』、四八頁)、世代がさかのぼるとはいえ、丁氏の出身者が曹氏一族の葬礼に参加するのは当然すぎることであった。㉗[図一八]は、「此の大壁(墓室の壁面)を作った者は丁永豪。だから(壁は)核《かた》いぞ」とでも訳せようか。しかし丁永豪自身が粘土をこねて笵型に入れたり、そうして完成した塼を積み上げて墓壁を造ったりしたと考える必要はないだろう。丁氏(の永豪)は、曹氏(の庖)が逝去したので、塼の作製や墓の築造などの作業に、必要な要員(と費用)を提供したということであろう。「作」という字は刻字塼に頻出するが、このように解釈することができよう。

丁氏と同じように、沛国・譙県を本貫とする人士は他にも見いだすことができる。つぎはこれを列挙してみよう。

㉛夏侯君　（元宝坑村一号墓〇二八／大長条塼表面）

㉜吾本自平原自姓爲張
（余　白）　（同〇二九／大楔形塼表面）

㉝了?張寧　（同〇五八／大長条塼表面斜書）

㉞七月二日張永驕
所作壁　（同〇七九／大長条塼表面）

〔図一八〕
丁永豪塼：『図録文釈』、六一頁。

㉟宰張大□　（袁牌坊村二・三号墓〇〇六／小長条塼短側面）

㊱史所作也□　（元宝坑村一号墓〇八三／大長条塼表面）

曹氏一族と夏侯氏一族との関係については、贅言は不要であろう。曹操の父曹嵩は夏侯氏の出身で、夏侯惇の叔父であったとされる（巻一武帝紀注引『曹瞞伝』／同『世語』）。夏侯惇とその族弟の夏侯淵の伝が巻九に置かれているのもそのためである。このような関係の深さを想起すれば、夏侯氏の出身者が曹氏一族の葬礼に関わるのは当然であって、むしろそのことをうかがわせる塼が㉛一点だけというのは少なすぎるようにも思う。

㉜〜㉟は張氏の塼である。㉜には「吾は元々平原郡（山東省・平原県西南）の出身で、張を姓としていた」とあるが、五斗米道の創始者である張陵が沛国・豊県（江蘇省・豊県）を本貫としていたので（巻八張魯伝）、ここに掲げた塼に見える張氏にも、沛国の出身者が含まれているかもしれない。㉞［図一九］は、七月二日という月日とともに、「張永騎が作るところの（墓）壁」と刻されているが、㉗と同じように、張永騎自身が塼を積み上げたと考えるにはおよぶまい。

また㊱は史氏か、または属吏である史の塼である。曹操のもとで中領軍をつとめた史渙は沛国の出身だったので（巻九夏侯惇伝／同伝注引『魏書』）、その史氏と関係があるかもしれない。

二世紀末から始まる曹操の時代に名をとどめている沛国の出身者にはこのほかにも、桓典・桓曄（龍亢県。『後漢書』巻三七桓栄伝附伝）や、劉馥（相県。巻一五本伝）・劉岱（巻一武帝紀建安四（一九九）年十二月条注引『魏武故事』）などがいるが、後漢初期から続く名族だった桓氏以外は、由来をつまびらかにできず、この点は曹氏と共通するものがあるが、曹操の劉夫人（巻五后妃・武宣卞皇后伝注引『魏略』）の実家でもある劉氏に関係するような姓名塼は見あたらないようである。

最後にほかの姓名塼にも簡単にふれておきたい。

㊲〼太守沛國
〼字巨堅　（元宝坑村一号墓〇二三／大長条塼表面）

〔図一九〕
張永騙塼：『図録文釈』、八一頁。

㊳長安左丞反?治　（同〇二七／大長条塼表面）

㊴毛雹
作大好
康富　（同〇三七／大長条塼表面横置）

㊵毛雹可作也　（同〇四九／大長条塼長側面）

㊶雹可作　（同〇八一／大長条塼表面）

㊷越騎校尉寵?　（曹四堌堆一号墓〇〇三／中長条塼表面）

このうち、㊴〜㊶の三点は、毛雹が（墓壁を）作ったという内容の塼だが、これも彼自身が塼を積み上げたと考える必要はないだろう。残りの三点は、いずれも姓が不明である。曹氏の出身者かもしれないが、であれば、勅任官への就官者の事例がさらに増えることになる。あるいはまた、曹氏と同じように沛国・譙県に本貫をつなぐ、別の一族で勅任官に就いていた人物が曹氏一族の葬礼に参与したことを示しているのであろうか。

姓名塼にグルーピングできそうな塼は、「曹画」塼（元宝坑村一号墓〇一八／大長条塼表面）、「曹艮有」塼（同〇九七／大楔形塼表面）など、これら以外にもいくつかあるが、省略にしたがいたい。

おわりに

何度もくり返すが、曹氏一族墓から出土した刻字塼はまことに厄介な史料群である。墓ごとに、いや塼ごとに、誰が何のために刻したのか、を問わなければならないからである。出土した墓の詳細な築造年代もわからない。よしんば、築造年代がわかったとしても、塼は墓の違いを超えて一括して同時に作製されたということであれば、意味はほとんどなくなる。それでいて、刻字塼から新たにわかることはけっして多いとは言えない。明らかになったことと言えば、曹氏一族の本貫である沛国・譙県の城外南郊に墓群が造成されたのは、曹騰が宦官として勢威をふるうようになってからであるらしいこと、曹氏の一族は「正史」に名を残した以外にも、勅任官や県の功曹史などを輩出させたこと、塼の作製や墓の築造には、沛国や譙県の長官や属吏、そしてこの地に本貫をおく夏侯氏をはじめとする有力な一族が関与したらしいことなどであろうか。これらの事実をふまえ、苛酷な労働に従事させられた人びとがつい塼に刻してしまった不平不満の思いを読み取っていけないものだろうか。今後に残された大きな課題である。

ところで亳州市の曹氏一族墓は、次章で取り上げる西高穴二号墓が発見されたことでふたたび注目を浴びることになった。上海にある復旦大学の研究チームが同墓の墓主が曹操なのか(つまり西高穴二号墓が曹操の陵墓である高陵なのか）を確定するために、ＤＮＡ鑑定の試料として、元宝坑村一号墓から発見された二本の歯を使用したからである。本章では一号墓の墓主を会稽太守だった曹鼎と推定したが、そこでは同墓の墓主は操の大叔父である曹鼎とされている（文少卿他「古ＤＮＡ証拠支持曹操的父系遺伝類型属于単倍群O_2」）。たしかに⑭には曹鼎の名が刻されているが、だからと言って彼を墓主と断ずることはできない。二本の歯が、曹操との詳しい関係がわからない曹鼎のものであるならば、ＤＮＡ鑑定の信憑性が大きく損なわれることは確実である。もっとも曹操は養子である曹嵩の子なので、曹鼎とも共通の遺伝子があるとは思えず、この点についても疑問が噴出しているようである（潘偉斌「以〝曹操〟研究為例 正確認識ＤＮＡ分析与考古的関係」／葛威「関于曹姓家族分子人類学研究的幾個問題」）。

また最初にふれた倭人塼はその後どうなったのだろうか。森浩一氏は晩年まで「倭」という釈読を捨てなかったようだが（天野幸弘司会「シンポジウム 海でつながる倭と中国」における同氏の発言）、尾形勇氏が早い時期から、この釈読には疑問を呈していた（同『東アジアの世界帝国』、六六頁）。このように文字の釈読をめぐって意見が分かれるような場合、書道史研究者の意見が尊重されるべきであろう。西林昭一氏は、殷滌非氏の「侫」説（同「対曹操宗族墓磚銘的一点看法」）を紹介しつつ、「現在、第二字目を、「倭」と釈く説は否定されている」とくりかえし述べており（同『中国新出土の書』、一〇〇頁／『書の文化史』上巻、二一二頁）、間接的ながら「倭」説を否定している。私はこれで充分だと思っている。かりに百歩譲って「倭」であったとしても、その「倭人」が日本列島の居民だったのか否かはまたべつの問題であろう。これはまたこれで、じつに難問なのである。

【参考文献】

［日本語］（五十音順）

天野幸弘（司会）・杉本憲司・蘇　哲・菅谷文則・森　浩一「シンポジウム海でつながる倭と中国――邪馬台国の周辺世界」奈良県橿原考古学研究所附属博物館編『海でつながる倭と中国――邪馬台国の周辺世界』新泉社、二〇一三年。

石井　仁『魏の武帝曹操』新人物往来社・新人物文庫、二〇一〇年（二〇〇〇年初版）。

尾形　勇『《ビジュアル版》世界の歴史⑧東アジアの世界帝国』講談社、一九八五年。

――『中国歴史紀行』角川書店・角川選書、一九九三年。

緒方　勉「中国亳県に倭人磚を訪ねて」『考古学ジャーナル』第一九一号、一九八一年。

紙屋正和「両漢時代における郡府・県廷の属吏組織と郡・県関係」同『漢時代における郡県制の展開』朋友書店、二〇〇九年（一九九〇年初出）。

金文京『中国の歴史04 三国志の世界　後漢三国時代』講談社、二〇〇五年。

小松健一『カラー版写真紀行三国志の風景』岩波書店・岩波新書、一九九五年。

関尾史郎「安徽曹氏一族墓出土文字磚緒論」『東アジア―歴史と文化―』第五号、一九九六年。

――「安徽曹氏一族墓出土姓名磚試論」『新潟史学』第三六号、一九九六年。

――「安徽曹氏一族墓墓主試探」『環日本海研究年報』第四号、一九九七年。

――「曹氏一族墓出土の姓名磚雑識」関尾編『出土史料を用いた漢魏交替期の社会変動に関する基礎的研究』（平成12年度～13年度科学研究費補助金・基盤研究（C）（2）（代表：関尾／課題番号：12610367）研究成果報告書）、新潟大学人文学部、二〇〇二年。

津田資久「〈貴族〉の盛衰と「天下」観の変容―三国・両晋・南朝―」津田・井ノ口哲也編『教養の中国史』、ミネルヴァ書房、二〇一八年。

西林昭一『中国新出土の書』二玄社、一九八九年。

――『書の文化史』上巻、二玄社、一九九一年。

堀　敏一『曹操―三国志の真の主人公』刀水書房・刀水歴史全書、二〇〇一年。

森　浩一「倭人磚と会稽」森浩一著作集編集委員会編『森浩一著作集』第四巻（倭人伝と考古学）、新泉社、二〇一六年（一九八〇年初出）。

――「曹氏墓出土の倭人字磚と二、三の問題　李燦氏の業績を中心に」森浩一著作集編集委員会編、前掲『森浩一著作集』第四巻（一九八四年初出）。

【中国語】（画数順）

万縄楠「廓清曹操少年時代的迷霧」紀念陳寅恪教授国際学術討論会秘書組編『紀念陳寅恪教授国際学術討論会文集』中山大学出版社、一九八九年。

文少卿・王伝超・敖　雪・韋蘭海・佟欣竹・王凌翔・王占峰・韓　昇・李　輝「古DNA証拠支持曹操的父系遺伝類型属于単倍群O2」『人類学学報』二〇一六年第四期。

田昌五「談曹操宗族墓磚刻辞」『文物』一九七八年第八期。

――「曹操宗族墓和《水経注》的有関問題」『中国歴史博物館館刊』第三期、一九八一年。

――「読《対曹操宗族墓磚銘的一点看法》有感」『文物』一九八一年第一二期。

任暁民編『曹操宗族墓群』江蘇科学技術出版社、二〇一〇年。
安徽省亳県博物館「亳県曹操宗族墓葬」『文物』一九七八年第八期（**簡報Ａ**）。
李景彪「東漢時代的社会記憶（代序）」『図録文釈』上冊。
李　燦編『亳州曹操宗族墓字磚図録文釈』（全二冊）、中華書局、二〇一五年（**図録文釈**）。
――――「曹操宗族墓群字磚考」『図録文釈』下冊（一九七九年初出）。
――――「曹操宗族墓磚字書体考」『図録文釈』下冊（一九八四年初出）。
亳州市博物館「安徽亳州市発現一座曹操宗族墓」『考古』一九八八年第一期（**簡報Ｂ**）。
亳州市文物管理処「安徽亳州董園村一号墓」安徽省文物考古研究所・安徽省考古学会編『文物研究』第二〇輯、科学出版社、二〇一三年（**簡報Ｃ**）。
亳県博物館「安徽亳県発現一批漢代字磚和石刻」文物編輯委員会編『文物資料叢刊』（2）、文物出版社、一九七八年（**字磚和石刻**）。
殷滌非「対曹操宗族墓磚銘的一点看法」『文物』一九八〇年第七期。
楊徳炳「試論曹操政権的性質」中国古代史論叢編輯委員会編『中国古代史論叢』一九八二年第三輯、福建人民出版社。
葛　威「関于曹姓家族分子人類学研究的幾個問題」『人類学学報』二〇一六年第四期。
趙　超「論曹操宗族墓磚銘的性質及其有関問題」『考古与文物』一九八三年第四期。
関尾史郎「関于安徽曹氏一族墓葬的幾個問題」『許昌師専学報』社会科学版一九九七年第三期、一九九七年。
潘偉斌「以〝曹操〟研究為例正確認識ＤＮＡ分析与考古的関係」『大衆考古』二〇一四年第一期。
厳耕望『中国地方行政制度史・秦漢地方行政制度』中央研究院歴史語言研究所専刊、一九六一年。

【図表出典の書誌データ】（掲載順。参考文献は除く）

楊守敬他編『水経注図（外二種）』中華書局、二〇〇九年（一九〇五年版本）。

第二章

曹操の死——高陵とその出土文物

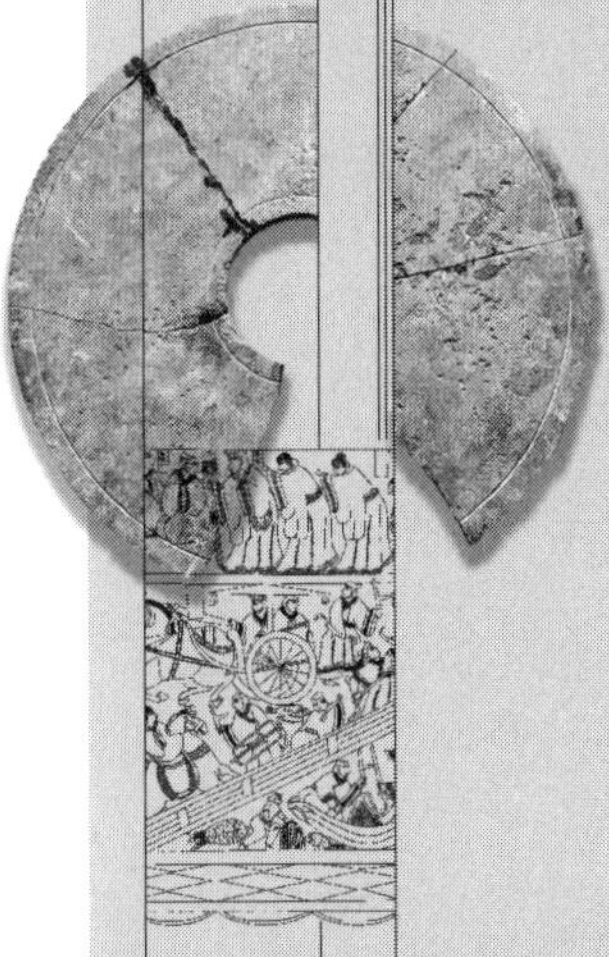

はじめに

曹操の陵墓、高陵が発見されたというニュースをいつ、どのようにして知ったのか、どうしても思い出せない。比較的最近のことなのにどうしてだろう。さすがに自分でもこれは恥ずかしい。ただ後述するように、曹操の死から百年以上たった〈五胡十六国〉時代の墓誌、すなわち「後趙建武十一(三四五)年十一月魯潜墓誌」(以下、魯潜墓誌)では、魯潜墓の位置が高陵(誌文では「故魏武帝陵」)との関係(方角と距離)で説明されているので、当時でも高陵が一種のランドマークになっていたことがわかる。この魯潜墓誌については論文でふれたことがあったので(関尾「「五胡」時代の墓誌とその周辺」)、高陵が発見されたと聞いても、「やっと見つかったか」程度の感想しか抱かなかったのかもしれない。

ところが、さすがに曹操の陵墓だけのことはあり、中国ではまたたく間に硬軟取り混ぜて何冊もの高陵本が刊行された。最初の頃はこのような本が刊行されるたびに買い求めていたのだが、いつやむともしれない議論(と言うよりも、喧噪に近い)に付き合っている暇もないので、途中で断念してしまった（今でも曹操墓や高陵で検索すると、インターネット上には沢山の記事がアップされているようだ）。ただ一応、「魏晋南北朝史研究者」を看板にしている手前、私も関心だけは抱かざるをえない。二〇一〇年一一月には、愛媛大学の東アジア古代鉄文化研究センターが、発掘調査に従事したスタッフを招いてシンポジウムを挙行した。私も参加してフロアーから質問する機会を得たが、同センター編『曹操高陵の発見とその意義』は、このシンポジウムの記録である。

この発見で見逃せないのは、大型墓（西高穴二号墓）が見つかった当初、これを曹操の陵墓である高陵とは認めない否定論や、断定を留保する慎重論が少なくなかったことである。類書の刊行が相次いだのも、これが一因だったのかもしれない。このことは、西高穴二号墓を高陵であると断定するだけの根拠がけっして十分ではなかったことを意味する。たしかに幾たびかの盗掘により、副葬品として埋納された各種の文物は墓内に散乱しており、墓主のものとおぼしき人骨も本来安置されていたはずの後室ではなく、前室で発見された。〈五胡十六国〉時代にもランドマークになっていたくらいだから、陵園全体に厳重な管理体制がしかれていればともかく、ひとたび管理がおろそかになれば、盗掘が横行したであろうことは想像にかたくない。上海の復旦大学が、曹操の末裔と称する曹姓の男性を対象としてＤＮＡ鑑定を行ない、共通する遺伝子を探り出すという壮大なプロジェクトを発足させたのも、このような状況が背景にあったからなのだろう（朱泓「古人骨ＤＮＡ分析在考古学研究中的応用」／朱子彦「曹操并非夏侯氏後裔」／「現存曹氏族譜与曹操後裔無関」）。プロジェクトの成果もすでに公表されているが、インターネット上では、こちらの記事のほうが、曹操墓や高陵のそれを凌駕してしまった感がある。しかしＤＮＡ鑑定への疑問は前章で述べたとおりである）。そんなニュースが入ってきたこともあり、俄然私の関心も高まった。もちろんＤＮＡ鑑定への関心ではない。高陵とその出土文物、さらにはそれらと史書の記述との総合や比較からわかることはないのだろうか、という思いからの関心である。ようするに、歴史学と考古学の立場でこの問題を突き詰めていきたい、ということである。私にその資格があるのか疑わしいが、本書ではその検討結果を示したい。これは当初、本書の構想を練っていて浮かんだ思いである。

ところが最近、正式かつ最終的な発掘報告書とも言うべき河南省文物考古研究院編『曹操高陵』（以下、『曹操高陵』）が刊行され、国内でも入手できるようになった。これは本文（後記を含む）三七一頁、カラー図版一二五頁からなる大冊で、西高穴二号墓が高陵であることが、『三国志』以下の文献史料との整合性や魯潜墓の記述など二二もの根拠を上げて論じられている（同、第十六章「結論」）。盗掘についても詳しく論じられており（第五章「二号墓盗掘経過及其破壊」）、それによると最初の盗掘は「西晋晩期」（六六頁）だったという。潘偉斌・聶凡両氏はさらに踏み込み、四世紀初頭の「八王の乱」で起きた鄴をめぐる攻防戦の渦中に発生したと推定している（同「曹操墓首次被盗問題探討」）。墓主についても、二号墓から発見された三人分の人骨のうち、前室で発見された五〇歳以上と思われる男性の骨は曹操自身のもの、後室で発見された女性の人骨二体のうち、五〇歳前後の高齢女性の骨を王后卞氏のものと推断した（『曹操高陵』第十七章「相関研究成果」。もう一体の若い女性の人骨について、王素氏は卞氏の侍婢のものとする。同「従〝曹操墓〟談当時的夫妻合葬制」）。ようするに二号墓は曹操と卞氏夫婦の合葬墓ということになる。また二号墓の北側にある一号墓についても詳述されており、同墓が二号墓よりもやや遅れて築造されたこと、前章でみた亳州市の曹氏一族墓などと同じように、東側に墓道、西側に墓室が配置されていて、規模は二号墓よりやや小さいものの、二号墓と同じ塼が用いられているほか、出土した鉄刀も二号墓のものと全く同じであることなどから、墓主を曹操の長子曹昂と推定する（第十四章「一号墓与二号墓的関係以及墓主人身份的確定」）。墓の方向については、劉秀紅・丁岩両氏も専論しているが（同「略論曹操高陵的墓向」）、この推定には異論がないわけではない。しかしもう私ごときが詳論する必要などなくなってしまった。とは言え、高陵にふれないと、やはり画龍点睛を欠くことになりかねない。したがって本章では、発掘簡報（河南省文物考古研究所他「河南安陽市西高穴曹操高陵」）と初期の成果とを広く収録した河南省文物考古研究所編『曹操高陵考古発現与研究』（以下、『考古発現与研究』）も併照しながら、高陵をめぐるこれまでの動向を整理し、出土文字資料を中心に簡単な検討を試みることにした。

一――魯潜墓誌

ここではまず、私が高陵について知るきっかけになった魯潜墓誌についてふれておきたい。魯潜墓誌とはつぎのようなものである。

①「後趙建武十一(三四五)年十一月魯潜墓誌」

(青石、縦二〇・七×横三一・五×厚四・五センチ。拓本と釈文は、龍振山「魯潜墓志及其相関問題」〈以下、「魯潜墓志」〉、八〇頁以下/賈振林編『文化安豊』〈以下、『文化安豊』〉、一三六頁以下)[図一]

趙建武十一年大歳在
乙巳、十一月丁卯朔、故
大僕卿・駙馬都尉、勃海
趙安縣魯潜、年七十五、
字世甫、以其年九月廿
一日戊子卒。七日癸酉
埊。墓在高決橋陌西行

一千四百廿歩、南下去
陌一百七十歩。故魏武
帝堎西北角西行卌三
歩、北迴至墓明堂二百
五十歩。陟上黨解建字

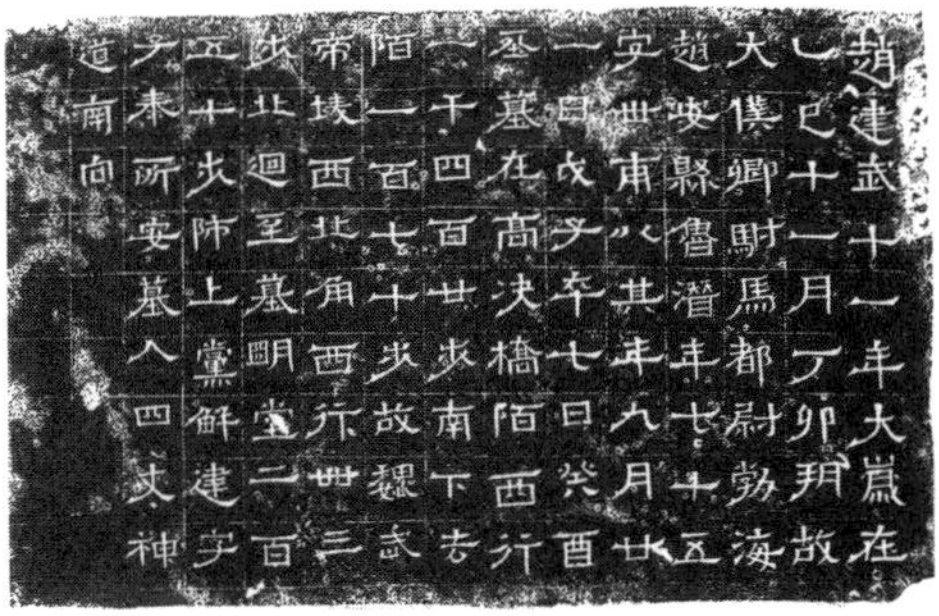
趙建武十一年大歳在
乙巳十一月丁卯朔故
大僕卿駙馬都尉勃海
趙安縣魯潛年七十五
字世甫以其年九月廿
一日戊子卒七日癸酉
葬墓在高決橋陌西行
一千四百廿歩南下去
陌一百七十歩故魏武
帝堎西北角西行卌三
歩北迴至墓明堂二百
五十歩陟上黨解建字
子泰所安墓入四丈神
道南向

〔図二〕魯潛墓誌(拓本):『文化安豊』、一三六頁。

子泰所安。墓入四丈、神道南向。

『文化安豊』によると、魯潜墓誌は一九九八年四月に、河南省安陽県、安豊郷西高穴村の西方五〇〇メートルの地点で発見されたという(「魯潜墓志」は発見地点を西高穴村の西北とする)。横長の刻面には、一行九字、全一四行で、一二〇字が刻されている。残念ながら墓誌本体の写真は公表されていないが、現存する〈五胡十六国〉時代の墓誌のなかでは、墓石、刻文の書体や内容、いずれも整っている部類に属する。ただ墓誌の発見場所が墓の位置と一致するのか否かはわからない。

さて誌主の魯潜は、〈五胡十六国〉の一つ、後趙(羯族石氏、三一九〜三五一年)で大僕卿・駙馬都尉の地位にあったが、建武一一(三四五)年九月二一日に七五歳という当時としては高齢で死去した。そしてそれから一か月半ほどたった一一月七日に埋葬されたことがわかる。彼の本貫は、勃(渤)海郡趙安県(渤海郡は河北省滄州市一帯。趙安県については不詳)だが、その本貫ではなく、後趙の都だった鄴(河北省臨漳県)の近郊に葬られたのは、官位の高さによるのだろう。魯潜は、『晋書』巻一〇五石勒載記下に三二〇年代のこととして、「晋の都尉魯潜が叛いて、許昌(河南省許昌市魏都区)を以て勒に降ってきた(晋都尉魯潜叛、以許昌降於勒)」とあるその人であろう。

墓誌にはその墓の所在が、故魏武帝埈(陵)すなわち曹操の陵墓との位置関係で示されているのである。七行目以下の関連部分だけ訳しておくと、「墓は高決橋陌から西方に行くこと一、四二〇歩、南下して陌を去ること一七〇歩（の地点）に在る。故魏武帝埈（陵）（の陵園）の西北の角より西方に行くこと四三歩、（また）北に迴《ま》（曲）がり、（魯潜）墓の明堂に至るまで二五〇歩である」となろうか。佐々木正治氏による位置関係図を示しておく［図二］（ただし数値は私見とは若干異なる）。陌は阡とともに、土地を区画する街路の名称で、戦国時代の秦において商鞅により設けられたのが始まりとされている。漢代ごろまでは土地の所在を示すために、おもに華北で阡とともに用いられたことがわかっているが（佐竹靖彦「中国古代地割の形態的研究」／関尾「中国古代における墓券の展開（稿）」）、魯潜墓誌から、少なくとも名称は四世紀になっても残っていたことがわかる。また現在の村名で

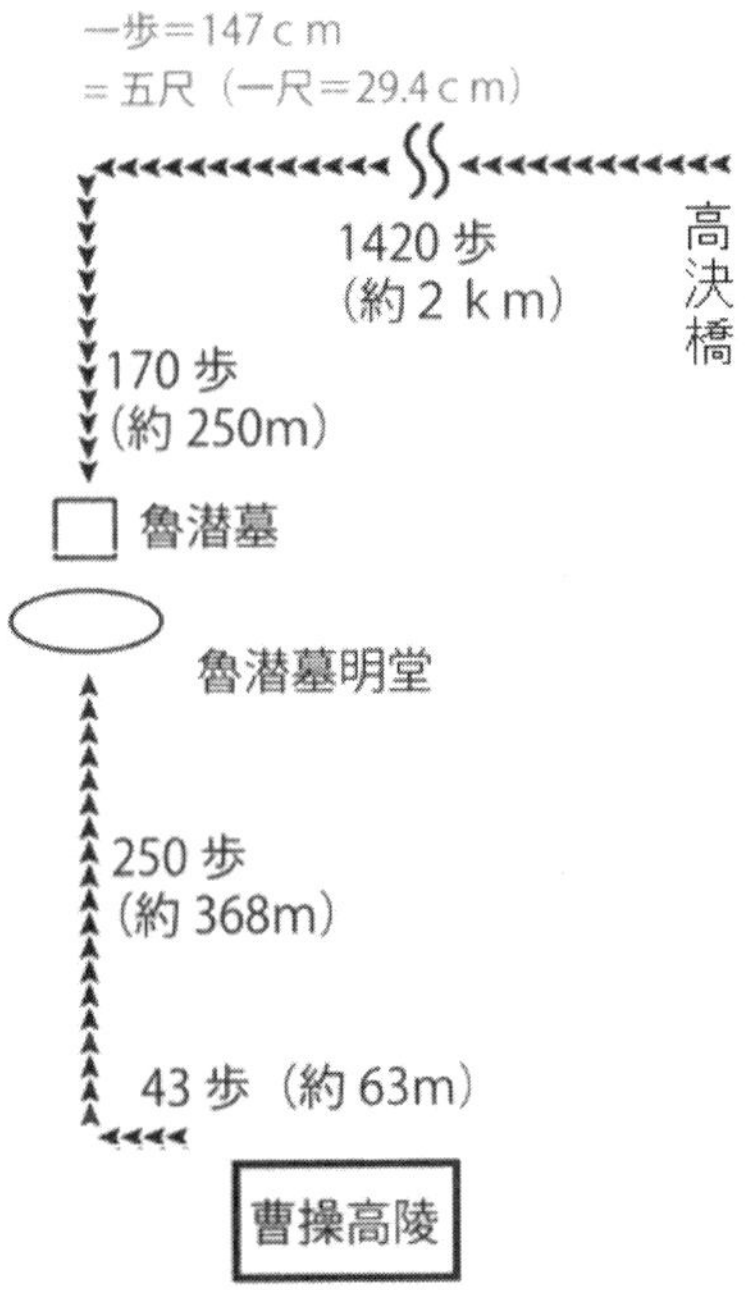

［図二］魯潜墓誌による魯潜墓と高陵の位置関係図：佐々木正治「曹操高陵発掘調査の最新成果と考古学的意義」、四三頁図４。

ある高穴は陌名の高决に由来するのであろう。なお明堂とは、皇帝が政治を行なう宮殿として古典にはあるが、ここでは墓前に建てられた建築物のことであろうか。

さて魏晋時代の一歩は、ほぼ一・四五メートル余なので(王雲「魏晋南北朝時期的度量衡」)、魯潜墓は高陵の西北端から西に六二メートル行き、さらに北に三六二メートル余行った地点に営まれたことになる。大ざっぱに言えば、魯潜墓誌の発見場所はこの数値と大きな齟齬は来たさないようである。魯潜墓誌を紹介し、これが高陵の位置確定にヒントを提供することを示したのは、党寧「由〝魯潜墓志〟探尋魏武帝陵」だが、党氏は、村名の高穴が高陵の隠語ないしは別名である可能性にもふれている。いよいよ高陵の発見である。

二――高陵の発掘とその後の経緯

高陵の探索が、右にみた魯潜墓誌の記述からヒントを得て始まったかのように紹介するむきもあるようだが、魯潜墓誌の記述はあくまでも手がかりの一つにすぎず、直接の契機は、二〇〇五年（一説には二〇〇六年）以降、石牌・石璧（辟）・石枕など石製品や画像石の盗掘事案が発生したことである。実際に発掘調査が開始されたのは二〇〇八年の一二月だが、この時点で発掘にあたった潘偉斌氏（河南省文物考古研究院）は西高穴二号墓が高陵であることを確信していたという（同「曹操高陵の発見と発掘および初歩研究」）。魯潜墓誌の記述も、確信の一因ではあったようだ［図二］。そしてほぼ一年間にわたった調査の結果をふまえ、現地の河南省文物局は、西高穴二号墓が曹操の陵墓、高陵であることを正式に公表したのである。また二〇一〇年四月には、中国秦漢史研究会と中国魏晋南北朝史学会という二つの全国学会が合同で西高穴二号墓を参観し、安陽で「曹操高陵発現学術研討会」を開き、この陵墓が高陵であることを承認した。この「学術研討会」における出席者の発言を集めたのが、李凭主編『曹操高陵――中国秦漢史研究会・中国魏晋南北朝史学会会長聯席会議』である。これと前後して『考古発現与研究』も刊行された。しかしそのいっぽうで、肯定論とともに否定論や慎重論を紹介した賀雲翱・単衛華主編『曹操墓事件全記録』もこの時期に刊行されている。これによっておもな否定論を見てみよう。

否定論を唱えた一人に、前章に登場した李燦氏がいる。李氏は、西高穴二号墓の構造や築造方法は、東晋・〈五胡十六国〉時代をさかのぼらないことなど五つの理由を上げ、これが高陵であることを否定した上で、さらに曹操は本貫の沛国譙県すなわち亳州市に葬られたという仮説を提示する。それこそ我田引水である。李氏の見方だと、西高穴二号墓は〈五胡十六国〉時代の君主の墓ということになるのだが、墓主について、具体的に後趙の石虎(楊兆氏)や後秦の姚襄(胡覚兆氏)らの名前を上げる論者もいた。いずれも明確な根拠があるわけではない。さらに魯潜墓誌を偽刻とする主張(李路平氏)まである。このように、否定論の多くは根拠が薄弱で信憑性に欠けるものだが、同じ否定論でも、徐苹芳氏の見解は傾聴に値する。

徐氏は、西高穴二号墓が盗掘により大きな被害を受けており、原状が不明確になっていること、石牌に刻された「魏武王常所用」という六文字は、曹操が重臣や親族らに対して記念に賜与した器物であることを示すと考えられること、および前後して見つかった族子の曹休墓からはその印が出土しているのに対して二号墓からはそのような出土例は報告されていないことなどをおもな根拠として、二号墓が曹操の陵墓であることを否定するのである(同「河南挖的絶対不是曹操墓」)。

これらの否定論は慎重論も含め、二〇〇九年の年末に二号墓の発掘調査がほぼ終了し、その簡報が公刊されるまでの間に出されたものだが、日本でも前後して否定的な見解が示された。たとえば冨谷至氏は、徐氏も言及している「魏武王常所用」という石牌の句は「一種の常套句」で、辟邪のための文言と解するのである。つまり武王曹操以外の者が、「「虎の威をかりて」悪霊を追い払う意味を持っていたのではないか」と言う（同『四字熟語の中国史』、一六一頁）。冨谷氏は、墓中に副葬される書籍・法令・墓券などはいずれも魔除けすなわち辟邪の役割を期待されていたという

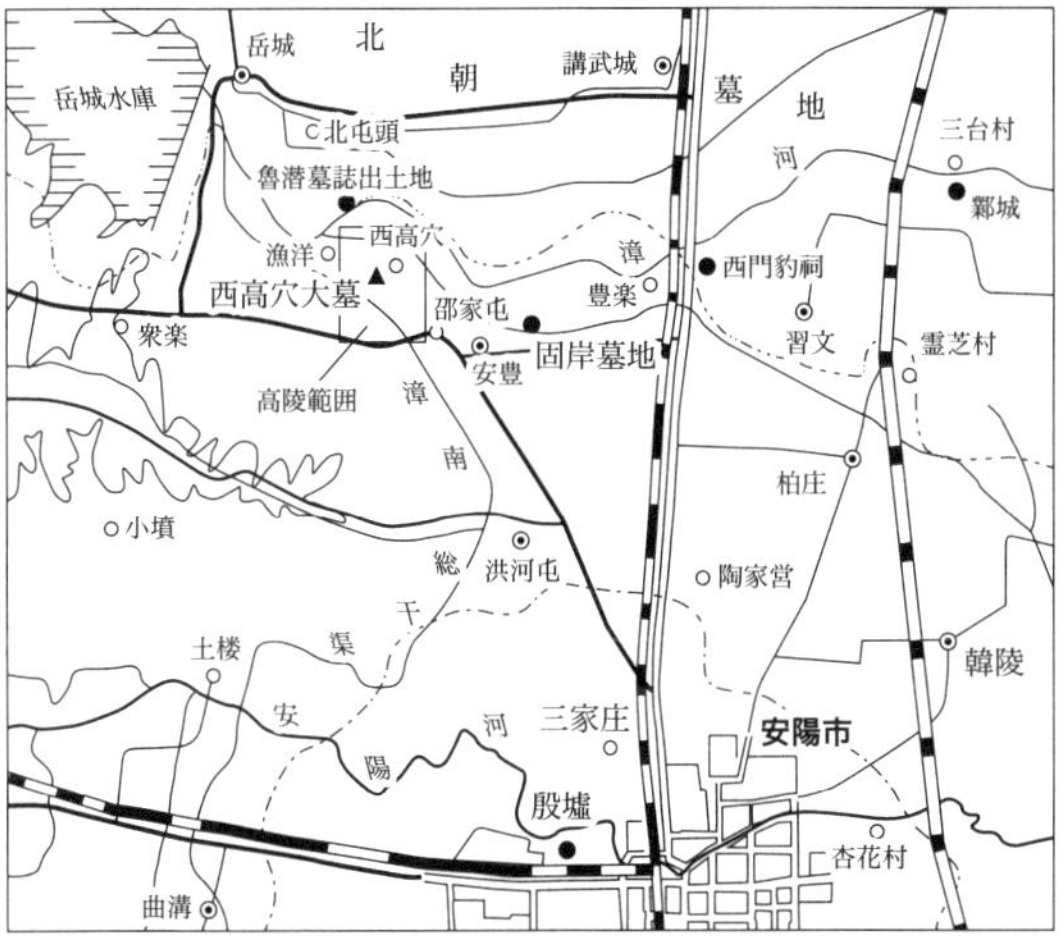

〔図三〕高陵位置図：河南省文物考古研究所他「河南安陽市西高穴曹操高陵」、一頁図一。

解釈をとっているので、西高穴二号墓から出土した石牌の刻字もこれと同類と考えたのであろう。国内には、冨谷氏の仮説に賛意を表するむきもあるが（天野幸弘司会「シンポジウム海でつながる倭と中国」における杉本憲司氏の発言）、どうだろうか。西高穴二号墓が高陵ではないとすると、墓主は誰なのだろう。二号墓の隣にはこれと同程度の大きさを誇る一号墓があり、この二座を囲むようにして南北幅六八メートル、長さが百メートル以上に及ぶ南壁と北壁により区画された広大な寝園も確認されている。さらにはその西側には大規模な陪葬墓地の存在も確かめられているという（潘「曹操高陵の発見と発掘および初歩研究」）。一号墓の調査が完了したのは二〇一一年三月と遅く、その後も『曹操高陵』によって詳細が知られるまでには時間がかかったことはたしかである。しかしそのまえに、そもそも石牌は魔除けだったのであろうか。じつは出土した石牌は大きさや形状、そして様式などから二種類に大別することができるのであって、問題となっている「魏武王常所用」という文言を有するものは、あくまでもそのうちの一部にすぎないのである（殷憲「曹操墓石牌的書体及其他」）。あらためて石牌全体に視野を広げてみる必要がありそうだ。

三——出土石牌とその意義

高陵から出土した文字資料には、石牌の刻字以外にも、画像石の題記や陶器・銅器の銘文などがあるが（『曹操高陵』第十章第十四節「二号墓出土文字」／第十五節「二号墓被盗文物」）、ここでは石牌の刻字にしぼって検討してみたい。

◈出土石牌

出土した刻字のある石牌は、『曹操高陵』によると全部で六六点に上る。このうち「魏武王常所用」という文言を有するもの（『曹操高陵』が「圭形石牌」とするもの。以下、A型）は、断片、さらには盗掘品一点も含めると、つぎの一一点である（同、第十章第五節「二号墓出土石器」／第十五節「二号墓被盗文物」／附表三「二号墓（M２）出土石牌文字統計表」）。

②□常所用長犀盾　（M二：九七二）

③魏武王常所用挌虎短矛　（M二：三八二）

④魏武王常所用挌虎大戟　（M二：五八、一三九）

⑤魏武王常所用挌虎短矛　（M二：一七六、一七七）

⑥……大阿　（M二：三五七）

⑦〼王常所用挌虎短矛　（M二：一〇七、一二四）

⑧……□大戟　（M二：五八）

⑨魏……常所用
　搏……椎二枚　（M二：九七三、五五）
（武家璧「曹操墓出土〝常所用〟兵器考」は、「魏武王常所用」搏虎大椎二枚」と推補する。搏は挌に同じ）

⑩〼所用挌虎大戟　（M二：一四六）

⑪魏⧄　（M二：八六）

⑫魏武王常所用挌虎大刀　（盗掘品）

断片が多いが（⑪は上端を欠いた五点のうちのいずれかの冒頭部分である可能性がある）、完全な形に復原された③［図四］と④［図五］は圭首の長方形で、圭首の部分の斜辺は二・五五センチ、下部の長方形の部分は縦八・九センチ横三・一五センチで、全体では縦一〇・九五センチ厚さ〇・八センチになる。圭首の部分にはまん中に穴が穿たれて銅製の鎖が結びつけられており、その先に細長い

［図四］
短矛石牌（M2:382）：『曹操高陵』、彩版七九—2。

［図五］
大戟石牌（M2:58,139）：『曹操高陵』、彩版七九—3。

銅製の棒がついている。「魏武王常所用」という冒頭の六文字は共通しており、多くでは「挌虎」（虎と闘う（ための））と続き、最後に器物の名称が導かれるという記載順序になっている。器物は大戟と短矛が各三点、大刀、（長犀）盾、椎《つち》（鉞）が各一点である。説明するまでもないが、重要なのはこれらがいずれも武器であるということである。銅の鎖はこれらの石牌を器物に結びつけるために穴に通されていたものと思われるが、このうちでは、大型の鉄刀が四本出土しているだけで［図六］［図七］（同第十章第八節「二号墓出土鉄器」）、矛・盾・戟・椎の出土例はないようだ。盗掘にあったのだろうか。

ところで武家璧氏は、これらの武器の多くが皇帝の侍衛に用いられたこと、「常所用」は「常儀」・「常法」に通じることなどから、曹操が皇帝と同等の威儀によって葬られたという（同「曹操墓出土〝常所用〟兵器考」）。仮説としてはおもしろいが、「常所用」をこのようにとらえるには無理があるし、「挌虎」（搏虎）を解釈できなくなってしまう。劉瑞氏が言うように、文字通り実用された（されるべき）武器と考えるべきだろう（同「説〝常所用〟」）。

それではつぎにもう一種類の石牌（『曹操高陵』が「六辺形石牌」とするもの。以下、B型）について見てみよう。こちらは五六点と数が多いので一括して表示する［表一］。形状はいずれも長方形の上辺の左端と右端をカットした六角形で［図八］［図九］、下部の長方形の部分は縦七・二センチ横四・八センチで、上部の台形（等脚台形）状の部分は、左右の斜辺が各一・八センチ、上底が二・三センチ。全体では縦八・四センチ厚さ〇・八センチとなり、厚さだけはA型と同じだが、全体に

A型よりやや小ぶりで、台形状の下底のあたりの中央にやはり穴が穿たれている。刻された器物に結びつけるためと思われるが、A型のような銅の鎖は認められないようである。そしてB型には「魏武王」以下の文言は刻されていない。また刻された器物の種類はさまざまだが、武器

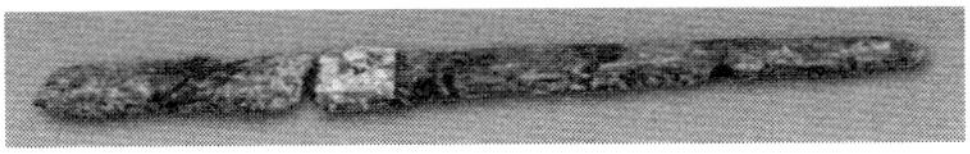
［図六］
大型鉄刀（M2:604）：
『曹操高陵』、彩版一一一―4（大型B型鉄刀）。

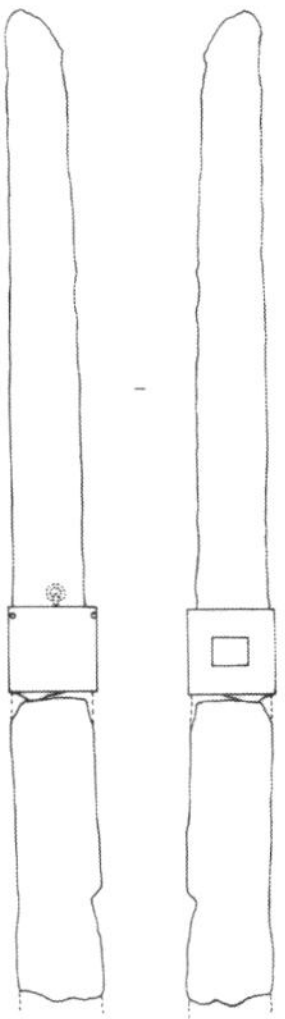
［図七］
大型鉄刀（M2:604）模写：『曹操高陵』、二一二頁、図一四二―1。

［図八］
黄豆石牌（M2:293）：
『曹操高陵』、彩版八四―3。

［図九］
渠枕石牌（M2:298）：
『曹操高陵』、彩版八五―4。

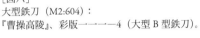

［表一］西高穴二号墓出土Ｂ型石牌刻字一覧：著者作成

No.	整理番号	分類	書風	刻　　字（」は改行箇所を示す）	図版
1	M2:91	c	β	木墨行清	81-1
2	M2:96	c	α	香囊卅雙	81-2
3	M2:98	a	α	絨二幅一	81-3
4	M2:103	a	γ	白練單帬一	81-4
5	M2:104	b/b	β/β	木墨斂二合」八寸机一	82-1
6	M2:190	c	γ	鏡臺一	86-1
7	M2:245	c	β	墨畫衣枷一	82-2
8	M2:247	a	γ	紫絹披衫」黄絹袜一	82-3
9	M2:248	c	α	沐具一具	82-4
10	M2:254			勲二絳緋	83-1
11	M2:288			黄蜜金廿餅」白蜜銀廿餅」億巳錢五萬	83-2
12	M2:289	c	α	樗蒲牀一	83-3
13	M2:290	a	α	絳白複帬一	83-4
14	M2:291	a	γ	白練單衫二	84-1
15	M2:292	b	α	紫臂褠一具	84-2
16	M2:293			黄豆二升」木軼机一	84-3
17	M2:294			墨畫零状蔫」苹蒻簟一具	84-4
18	M2:295	c	γ	竹簪五千枚	85-1
19	M2:296			洓漿臺一	85-2
20	M2:297	c	γ	鎷萊薗一？	85-3
21	M2:298	c	β	渠枕一	85-4
22	M2:299			墨表赤裏」書水椀一	86-2
23	M2:301	c	α	胡粉二斤	7-6
24	M2:302	c	α	刀尺一具	86-3
25	M2:303	c	α	木繩叉一	14 下
26	M2:304			紫綺大□一」□補自副	14 中
27	M2:305			長命綺複衫」丹文袜一	14 上
28	M2:306			五尺洓薄机一」食單一	86-4
29	M2:307			軒杅一	14 下
30	M2:308			白縑畫鹵薄」游觀」食厨各一具	14 中
31	M2:309	c	α	文鋂母一	87-1
32	M2:310	c	γ	洓唾壺一	13 上
33	M2:316	c	γ	辟四	18

No.	整理番号	分類	書風	刻　　字（」は改行箇所を示す）	図版
34	M2:317			黄蜜金廿餅」白蜜銀廿餅」億巳錢五萬	
35	M2:318			廣四尺長五尺絳」絹升帳一具構」自副	87-2
36	M2:319	c	γ	三尺五寸兩葉」畫屏風一	87-3
37	M2:320			丹綃襜襦一	87-4
38	M2:321	a	α / γ	白練袜一量	13 下
39	M2:322			文藻豆」囊一具	88-1
40	M2:323			冒一	88-2
41	M2:324			竹翣一	16 上
42	M2:325	a	α	絳文複袴一	16 中
43	M2:326	a	α	絳標（柸）文綺」四幅被一	16 上
44	M2:327			□□槃一	88-3
45	M2:328	b	β	書案一	88-4
46	M2:329	c	γ	一尺五寸兩葉」絳緣𨬍屏風一	89-1
47	M2:330	a/a	γ / γ	丹文直領一」白綺杯自副	89-2
48	M2:331	a	α	黄綾袍錦領袖一	7-8
49	M2:332	a	α	黄綺披丹」綺緣一	15 下
50	M2:334			絳疏披一	89-3
51	M2:335	a	α	玄三早緋	89-4
52	M2:341			珪一	17
53	M2:360			墨硏（硏？）一	90-1
54	M2:361			輴車上廣四尺長」一丈三尺五寸涞」升帳構一具	90-2
55	M2:362			絨手巾一	90-3
56	M2:366			墨廉薑函一	90-4

殷憲氏による分類の記号は以下の通りである。

a：衣類ほか布地類／b：文具類／c：埋納目的の器物と日常用品（空欄が多いのは、殷氏がB型石牌を33点としているためである）

殷憲氏による書風の記号は以下の通りである。

α：方筆を主とした書風／β：円筆を主とした書風／γ：方筆だが精美な書風（書者はαと同じで、刻者が別）。

図版の記号は以下の通りである。

二桁の数字にハイフォンが附されているもの：二桁の数字は『曹操高陵』の彩色図版（彩版）を示す。

一桁の数字にハイフォンが附されているもの：一桁の数字は『考古発現与研究』の彩色図版（彩版）を示す。

二桁の数字（末尾に上中下が附されているものを含む）のもの：数字は『文化安豊』の頁を示す。

に該当するものはない。とは言え、詳細は不明ながら素材となった黒色の石も、刻字の隷書体(『曹操高陵』は、草書体のB型石碑の存在を指摘するが、いずれも複数行なので刻字がむつかしく、字体が乱れたと解するべきで、これを「草書体」とするのは正しくないだろう)も、A・B両型に大きな違いは認められない。ただ殷憲氏は、等しく隷書体であっても、A型石牌も含め、その書風は三種に分けられるという(同「曹操墓石牌的書体及其他」)。氏は二人の書者と三人の刻者の存在を想定しているようだが[表二]、器物の種類(衣類ほか布地類/文具類(いわゆる文房四宝)/埋納目的の器物と日常用品)と、書者や刻者との間には明確な対応関係は見いだすことはできそうもない。渡邉義浩氏は複数の書風(氏は「器物に書かれた文字の書体」とする)が見られる理由を、石牌の埋納時期の違いに求めているが(同「鄭玄の経学と西高穴一号墓」)、むしろ曹操の死から埋葬までの短期間のうちに、複数の書者と刻者による分担作業によって作成されたと考えたほうが自然ではあるまいか。

またここからつぎのようなことが言えよう。西高穴二号墓に埋納された各種の副葬品のうち、武器に対してはA型の石牌が、またそれ以外の器物に対してはB型の石牌が、ともに付札のように用いられた(ただし石牌が付けられなかった副葬品も少なくなかったと思われる。しかし全ての石牌が現存しているわけではないだろうから、石牌が付けられなかった副葬品を弁別することは不可能である)。ではこのAとBという二つの様式の違いをどう考えるべきなのだろうか。単純に考えれば、A型石牌が付された器物(武器)は曹操が生前愛用したもので、それがそのまま埋納されたということになる。薄葬を厳命した曹操の遺令とも矛盾しない。すると、B型石牌が付された武器以外の器物は新たに埋納用に準備されたということなのだろうか、というと、そうとも言えないことがわかる。なぜならば、盗掘品に含まれていた石枕の背面に、武器に付されたA型石牌と同じような「魏武王常用慰項石」と刻されていながら、そのいっぽうで「渠枕一」(渠はくぼみ)と刻されたB型石牌が出土しているからである[図九][図一〇]。少なくともこの石枕については、B型石牌は生前の愛用品に用いられていたことになる。しかしまた、この事例から、全てのB型石牌がそうであったと決めつけるのも躊躇される。生前の愛用品と埋納用の新品、すなわち新旧が混在し

[図一〇]
石枕（盗掘品）刻字：『曹操高陵』、彩版一二二―1。

[図一一]
刀尺（M2:350）：『曹操高陵』、彩版一一九―3（骨刀尺）。

[図一二]
璧（M2:105／盗掘品）：『考古発現与研究』、彩版六。

ていた可能性も否定できないのではないだろうか。

ところで、A型石牌に見える武器の出土例も少なかったが、B型石牌に対応する器物の出土例も多くはない。[表一]の五六点中、右の渠枕（No.21）を除くと、刀尺[図一一]（No.24）、辟[図一二]（No.33）、圭[図一三]（No.52）、および墨研[図一四]（No.53）くらいである。布類や漆器などは腐朽して原形を留めていないことを考慮しても、けっして多いとは言えない。ただ[表一]からは、器物の多様性をあらためて感得することができるのだが、そのいっぽうで食品に該当するのが黄豆（No.16）一例だけだったりするので、失われた石牌も少なくないに違いない。

◈石牌の意義

さてそれでは、この両種の石牌をどう理解すればよいのだろうか。さきに副葬品として埋納された器物に付けられた付札と記したが、厳耀中氏はこれを随葬衣物疏（以下、「衣物疏」）と解釈し、やがて衣物疏は晋代になると紙に書かれるようになっていったとする（同「中国墓葬里随葬衣物疏的発展」）。また江介也氏も「付け札兼遺策の機能を具えた遺物」と解釈している（同「曹魏武帝（曹操）薄葬略考」、八三五頁）。衣物疏とは、西北地方をはじめ各地の後漢・魏晋時代の墓から見つかっているいわば副葬品リストとでも言うべきもので、墓に埋葬された死者がまとっていた衣服やアクセサリー・小道具類を中心に、一部架空の財貨などを列挙したものである。厳氏が言うように、紙が中心だが、四世紀までは木板に書かれたものも少なくなく、ごく一部には帛に書かれたものや石に刻されたものもある。この時代、衣物疏は死者の亡骸とともに棺の中に納められたのだが、この点も含めて石牌とはいくつかの相違点が指摘できよう。まず第一に、衣物疏はあくまでもリストであること、第二に、そこに記載されるのは衣服が中心であること、そして第三に、棺の中に納められたこと、この三点を上げておけば十分だろう。それに対して石牌はたしかにまとまって

〔図一三〕
圭（M2:333）：『曹操高陵』、彩版九・―3（石圭）。

〔図一四〕
墨研（M2:74）：『曹操高陵』、彩版七六―3（陶硯台）。

〔図一五〕
B型石牌の出土状況（後室南側室）：『曹操高陵』、彩版四〇―1。

出土したようにも見えるが［図一五］、おのおのが独立しており（全部集めて並べればリストになるかもしれないが、そういう利用法は想定されていなかったと考えられる）、かつ器物に付けることを目的としていたと考えられる。そしてその器物とは衣服に限定されず、墓中に埋納された多種多様な器物であった。とすれば、これらの石牌が棺の中に入れられたとは考えがたい。むしろ石牌に記載された器物の多様性は、衣物疏の前身とも言われている遣策に匹敵すると言えよう。その意味では、江氏の遣策説も一理ある。遣策とは、『儀礼』既夕礼に「賵《ぼう》（死者の親族や知人から贈られた葬送のための車馬などの類）は方に書き、もしくは九行、もしくは七行、もしくは五行とする。遣（死者に供する明器や玩好品などの類）は策に書く（書賵於方、若九若七若五。書遣於策）」とある遣策のことである。賵は数量が限られていたので、一枚の木板に収まったが、遣は数量が多かったので、一枚の簡に一点ずつ記載して、その簡を編綴して冊書にしなければならなかった。ここから、古くは賵方と遣策という二種の副葬品リストがあったことがわかるのだが、劉安志氏は、実際には両者の間に厳密な区分はなかったという（同「中古衣物疏的源流演変」）。また洪石氏によると、前漢の武帝期までは単葬墓だったので、副葬品は一人の死者のためのものであり、遣策は多くの副葬品とともに棺外に埋納されていたが、やがて墓制に変化が起こり、夫婦合葬墓が普及するようになると、多くの副葬品は共有と認識されるようになったため、死者が身にまとった衣服を中心に記載する衣物疏が作成されるようになり、それが死者とともに棺内に埋納されるようになったという（同「東周至晋代墓所出物疏簡牘及其相関問題研究」）。高陵出土の石牌は衣服のみならず、副葬品全般に及んでおり、器物の名称だけを取り出せば、衣物疏の範囲を超え、むしろ遣策の記載対象に近いことがわかろう。しかし高陵は、曹操と卞氏の夫婦合葬墓であることが報告されている。石牌に刻された器物はどちらのものなのだろうか。A型石牌には「魏武王常所用」とあり、しかも器物は武器に限られているので、曹操の所有物と考えられていたことは疑いない。B型石牌に刻された器物についても、「魏武王常所用慰項石」と刻された石枕に「渠枕一」という石牌が対応するならば、曹操の所有物を示すものだったと考えてよいだろう。

これらの石牌を付札と考えた場合、想起されるのが湖南省長沙市の芙容区で一九七二年に発見された馬王堆三号墓で出土した木牌（楬《けつ》）である。前漢の文帝一二（前一六八）年に墓主が埋葬された同墓は、同時に見つかった二号墓の墓主である軑《だい》侯利蒼の男子で、蒼を嗣いだ利豨《き》の兄弟の墓と考えられている。この墓からは六枚の木牘と四〇二枚の竹簡からなる遣策が出土している。これについては、鈴木直美氏の詳細な分析があるが（同「馬王堆三号墓出土簡にみる遣策作成過程と目的」）、遣策に記載された器物のうち小さな食品や布類などは竹笥《ちくし》と呼んでいる竹で編んだ容器（縦五〇センチ前後、横二八～三〇センチ前後、高さ一五センチ前後）に入れた上で墓に埋納された。そしてこの竹笥に附されたのが、竹笥の名称や内容を記した木牌である。木牌の大きさは一定ではないが、高さ八センチ前後、幅五センチ前後で、頭部は半円形で墨が塗られており、左右に二つの穴が開けられている［図一六］［図一七］。この穴に通した紐によって竹笥に結び付けられていた。また遣策の竹簡には、木牌と同じ文言が書かれているものがあった［図一八］。高陵に埋納された器物は容器に入れられず、そのまま墓中に埋納されたと思われるが、石牌はこの木牌と同じように、器物に紐で結びつけることにより、その名称を示すために用いられたと考えることができよう。ようするに、付札と遣策は全く別物なのである。もちろん、竹簡の枚数からもわかるように、馬王堆三号墓の遣策に記された器物は、高陵の石牌に刻されたそれよりもはるかに多く、墓内に埋納された俑や帛画に描かれた図像をも含め、ほとんど全器物に及んでいる。石牌に刻された器物はこれに比べればかなり少ないが、失われた石牌もあるにせよ、墓内に埋納された器物自体が馬王堆三号墓とは比較にならない程少なかったことは疑う余地がないだろう。

◈「黄豆二升」の意味するところ

ところで、石牌のなかに、「黄豆二升」木軑《ふく》机一」と刻されたものがあった。［図八］で、この「黄豆」は石牌に刻された唯一の食品である。宋超氏はこの「黄豆」とは大豆のことで、後漢時代の鎮墓瓶銘に事例があることに注目している（同「〝黄豆二升〟小考」。二升は約四〇〇ミリリットル）。鎮墓瓶とは、死者の鎮魂と生者の安寧を祈念して墓中に埋納された陶製の壷であり、その器腹に書かれた銘文が鎮墓瓶銘（鎮墓文）である。後漢時代から始まった喪葬習俗で、銘文の集成も日中両国で精力的に進められてきた（池田温「中国歴代墓券略考」／劉昭瑞『漢魏石刻文字繫年』／江優子「漢墓出土の鎮墓瓶について」／鈴木雅隆「後漢鎮墓瓶集成」。以下、「集成」／張勳燎他『中国道教考古』、壱「東漢墓葬出土解注器和天師道的起源」）。とくに鈴木氏の「集成」は先行する釈文を併記していて有用なので、本章でもおもにこれによった。また鎮墓瓶銘の世界観についても、近年、検討が深められている。宋氏が注目した事例を掲げておこう。

⑬「後漢熹平二（一七三）年十二月張叔敬鎮墓瓶銘」（一九三五年、山西省出土で現在は散佚。「集成」No.29）

［図一六］
錦繒笥写真（木牌29／南１８７）：湘南省博物館他編『長沙馬王堆二・三号漢墓』第一巻、図版八八―4。

［図一七］
錦繒笥模本：『長沙馬王堆二・三号漢墓』第一巻、一九三頁図九四―5。

［図一八］
錦笥竹簡（No.328）：『長沙馬王堆二・三号漢墓』第一巻、図版四五。

熹平二年十二月乙巳朔十六日
庚申、天帝使者告張氏之
家三丘五墓・墓左墓右・中央
墓主・塚丞塚令・主塚司
令・魂門亭長・塚中游
撃等、敢告移丘丞・槿(墓)
栢(伯)・地下二千石・東塚侯・
西塚伯・地下撃犆卿・秏(蒿)
里伍長等。今日吉良、非
用他故、但以死人張叔敬、
薄命蚤死、當來下歸
丘墓。黄神生五嶽、
主死(生?)人録。召魂召魄、主死人
籍。生人築高台、死人歸
深自貍(埋?)。眉須(鬚)以(已)落、下爲
土灰。今故上復除之藥、
欲令後世無有死者。上黨

人参九枚、欲持代生人。鉛人、
持代死人。**黄豆・瓜子、死人持**
給地下賦。立制牡厲、辟
除土咎、欲令禍殃不行。傳
到、約勅地吏、勿復煩擾張
氏之家。急急如律令。

難解である。池澤優氏の解釈によれば、最高神である天帝の代理、天帝使者が、下級の冥界神である三丘五墓ら（破線部）に対して、上級の冥界神である丘丞ら（実線部）へ天帝からの命令を伝えるように指示している。天帝からの命令とは、張叔敬が死去し、「丘墓」に至ることを伝えた上で、「生人」と「死人」の境界を乱さないためのさまざまな措置を講ずるように命じたものである（同「後漢時代の鎮墓文と道教の上奏文の文章構成」）。そのなかに「黄豆・瓜子は、死人が持つことにより、地下（冥界）での賦《とりたて》に給《そな》えるように」（ボールドの部分）という一文がある。高陵からは瓜を刻した石牌は出土しなかったが、石牌がある以上、黄豆すなわち大豆が埋納された（あるいは埋納されることになっていた）ことは確実で、それは、死者すなわち曹操が冥界での取り立てに対処するためのものと意識されていたのであろう。

この「黄豆」（大豆）は、後漢時代の鎮墓瓶銘では、ほかに「後漢延熹九（一六六）年九月某人鎮墓瓶銘」(「集成」No.17。「大豆」とある)や、「後漢光和年間(一七八~一八四年)王氏鎮墓瓶銘」(「集成」No.33)などにも見えている。詳細は不明ながら、⑬の張叔敬の場合と同じように、冥界での賦税として用意されたものであろう。

ところで、⑬からもわかるように、鎮墓瓶銘には数多くの冥界神の名が書き込まれている。これらの冥界神は、墓を営むための土地を正当な手続きを経て購入したことを証明する同時代の墓券にも登場する。ようするにそれは架空の売買契約なのだが、鎮墓瓶銘の場合、彼らは冥界において墓主を保護すると同時に監督する役割を負う存在として登場する。そこに着目した張勳燎氏らは、鎮墓瓶を道教の源流とも言うべき後漢の天師道(初期天師道)の文化を代表するものとし(同他『中国道教考古』、壱)、また池澤氏も鎮墓瓶を「初期天師道」の所産として位置づけている(同「後漢時代の鎮墓文と道教の上奏文の文章構成」)。もちろん、だからといって、曹操が天師道の信徒であったと主張するつもりは、もちろんない。冥界が現世になぞらえて構想されていた当時にあっては、冥界においても死者は現世と同じように、賦税を納めるべき存在と考えられていたのであろう。その時になって困らないように、「黄豆」(や瓜子)を埋納する習慣があったということである。それは、当時の冥界に対するごく一般的な考え方であって、曹操(正確にはその家族と言うべきか)とて例外ではなかったことを「黄豆」は教えてくれるのである。

四――画像石の題記から

高陵からはまた画像石も出土している。画像石とは、墓の内部や地上の附属施設の石面に浮彫や線刻などにより画像を表現したもので、これも後漢時代に盛行した喪葬文化である。画材は、日常生活の諸場面から説話や故事の一節、さらには神獣など多岐に及んでいる。ただ高陵から出土した画像石は断片ばかりで、全貌は不明としか言いようがない。かろうじて「孝子伯楡（瑜）」・「宋王車」・「飲酒人」・「咬人」といった題記があったことがわかる程度である（『曹操高陵』第十章第五節「二号墓出土石器」。ほかにも「文王十子」・「白虎仁」・「赤烏」・「能?离（禽?）也」などの題記が刻された断片がある）。

これら出土した断片は、盗掘された画像石の一部分だった可能性が高い。盗掘にあい、その後回収された画像石は四点で、それぞれ「義人趙宣行善図」、「宴飲出行図」、「七女復仇図」、および「車馬出行図」と命名されている。出土した断片のうち、「白虎仁」以下の三点は「義人趙宣行善図」の、また「飲酒人」・「咬人」の二点は「宴飲出行図」のそれぞれ一部だったと考えられる。ここでは、明らかに説話や故事からとった場面が刻された「義人趙宣行善図」と「七女復仇図」の二点について、『曹操高陵』の解説（第十章第十五節「二号墓被盗文物」）を参照しながら、ふれておきたい。

「義人趙宣行善図」［図一九］は縦一〇五センチ、横九一～九二センチ、厚さ約一一センチ。ただし四辺のうち、右辺以外は欠損している。現存部分は中間の紋様部分を除くと五層からなる。第一層は人物像が刻されているが、上部を欠いているので題記は確認できない。第二層は中央に「晋沙公時也」、右側に「前婦子字申生」、左右両端に「侍郎」という題記がある。第三層は左端に「趙宣車馬」、その右に「義人趙宣」、そしてその右に「餓人霊輙《ちょう》」という題記があるが、中央より右側には題記がない。第四層は中央に「齊王晏子」、その右に「陳閭彊」、右端に「管仲」と題記が確認できるが、こちらは中央より左側には題記がない。第三層とは反対に、右側に描かれた場面が中心なのだろう。第五層は左から、「舎利也」、「陽遂(燧)鳥」、「辟龍离(禽?)也」、「獦《かつ》人也」という題記が入っているが、神獣が中心である。出土した断片のうち、それぞれ「白虎仁」、「赤烏」、「能?·离(禽?)也」という題記が刻された三点は、この第五層の左側にあった可能性が高い。

　第二層から見ていくと、「前婦子字申生」は春秋時代、晋の献公の太子だった申生だろう。献公とその後妻である驪姫《りき》に疎まれ、最後は自死することになる人物である(『史記』巻三九晋世家)。題記を附された人物が短剣を自分の首にあてているのは、自死の場面を表しているのであろう。とすると、「晋沙公時也」とある「沙公」とは献公のことではないだろうか。屋根のある構造物の中にいるのはその献公、その手前の小さな構造物の中でようすをうかがっているのは驪姫か。つぎの第三層は現存するなかでは中央部分に相当し、おそらくはそれがために画像石全体に「義人趙宣行善図」というタイトルも附されたのであろうが、題記にもある趙宣(子)は、春秋時代、晋の霊

［図一九］
「義人趙宣行善図」模本：『曹操高陵』、233頁図一五二。

公の重臣だった趙盾のこと。彼の右隣の人物（「餓人零輒」。『春秋左氏伝』宣公二年条では霊輒。『史記』巻三九では餓人示《き》眯明《べいめい》で、彼が後に盾の命を助けたことになっている）に食べ物を与えているさまを描いている。盾の父趙衰は第二層に描かれた驪姫によって国を追われた重耳（申生の弟）に従って亡命するが、重耳が帰国して文公として即位すると、趙衰も優遇され、父を継いだ趙盾は霊公の擁立にも関わった。しかし盾を疎ましく思うようになった霊公に命を狙われるようになる。中央右の顎鬚の人物が霊公で、その隣の弓を持った人物は狙撃手であろうか。右端上方の人物が手に持っている器に放たれた矢が命中している。第四層については、右端の「管仲」は言うまでもなく、春秋時代、斉の桓公の宰相だった管夷吾。「斉王晏子」という題記は、「斉王（公）」とその宰相だった晏嬰のことか。題記が入れられた顎鬚の人物が斉公（景公か）でその右側の人物が晏子だろう。管夷吾と晏嬰はいずれも斉の宰相で、『史記』巻六二は彼らの本伝だが（管夷吾については、『論語』でも「仁者」として言及される。憲問第一四）、時代は一世紀以上も離れているので、これは架空のシーンである。晏嬰と向かい合っている人物の題記「陳闓彊」は不詳。管夷吾もそうだが、この人物も長剣を首に負っている。またその前には豆（食器）に盛られた三つの円形の食べ物が置かれているが、『晏子春秋』内篇諫下第二の逸話を思い出させる。景公に仕えていた三人の武人公孫接・田開彊・古冶子を排除せんがために、三人に二つの桃を争わせ、結局三人とも自死してしまったという説話である。円形の食べ物は桃ではないだろうか。また首に長剣をあてている「陳闓彊」は自死した「田開彊」ではないだろうか。なぜ桃を三つも描いたのか、田開彊を陳闓彊と変名したのか、また時代が異なる管夷吾を描き込んだのか、全てが謎だが、一つの仮説として示しておきたい。なおよく知られているように、『晏子春秋』のこの説話は、諸葛亮が好んで詠ったとされる「梁父吟《りょうほぎん》」の典拠でもある。

いっぽうの「七女復仇図」［図二〇］は縦七一センチ、横二二八センチ、厚さ一一センチで、上下二層からなる。欠損はほとんどないようだ。画材については、すでに徐龍国氏による概観がある（同「曹操高陵出土的〝七女為父報仇画像石〟内容解析」）が、上層には一二人の人物像が描かれ、それを説明すべく左から「首陽山」・「使者」・「使?者車」・「侍史」・「侍郎」・「侍郎」・「紀（杞）梁」・「紀（杞）梁」という題記が入っている。このうち「首陽山」とは殷を倒した周に仕えることを最後まで肯んぜなかった伯夷・叔斉の兄弟が逃れた山であり、二人の姿もこの題記の左右に描かれている。この二人に向かってこうべを垂れているのが迎えに来た三人の「使者」、使者が乗ってきた車が「使者車」（中に馭者がいる）であろう。この一場は中央から左側に描かれているのに対し、右側に描かれているのが、杞梁の妻である。春秋時代、斉の杞梁が戦場で命を落としたので、主君の荘公が妻の求めに応じて杞梁の家まで出向いて死を弔ったという。右端の丸窓から顔だけのぞかせているのが杞梁の妻、その左側に供物のようなものを捧げ持っているのが荘公か。その背後に四人の「侍史」や「侍郎」が控えている。

下層は左右に渡された橋によってさらに上下に場面が分かれるが、上部中央には「令車」と題された車が、その右には「主簿車」と題された車が描かれているほか、左側にも主簿車と同じような車が描かれているが、こちらの題記は釈読できないようだ。また橋の中央直下には「咸陽令」という題記が入る。この下層部分こそが「七女復仇図」(以下、画像石全体の名称との混乱を避けるため、下層部分だけをさす場合は「七女為父報仇図」と呼ぶ)と呼ばれる所以である。七人の女性が父親の仇を討つべく、官員(県令)とその属吏たちが橋を渡るのを見計らって武器を持って立ち向かう場面である。類似の画像を描いた画像石は、早くから黄河下流域で見つかっていたが、この画像が「七女為父報仇図」であることがわかったのは、一九七一年に内モンゴル自治区ホリンゴル(和林格爾)県の新店子鎮で見つかった後漢墓の壁画によるところが大きい。区都フフホトの南、黄河の支流である渾河に面したこの地には、後漢時代には并州管下の定襄郡が置かれており、この墓の墓主も生前、定襄郡から遠くない幽州上谷郡の寧県を治所とする護烏桓校尉だった人物と推定される(呉栄曾「和林格爾漢墓壁画中反映的東漢社会生活」)。件の壁画は、中室と後室をつなぐ甬道の中室側上部に描かれていたもので、高陵の「七女為父報仇図」とよく似た図像が「七女爲父報仇」・「長安令」・「渭水橋」という題記とともに描かれていた[図二一]。「七女爲父報仇」というのは中央上部に全体の題名のごとく書き込まれ、中央の橋を渡っている車馬に「長安令」、そして橋の直下に「渭水橋」と記されている。説明するまでもなく、渭水(渭河)とは咸陽と長安(西安)を左右に流れる黄河の支流である。

高陵出土の画像石も含め、既出の「七女為父報仇図」画像石を分析した菅野恵美氏は、同類の画像石が黄河下流域、戦国時代に斉の領域だった地方で集中的に出土していること、橋上の官員

［図二〇］
「七女復仇図」模本：『曹操高陵』、235頁図一五四。

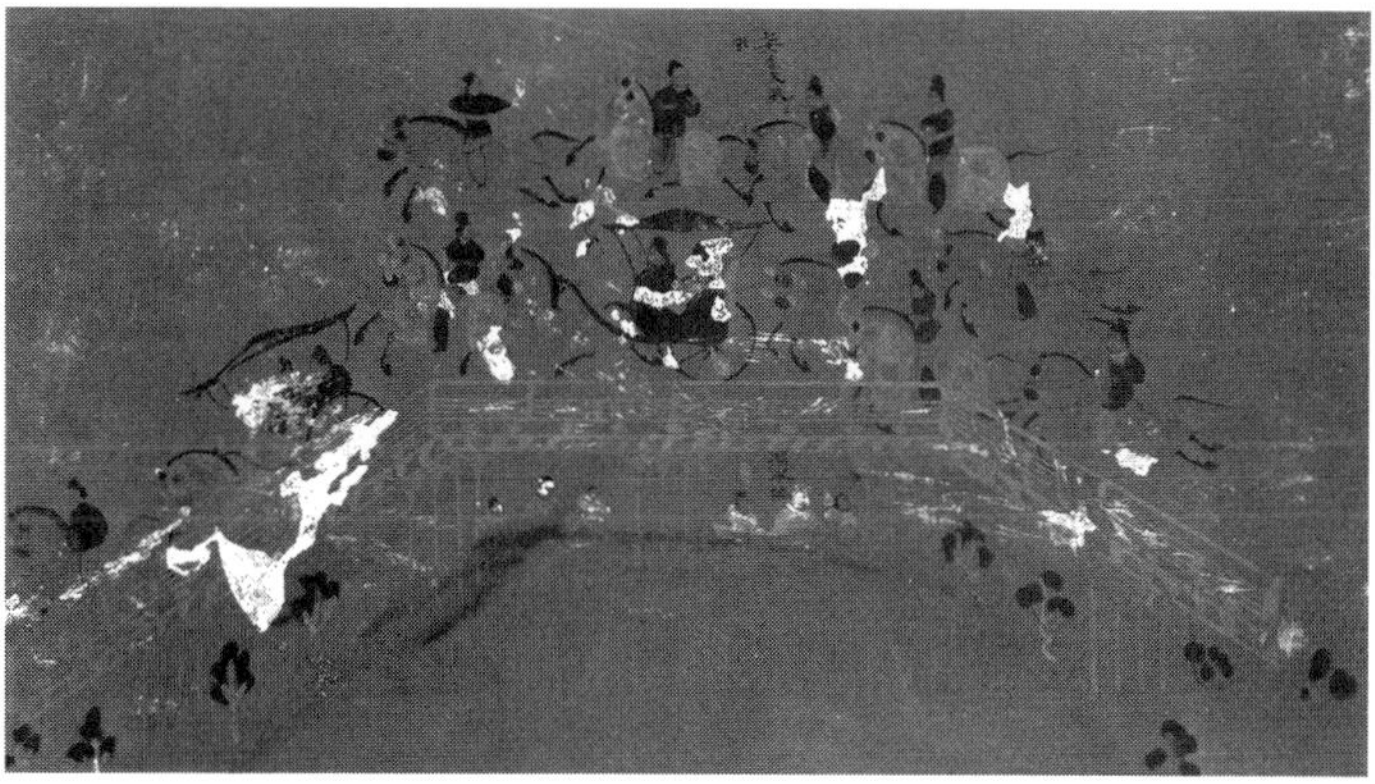

［図二一］
和林格爾後漢墓出土「七女爲父報仇」壁画模写：
内蒙古自治区博物館文物工作隊編『和林格爾漢墓壁画』、142頁。

たちと対立する漁撈民や女性が中心的に描かれていることなどに注目し、農本主義・夫権強化という理念的世界との衝突を反映していると解析してみせた（同「「七女為父報仇」図について」）。しかし高陵のある河南省安豊県はかつての斉の領域からは大きく外れる。この点について菅野氏は旧斉領域で活動した石工集団は著名だったので、高陵にもこの画材が用いられたのだと言う。しかし遠く離れたホリンゴルの壁画はこれでは説明できないし、その題記に「渭水橋」とか「咸陽令」・「長安令」とあるからには、事件の舞台と登場人物（仇敵）はあくまでも秦・前漢時代の国都とその近郊が想定されており、疑問が残る。上層左側の伯夷・叔斉については、『史記』でも列伝の冒頭にあたる巻六一に本伝が設けられているのをはじめ、『論語』でも「仁者」として評価されているし（述而第七）、右側の杞梁の妻も前漢・劉向の『列女伝』の貞順伝のほか、『孟子』もその名を載せている（告子章句下第十二）。それに対し、七女復仇の物語は典拠となるべき古典を見いだすことができないのは確かである。にもかかわらず、伯夷・叔斉や杞梁の妻をめぐる二つの説話以上に大きなスペースをとって下層に刻されているわけで（これは既出の「七女為父報仇図」画像石にほぼ共通する特徴である）、邢義田氏が説くように（同「格套・榜題・文献与画像解釈」）、後漢当時、広く人口に膾炙していた説話だったに違いない。だからこそ、高陵でも画材として採用されたのであろう。

　こう見てくると、「義人趙宣行善図」・「七女復仇図」も、描かれた画材は春秋時代以前の説話・故事に由来するものばかりで（出土した断片にある「孝子伯楡」も、春秋時代の楚の人、至孝で知られた老莱子のことであり、同じく「文王十子」も、周の基を作った文王昌の武王発や周公旦ら一〇人の男子たちであろう）、唯一「七女復仇図」という画像石全体のタイトルにされたその「七女為父報仇図」だけが典拠不明の画材ということになる。主人公であるべき七人の女性ひとりひとりの名の代わりに、仇敵の官職が刻されているわけだが、咸陽令にせよ長安令にせよ秦・前漢時代の県の長官を意味しており、説話としては比較的新しい成立だったのであろう（もちろん仮託された可能性も否定できないが）。大きなスペースと新しい成立という二つの特徴の間には関係性があったと考えるべきだろう。もちろん、父親の仇である咸陽令もしくは長安令を討とうとした女性たちの「孝」の顕彰を目的としていたことは言うまでもない（それ以外の画材も多くが「仁」や「孝」にまつわるものであった）。

残る「宴飲出行図」と「車馬出行図」は大きな欠損が想定されるので、確言は危険だが、墓主の生前の日常生活を描いた可能性もある。あるいは曹操の権力者としての生活の一端が描き込まれているのかもしれないが、これらの画像石が墓内のどこに嵌め込まれていたのかさえ不明であり、それを解析するだけの力と準備は残念ながら私にはない。ただ、高陵にも後漢時代の大型墓に見られるような画像石が用いられていたこと、そしてその画材も通有性を有していたことなどをここでは指摘しておきたいと思う。

おわりに

石牌に刻された「黄豆」が天師道の信仰にもつながる冥界観を表現しているとすれば、画像石に大きく描かれた「七女為父報仇図」は儒教の徳目である「孝」を顕彰するものであった。そこに、曹操本人の意志や願望がどの程度反映されているのかはわからない。ただこれらの事例は、しばしば指摘される曹操の法家志向(石井仁『魏の武帝 曹操』、六二頁/井波律子『『三国志』を読む』、七三頁)という理解とは齟齬を来たすように思われるかもしれない。もちろん私も曹操のそういった一面を否定するものではない、と言うよりもこれは否定できないだろう。だからと言って、曹操が呪術的な冥界観や形式主義に堕した儒教を全面的に排除したというのも正しい理解ではないだろう。げんに曹操については、「庶民の心の内面の問題——宗教というものに真正面から取り組んだ」という満田剛氏の指摘があり(同『三国志』、一七六頁)、姜生氏も、曹操と太平道や五斗米道など「原始道教」教団やその思想との関わりを論じている(同「曹操与原始道教」)。曹操とて、時代的な潮流から解放されていたわけではなかったと言うべきか。

ところで、タイトルに掲げたにもかかわらず、ここまで「曹操の死」や「高陵」自体にはふれずじまいだった。順序が逆になってしまったが、最後にこの問題についても言及しておきたい。

曹操が令を出して高陵の築造を指示したのは、建安二三（二一八）年六月で（巻一武帝紀同年条）、魏公から魏王に爵を進められてからほぼ二年後のことである。この令は、墓域の所在や陪葬墓の設定も含めた内容からなっており、具体的な築造プランは早くにできあがり、実際の事業も早々

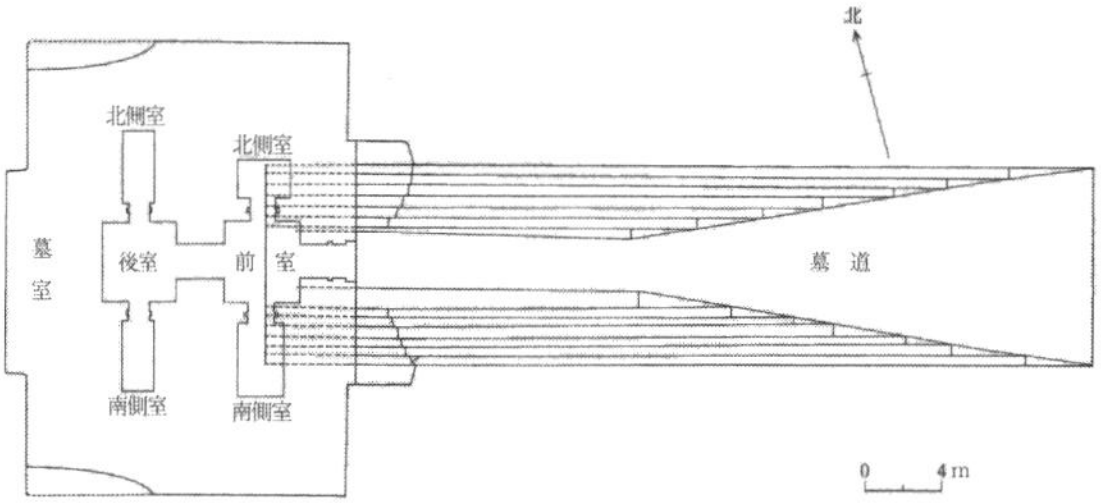

〔図二二〕高陵平面図：『曹操高陵』、六八頁図二四。

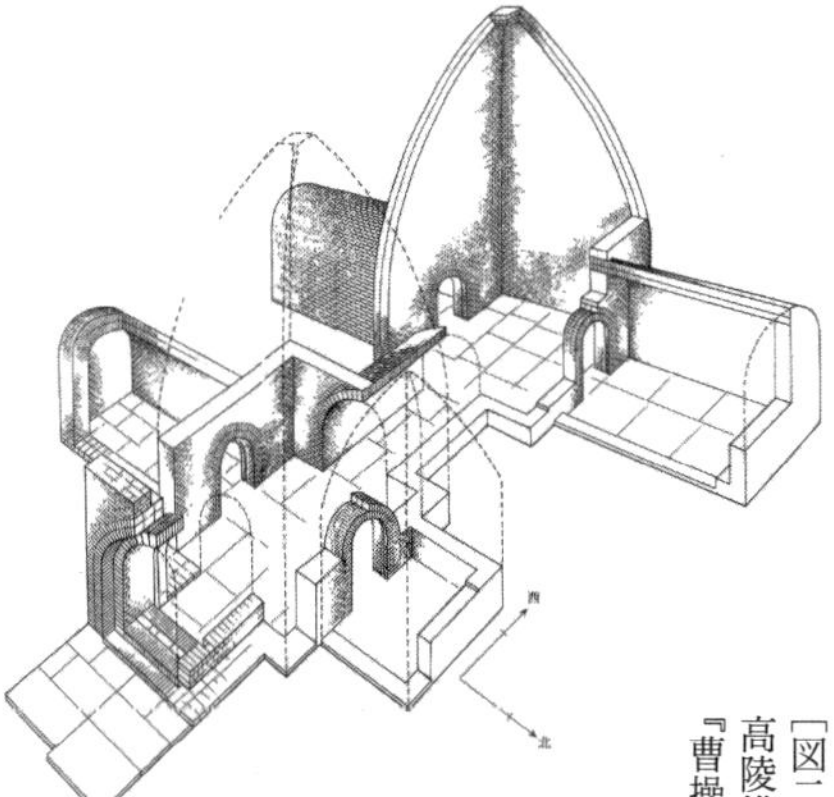

〔図二三〕高陵構造図：『曹操高陵』、七二頁図二七。

にスタートしたものと思われる。完成した年月は不明だが、同二五（二二〇）年正月庚子（二三日）に洛陽で死去した曹操が高陵に埋葬されたのは翌二月丁卯（二一日）であった。この間一か月弱である。すでに高陵が完成していたことはまちがいないが、石牌を含め、墓内に埋納された副葬品なども曹操が死去する以前から急ピッチで準備が進められていたと考えるべきだろう。

ところで完成した高陵は、前後二室を基本とした磚室墓である［図二―二］［図二―三］。墓道が東側、墓室が西側に位置している。大きさを簡単に示しておくと、墓道が長さ三九・五メートル、幅九・八メートルで、前室との間には長さ二・八五メートル、幅一・六八メートルの甬道がある。前室は、長さ三・八五メートル、幅三・八七メートルの主室を中心にして、左右（南北）に大きさの異なる側室を擁する。二つの側室も主室とは甬道で結ばれている。後室も前室とは長さ二・四五メートル、幅一・六八メートルの甬道で結ばれており、後室の主室自体は長さ三・八二メートル、幅三・八五メートルで、前主室よりわずかばかり小さいが、同じようにほとんど正方形である。後室にも主室と甬道でつながっている左右二つの側室があるが、この二室は形状・大きさともほぼ等しい。墓室の高さは、前主室・後主室とも一・八メートルで同じで、天井は尖頂状になっている。床面から天井まで磚が二三層ほど積み上げられている点も共通する。佐々木正治氏は、後漢末期の墓のなかでは、規模が格段に大きいこと、構造が立派であることなどから、帝王クラスの墓にふさわしいと言う（同「曹操高陵発掘調査の最新成果と考古学的意義」）。また氏は、石板や磚で築造された後漢時代の王陵から回廊部分が省略され、墓室部分だけが残されたのが高陵であるとする（同「中国三国時代の考古学」。詳しい説明がないので、判断がつきかねるのだが、規模や構造から、高陵が最初から夫婦合葬墓として計画された可能性も十分に考えられよう）。ただ重要なのは、佐々木氏や潘偉斌氏らが、墓道の複雑な構造から、墓道が二度にわたって掘られたことを指摘していることであ

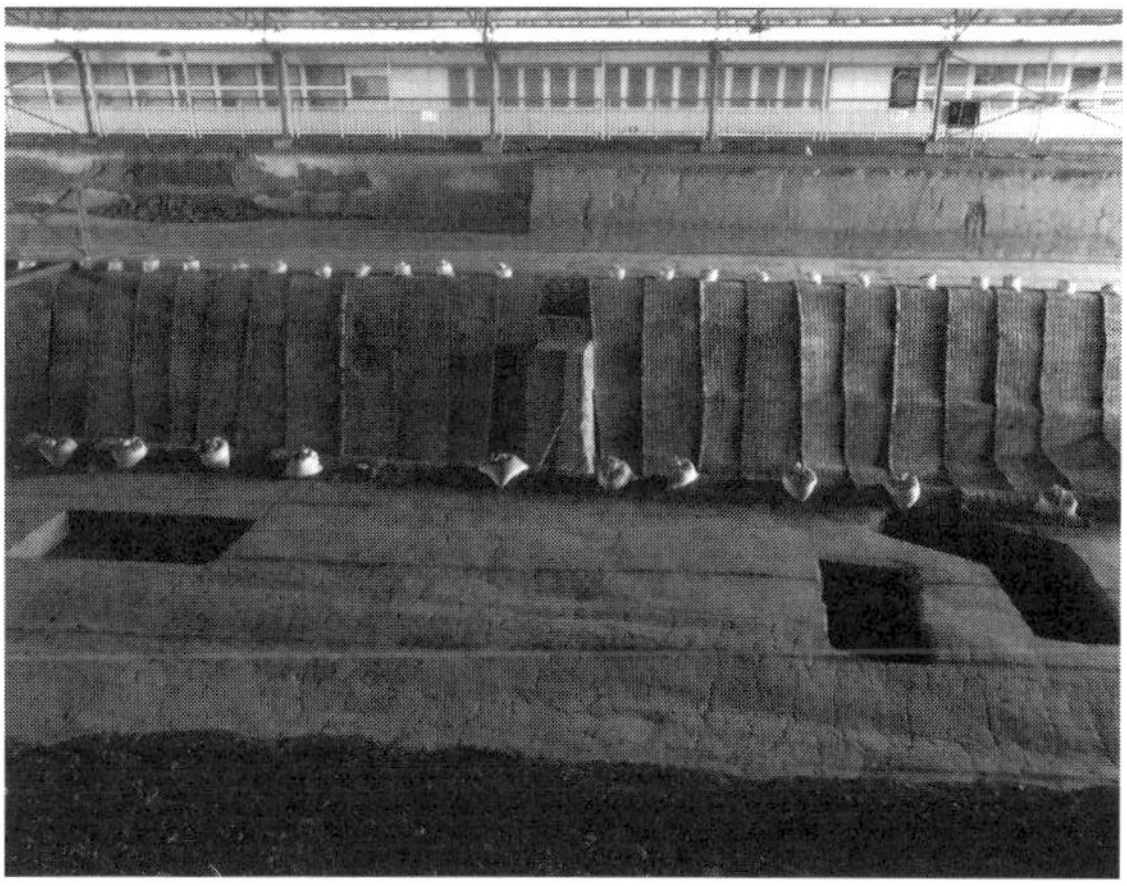

［図二四］
西高穴二号墓の墓道脇の柱穴：2011 年 8 月、江川式部氏撮影。

［図二五］
西高穴二号墓の墓道入口：2011 年 8 月、江川式部氏撮影。

る（佐々木「曹操高陵発掘調査の最新成果と考古学的意義」／潘「安陽曹操高陵調査の進展と最新の研究成果」）。すなわちこれは、埋葬が二度にわたって行なわれた可能性があることを意味する。ここから佐々木氏は、最初の墓道が曹操を埋葬した際のもので、二回目つまり現在の墓道は卞氏を埋葬した際のものと推定するのである［図二四］［図二五］。卞氏が死去したのは曹操の死より一〇年後の太和四（二三〇）年五月であり、高陵に合葬されたのは同年七月である（巻五后妃・武宣卞皇后伝）。したがってこの推定はごく自然にも思えるが、このような幅広の墓道を敷設する必要性などなお検討すべき課題は多いようだ。

佐々木氏はまた一号墓について、「墓坑以外何も残って」いないとも言う（同「曹操高陵発掘調査の最新成果と考古学的意義」、三九頁）。渡邉義浩氏は、この指摘から、一号墓は当初卞氏を埋葬するために造営されたが（後漢の礼制に依拠した異穴合葬）、明帝が鄭玄の教説を採用したために卞氏は高陵に合葬されることになり（同穴合葬）、最終的に放棄されたとする（同「鄭玄の経学と西高穴一号墓」）。

二号墓である高陵の北約二〇メートルに位置する一号墓は、一四・八四メートルの長さの墓道をもつ前堂と後室からなり、墓道と接続する前堂は長さ八・五六メートル、幅三・二八メートル、後室は長さ（奥行き）四・四八メートル、幅八メートルで、規模は高陵よりも小さい［図二六］［図二七］。

しかし『曹操高陵』により、一号墓は放棄されておらず、墓主も曹昂と推定できることが明らかになった以上、この見解には見直しが必要であろう。そもそも「墓坑以外何も残って」いないということと、「造営途中で放棄されていること」(渡邉「鄭玄の経学と西高穴一号墓」、二〇一頁)とは同義ではないだろう。もし渡邉説が成立するならば、一号墓はいつの時点で築造が開始されたのだろうか。明帝が鄭玄の教説を採用した年次についての論証も試みられているが、その集大成とも言

［図二六］
西高穴一・二号墓：『曹操高陵』、彩版二〇―2（墓室のある西から墓道のある東を望む。左が一号墓、右が二号墓)。

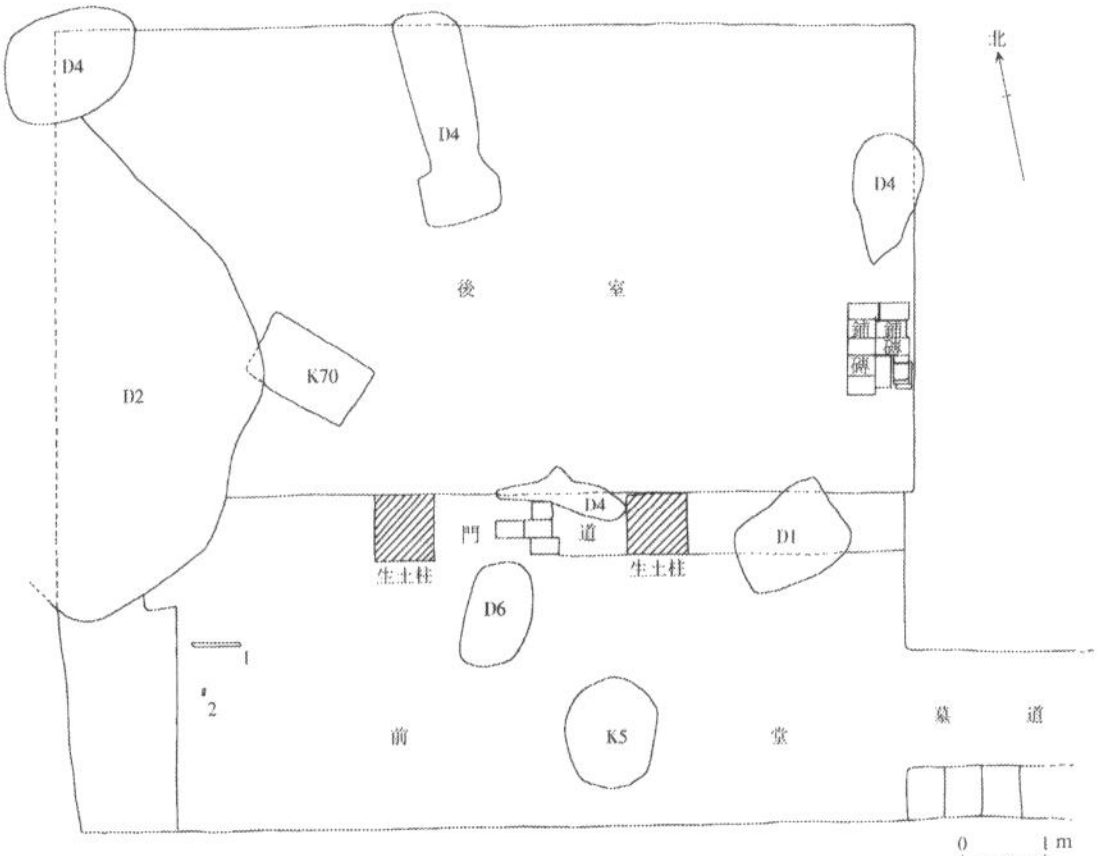

［図二七］
西高穴一号墓墓室平面図：『曹操高陵』、253頁図一六八。

うべき新律（魏律）十八篇の成立年次については、渡邉氏の論証を俟たずとも、冨谷至氏の「太和三（二二九）年あたり」という推断がある（同「晋泰始律令への道」、七二頁）。とすると、一号墓も、二号墓（高陵）と同じように卞氏の生前から寿陵として築造が開始され、卞氏の死去直前に築造が中止されたことになる。それ以外に解釈の余地がないが、それでよいのだろうか。

卞氏が王后に立てられたのは、建安二四（二一九）年七月のことである（巻一武帝紀同年条）。高陵の築造は、前年六月に出された令によりすでに着手されていた。王后不在のままで始まった事業ではあったが、当初から夫婦合葬墓として計画されていた可能性や、立后直後に急遽合葬墓へと計画が変更された可能性も考慮されるべきではないだろうか。少なくとも、結論を性急に求めるべき段階にはまだ至っていないのではないか。それが正直なところである。

【参考文献一覧】

［日本語］（五十音順）

井波律子『三国志』を読む』岩波書店・岩波セミナーブックス、二〇〇四年。
池澤　優「後漢時代の鎮墓文と道教の上奏文の文章構成―『中国道教考古』の検討を中心に―」渡邉義浩編『両漢儒教の新研究』汲古書院、二〇〇八年。
池田　温「中国歴代墓券略考」東京大学東洋文化研究所編『アジアの社会と文化』Ⅰ、東京大学出版会、一九八二年。
愛媛大学東アジア古代鉄文化研究センター編『曹操高陵の発見とその意義―三国志魏の世界―』汲古書院、二〇一一年。

石井　仁『魏の武帝曹操』新人物往来社・新人物文庫、二〇一〇年（二〇〇〇年初版）。

河南省文物考古研究所編／渡邉義浩監訳・解説／谷口建速訳『曹操墓の真相』国書刊行会、二〇一一年。

菅野恵美「「七女為父報仇」図について―黄河下流域、特に斉地域と女性を中心に―」同『中国漢代墓葬装飾の地域的研究』勉誠出版、二〇一二年。

江　介也「曹魏武帝（曹操）薄葬略考―後漢魏晋南北朝墓制史における高陵―」同志社大学考古学研究室編『実証の考古学―松藤和人先生退職記念論文集―』同志社大学考古学シリーズ刊行会、二〇一八年。

江　優子「漢墓出土の鎮墓瓶について――銘文と墓内配置に見える死生観」『鷹陵史学』第二九号、二〇〇三年。

https://archives.bukkyo-u.ac.jp/rp-contents/OS/0029/OS00290R001.pdf（二〇一九年一月時点）

佐々木正治「曹操高陵発掘調査の最新成果と考古学的意義」『三国志研究』第七号、二〇一二年。

――「中国三国時代の考古学―中国古代陵墓発展における曹操高陵の位置づけ―」『三国志研究』第一二号、二〇一七年。

佐竹靖彦「中国古代地割の形態的研究―井田地割、阡陌地割、代田地割―」同『中国古代の田制と邑制』岩波書店、二〇〇六年（一九九八年初出）。

杉本憲司・蘇　哲・菅谷文則・森　浩一・天野幸弘（司会）「シンポジウム 海でつながる倭と中国――邪馬台国の周辺世界」奈良県立橿原考古学研究所附属博物館編『海でつながる倭と中国――邪馬台国の周辺世界』新泉社、二〇一三年。

鈴木直美「馬王堆三号墓出土簡にみる遣策作成過程と目的」籾山明・佐藤信編『文献と遺物の境界――中国出土簡牘史料の生態的研究』東京外国語大学アジア・アフリカ言語文化研究所、二〇一一年。

――「書評：菅野恵美著『中国漢代墓葬装飾の地域的研究』」『日本秦漢史研究』第一三号、二〇一三年。

鈴木雅隆「後漢鎮墓瓶集成」『長江流域文化研究所年報』第五号、二〇〇七年（集成）。

関尾史郎「「五胡」時代の墓誌とその周辺」『環日本海研究年報』第一六号、二〇〇九年。

――――「中国古代における墓券の展開（稿）―附、中国古代墓券一覧（漢～五代）―」伊藤敏雄編『墓誌を通した魏晋南北朝史研究の新たな可能性』（平成二三～二六年度科学研究費補助金・基盤研究（Ａ）「石刻史料と史料批判による魏晋南北朝史の基本問題の再検討」中間成果報告書）、大阪教育大学、二〇一三年。

冨谷　至『四字熟語の中国史』岩波書店・岩波新書、二〇一二年。

――――「晋泰始律令への道」同『漢唐法制史研究』創文社、二〇一六年（二〇〇一年初出）。

潘偉斌「曹操高陵の発見と発掘および初歩研究」愛媛大学東アジア古代鉄文化研究センター編、前掲『曹操高陵の発見とその意義』。

――――／佐々木正治訳「安陽曹操高陵調査の進展と最新の研究成果」『三国志研究』第一二号、二〇一七年。

満田　剛『三国志　正史と小説の狭間』白帝社、二〇〇六年。

渡邉義浩「鄭玄の経学と西高穴一号墓」同『三国志よりみた邪馬台国―国際関係と文化を中心として―』汲古書院、二〇一六年（二〇一四年初出）。

【中国語】（画数順）

王　素「従〝曹操墓〟談当時的夫妻合葬制」後掲『考古発現与研究』（二〇一〇年初出）。
王　雲「魏晋南北朝時期的度量衡」河南省計量局主編『中国古代度量衡論文集』中州古籍出版社、一九九〇年。
朱子彦「曹操并非夏侯氏後裔――与徴集曹姓・夏侯姓男子、欲以ＤＮＡ技術破解曹墓真偽之謎者商榷」後掲『考古発現与研究』（二〇一〇年初出）。
――――「現存曹氏族譜与曹操後裔無関――与〝曹操墓人類基因調査的歴史研究〟課題組再商榷」後掲『考古発現与研究』（二〇一〇年初出）。

朱　泓「古人骨ＤＮＡ分析在考古学研究中的応用」後掲『考古発現与研究』（二〇一〇年初出）。
呉栄曾「和林格爾漢墓壁画中反映的東漢社会生活」『文物』一九七四年第一期。
宋　超「〝黄豆二升〟小考」李凭主編、後掲『曹操高陵』（二〇一〇年初出）。
李　凭主編『曹操高陵――中国秦漢史研究会・中国魏晋南北朝史学会会長聯席会議』浙江文芸出版社、二〇一〇年。
邢義田「格套・榜題・文献与画像解釈――以一個失伝的〝七女為父報仇〟漢画故事為例」同『画為心声　画像石・画像磚与壁画』中華書局・秦漢史論著系列、二〇一一年（二〇〇二年初出）。
河南省文物考古研究所編『曹操高陵考古発現与研究』文物出版社、二〇一〇年（**考古発現与研究**）。
――――・安陽県文化局「河南安陽西高穴曹操高陵」『考古』二〇一〇年第八期（考古発現与研究、所収）。
――――編『曹操墓真相』科学出版社、二〇一〇年。
河南省文物考古研究院編『曹操高陵』中国社会科学出版社、二〇一六年（**曹操高陵**）。
武家璧「曹操墓出土〝常所用〟兵器考」前掲『考古発現与研究』（二〇一〇年初出）。
姜　生「曹操与原始道教」『歴史研究』二〇一一年第一期。
洪　石「東周至晋代墓所出物疏簡牘及其相関問題研究」『考古』二〇〇一年第九期。
徐苹芳「河南挖的絶対不是曹操墓」後掲『曹操墓事件全記録』。
徐龍国「曹操高陵出土的〝七女為父報仇画像石〟内容解析」前掲『考古発現与研究』（二〇一〇年初出）。
党　寧「由〝魯潜墓志〟探尋魏武帝陵」『殷都学刊』二〇〇三年第四期。
殷　憲「曹操墓石牌的書体及其他」同『平城史稿』科学出版社、二〇一二年（二〇一二年初出）。
張勲燎・白　彬『中国道教考古』第一巻、線装書房、二〇〇六年、壱「東漢墓葬出土解注器和天師道的起源」。
渡邉義浩／李月珊訳「鄭玄経学与西高穴一号墓」中国社会科学院歴史研究所・日本東方学会・首都師範大学歴史学院編『第七届中日学者中国古代史論壇文集』中国社会科学出版社、二〇一六年。

賀雲翺・単衛華主編『曹操墓事件全記録』山東画報出版社、二〇一〇年。

賈振林編『文化安豊』大象出版社、二〇一一年（**文化安豊**）。

劉安志「中古衣物疏的源流演変」同『新資料与中古文史論稿』上海古籍出版社、二〇一四年（二〇〇五年・二〇〇六年初出）。

劉秀紅・丁　岩「略論曹操高陵的墓向」『中原文物』二〇一二年第四期。

劉昭瑞『漢魏石刻文字繫年』新文豊出版公司・補資治通鑑史料長編稿系列、二〇〇一年。

劉　瑞「説〝常所用〟」前掲『考古発現与研究』（二〇一〇年初出）。

潘偉斌・聶　凡「曹操墓首次被盜問題探討」『中原文物』二〇一二年第四期。

厳耀中「中国墓葬里随葬衣物疏的発展」李凭主編、前掲『曹操高陵』。

龍振山「魯潜墓志及其相関問題」『華夏考古』二〇〇三年第二期（**魯潜墓志**）。


【図表出典の書誌データ】（掲載順。参考文献は除く）

湖南省博物館・湖南省文物考古研究所編『長沙馬王堆一・三号漢墓』第一巻・田野考古発掘報告、文物出版社、二〇〇四年。

内蒙古自治区博物館文物工作隊編『和林格爾漢墓壁画』文物出版社、一九七八年。

第三章

名刺と名謁——朱然墓出土簡牘

はじめに

朱然の墓が発見されたことは、一九八六年に『文物』誌上に掲載された発掘簡報、安徽省文物考古研究所他「安徽馬鞍山東呉朱然墓発掘簡報」（以下、簡報A）で知った。またこれに少し遅れて月刊誌の『人民中国』が「よみがえる「三国志」の世界　発掘された呉の名将・朱然の墓」という特集を組んだ。三国時代に名をなした英雄や武将にはほとんど興味がない私でも、さすがに朱然の名前くらいは知っていたので、これらの簡報や記事には早速目を通した記憶がある。とくに『人民中国』のトップページに、初公開と称して掲載された朱然墓出土の漆器のカラー写真（史和平撮影「三国時代の漆絵芸術」）は、強く印象に残っている。やがて朱然墓の近くからその家族墓も見つかり、朱氏（施氏）一族の墓域が設けられていたらしいことも明らかになった。こちらの発掘簡報が『東南文化』誌上に発表された馬鞍山市文物管理所「安徽省馬鞍山市朱然家族墓発掘簡報」（簡報B）である。これらの簡報は現在では、関連論文とともに王俊主編『馬鞍山六朝墓葬発掘与研究』（『発掘与研究』）に収録されている。また主な出土文物は、馬鞍山市文物管理所他編『馬鞍山文物聚珍』

（『文物聚珍』）にその写真が掲載されている。この二冊は、今回も参照することが多かった。

朱然墓から出土した文物のなかで記憶に残ったのは、漆器のほかにもう一つ名刺がある。木簡に書かれた朱然の名刺である。忘れかけていたこの名刺のことを思い出させてくれたのは、次章で詳しくふれる長沙走馬楼呉簡だった。長沙市芙蓉区にある走馬楼街で発見された井戸の中から孫呉時代の簿籍や文書に混じって名刺の木簡（以下、名刺または名刺簡）が出土したのである。簿籍や文書は、長沙郡の首県だった臨湘県（当時は臨湘侯国）の県廷や県内などで作成・保管されていたものだが、名刺は私的に用いられていたものと考えられる。なぜそのような名刺が混じっていたのか、という問題はさておき、日常生活のなかで用いられたのであろうこの名刺（黄朝という人物のもの）と、墓内に埋納されていた朱然の名刺とがほとんど同じ形状・書風・様式（記載事項とその順序など）だったことに驚き、両者以外の出土例もあわせて検討することを思い立った（関尾「魏晋「名刺簡」ノート」／「魏晋名刺簡・補遺」／「南京出土の名刺簡について」）。その過程でわかったことだが、中国の名刺は早くから注目されており、貝塚茂樹氏にも名刺に関する小文がある（同「人間関係のはじまり」）。また岸本美緒氏は、明清時代を中心にして名刺の機能について論じている（同「名刺の効用」）。このほか、林巳奈夫編『漢代の文物』（以下、『漢代の文物』）は、一一「書契」に「謁・刺」の項を設け、後述する呉応の名刺を紹介している。

本章では名刺に関する検討結果の一端を示すことになるが、朱然墓からは、不特定の相手に配る現代のそれに通じるこの名刺のほかに、幅広の木牘に書かれた名謁も出土しているので、あわせて考えてみたい。さらにやはり見事な漆器類にもふれないわけにはいかないだろう。そこで、最初に朱然とその家族墓について概観した上で、まず漆器類について紹介し、つぎに名謁と名刺について見ていくことにしたい。

一――朱然とその家族墓

朱然墓（八四ＭＹＡＭ一）は、一九八四年六月、安徽省馬鞍山市の現・雨山区にあった紡績工場の拡張工事中に見つかった。馬鞍山市は、長江の南岸に面しており、朱然墓は、区名にもなった雨山（海抜八二メートル）の南側一キロ余の地点に位置するが、現在では市街地の一角を占めている。その後、この地に建てられた「三国朱然文物陳列館」（現・朱然家族墓地博物館［図一］）の拡張工事にともない、一九九六年九月に朱然墓の前方（南側）に四座の墓が見つかった［図二］。家族墓の九六ＭＹＡＭ一（以下、Ｍ一）、二、三、四である。四座とも朱然墓と同じく磚室墓であるが、このうちＭ一以外の三座は規模も小さく、塼の規格から西晋時代の築造と考えられている。しかし朱然墓の前方三四・二メートルにあるＭ一だけは唯一構造と規模の点で朱然墓に匹敵するだけではなく、青磁をはじめとする副葬品にも恵まれており、朱然の男子である施績の墓と推定されている（簡報Ｂ）。朱然の父朱治の墓とする意見もあるが（王俊「談朱然家族墓」）、ここでは、施績の墓とする簡報の見方を支持したい。ただ中村圭爾氏が紹介しているように（同「南京附近出土六朝墓に関する二三の問題」、三二一頁表）、『嘉慶重修清一統志』や『嘉泰呉興志』など後代の地方志は、朱治と施績の墓の所在を現・安吉市に程近い浙江省帰安県（現・湖州市呉興区）としており、Ｍ一を施績墓と決めつけることは躊躇される。

朱然についてはあらためて説明するまでもないだろう。『三国志』巻五六に朱治に附されて立伝されており、孫策と孫権の二代に仕えた重臣朱治の姉の子で、元来は施姓を名乗っていた。しかし朱治には後嗣がいなかったので、孫策の許しを得て朱然を後嗣として迎え入れることになった。朱然は若い頃から孫権とともに学問を修めて交遊を深めていた。ために孫権が兄孫策を継ぐと、弱冠一九歳にして余姚《よよう》県(浙江省余姚市)の県長になったのを皮切りに、魏や蜀との戦いでも、たびたび戦功を残した。とくに関羽を生け捕りにした功績で広く知られている。このような功績によって左大司馬・右軍師・当陽侯に上りつめ、二四九(赤烏一二)年、六八歳で没した。孫権の信頼は最後まで揺らぐことなく、朱然が病床につくと、医薬や食べ物を送り届け、朱然から病状を知らせる使者が来ると酒食を用意し、布帛を持たせて帰らせたという。また朱然が没すると、孫権は喪服で哭泣の礼を行ない、朱然のために弔意を尽くした。

朱治にはその後、実子の朱才が生まれたこともあって、朱然は朱治の喪が明けると、施姓に復したい旨孫権に申し出たが許されず、朱績の代になってようやく復することができた。父と子で姓が異なるのはそのためである。

さてその朱然墓だが、双室構造の磚室墓で、南側の前室(長さ二・七六メートル、幅二・七八メートル、高さ二・九四メートル)と北側の後室(長さ四・〇八メートル、幅二・三〇メートル、高さ二・二五メートル)を中心として、墓道・甬道・過道などから構成されている[図三二]。このうち前室の天井は「四隅券進式」と呼ばれるアーチ型をしている。また前室と後室それぞれに黒漆が施された木棺が安置されていたが、後室のものがやや大きく、副葬品もこちらのほうが多かったので、これが朱然本人の棺、前室のものは彼の妻妾のものと考えられている。いっぽう、四座の家族墓のうち、施績墓とされるＭ一は、朱然墓と同じ北向きで前室（長さ三・二二メートル、幅三・二～三・二八メートル、高さ二・〇六メートル）と後室（長さ四・二二メートル、幅一・八～一・八二メートル、高さ一・九二メートル）の双室構造である。もっとも前室も後室も天井部分が破損しているので、高さは現存部分に限っての

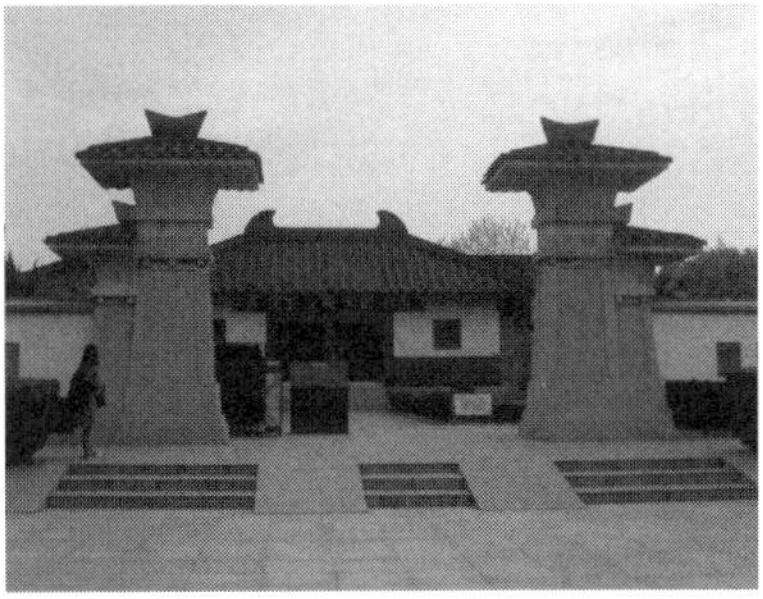

［図一］
朱然家族墓地博物館：二〇一九年四月、著者撮影。

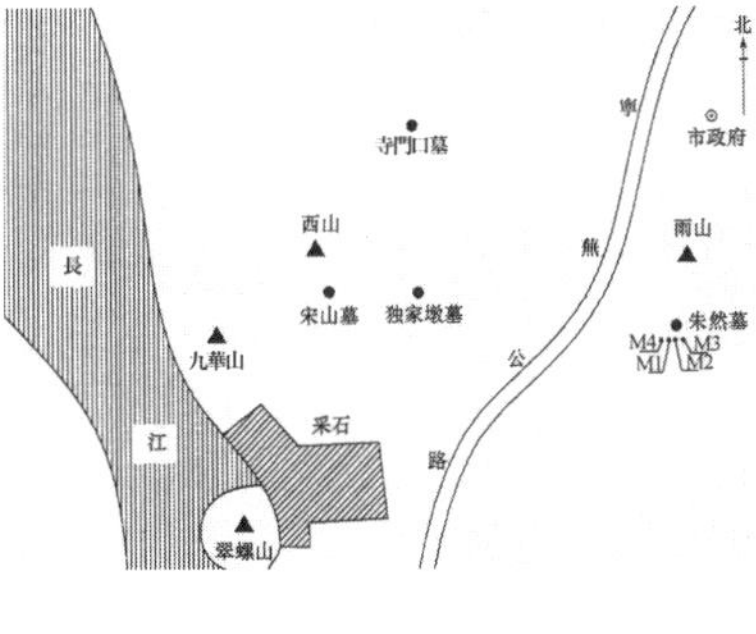

［図二］
朱然・施績？墓の立地：『発掘与研究』、二九頁。

ものである［図四］。墓室の大きさに限って言えば、朱然墓よりも施績墓とされるこのＭ一のほうがやや大きめであることがわかる。

朱然墓からは先述したように、多くの漆器類と名刺・名謁の簡牘類をはじめ、青磁・陶器・銅鏡を含む銅器・銅銭などが出土した。最後の銅銭は約六千枚に上るが、大部分は五銖銭であった。ただ盗掘を受けており、これらの出土文物は元来の位置には置かれていなかったようである。金器や銀器が出土したという報告がないが、あるいは盗掘によって持ち出されたのであろうか。墓主が朱然であることは、出土した合計一七枚に上るその名刺・名謁から疑う余地がない（簡報A）。

いっぽうのＭ一も早くに盗掘を受けていたようで、陶器が見られないが、それでも青磁・鉄器・青銅器・金器などが出土している。二〇点の青磁のうち一四点までが明器（副葬品として墓内に埋納するために作製された器物）である（簡報B）。三三点の青磁の多くが碗や壷などの実用的な器で、一八点の陶器に明器が多く見られた朱然墓とは傾向が異なっているようだ。

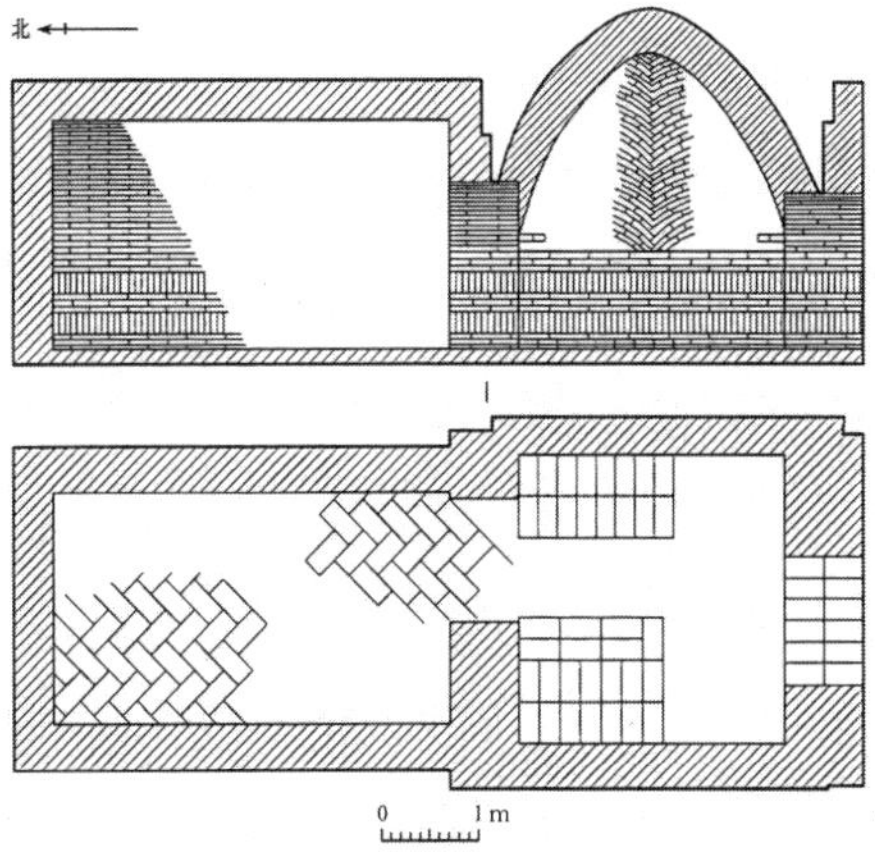

〔図三〕朱然墓の断面図・平面図：『発掘与研究』、一二頁。

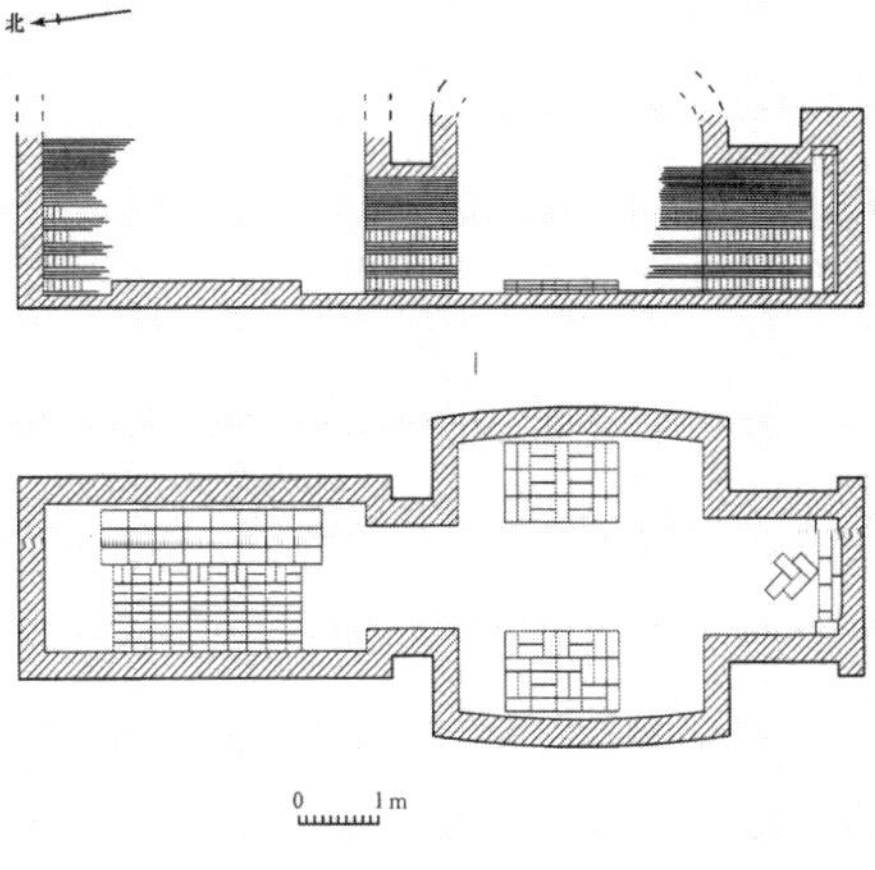

〔図四〕施績？墓の断面図・平面図：『発掘与研究』、二九頁。

二――朱然墓出土の漆器類

朱然墓の漆器類は約六〇点に上り、出土した一四〇点以上の副葬品のうちで最多を誇る。またその器型もじつに多様であった。ここではとくに注目すべき漆器について紹介してみたい（それぞれの表題は『文物聚珍』に従った）。

◈**「宮闈《きゅうい》宴楽図漆案」**（朱M：五八。以下、本案もしくは「漆案」）

案とは足付きの盆のことだが、本案は、横八二センチ、縦五六・五センチというとても大きなものである［図五］。四辺には雲気紋や蔓草紋が施され、中央部には五五人の人物像が上中下の三段（中央部分だけ四段）に分けて配されている（その他、最上段には顔だけのぞかせている人物がいる。簡報Aは「侍者」と解する）。上段には飲食に興じながらパフォーマンスに見入っている人びとが、その下の中央部分にはいろいろなパフォーマンスを演じている人びとが描かれている。このような場面は、たとえば前章でもふれた後漢時代のホリンゴル漢墓や、打虎亭二号墓（河南省新密市、後漢末期）などの墓室の壁面にも描かれており［図六］、図像のモチーフとしては特段珍しくはないのかもしれないが、ここでは人物像のそれぞれに説明する題記が入っているのである。なかでも注目

［図五］
「漆案」：『文物聚珍』、七〇頁。

［図七］
「漆案」上段左端部分拡大：
『文物聚珍』、72頁。

［図六］
打虎亭二号墓「宴楽図主題壁画」：
河南省文物研究所編
『密県打虎亭漢墓』、図版六四。

されるのは、上段の「・皇后」・「・子本也」・「・平楽侯」・「・夫人也」・「・夫人(也)」・「・都亭侯」・「・夫人」・「長沙侯」といった題記である(題記の多くには文字の上にビュレットのような「・」印が入っている)。これらとはべつに上段左端には、帷帳が描かれ、左右に女性を侍らせた男性が描かれており、皇帝と妃嬪と解釈されている(左脇には侍女が一人直立している)〔図七〕。ここから、邵韵霏氏は漢代の宮廷における宴楽風景を描いたものとするが(同「双重視角下的複合意涵」。なお表題の「闈」とは、宮中の小門のことで、下段左端に描かれた門をこう解釈したのかもしれないが、後述するように、この門には「・大官門」という題記がある)、実際には、皇帝・皇后以下、このような人びとが一堂に会する機会があったとは思えないので、あくまでも架空のシーンである(なお墓主の朱然が生前に授けられた爵位は本伝によると、西安郷侯→永安侯→当陽侯だが、これらの爵号は題記には見られず、朱然本人とは無関係の図像であることは疑いない)。それにしても邵氏も認めるように、ここに描かれた五組のカップル(一組は題記を欠く)と皇帝・妃嬪の姿態は、「・子本也」(「子本」は字か)という男性が「・皇后」なる女性に狎近しているように見えるなど、なにやら享楽的・頽廃的ではある。しかしそのような姿態も含め、任漢倫氏は、歴史上の故事を題材としていると考えた(同「三国東呉朱然墓宮闈宴楽図漆案的図像与効能探究」)。任氏は、皇帝とおぼしき男性が長身かつ高鼻・長髯に描かれているが、これは前漢の高祖劉邦の身体的な特徴に一致すること、題記にある平楽(侯)とは前漢時代、劉邦の本貫だった沛国沛県に隣接する山陰郡の県だったこと、さらに劉邦は帝位についてからも郷里の沛に行幸し、そこの離宮(沛宮)で旧知の人びとを召し出して酒宴を開いたことなどを根拠として、その故事とは「高祖還郷」だったとする。そのいっぽうで任氏はまた、春秋時代、楚の荘王の故事である「楚王絶纓」（臣下との酒宴のさなか、明かりが消えたため、王后の衣裳に触れてしまった臣下がいた。王后は暗闇のなかでその者の冠の纓《ひも》を引きちぎり、犯人を特定しようとしたが、荘王は居合わせた臣下全員に対して、自ら纓を引きちぎるよう命じて、特定できないようにさせた）にもふれている。任氏は、広く人材を求めるとともに、酒宴を好んだ孫権の人となりがこのような題材に反映されているとも述べる。しかし、皇帝を威厳に満ちた姿に描こうとすれば、おのずと長身・高鼻・長髯になるだろうから、この任氏の解釈は牽強付会の感が否めない。これに対して、柿沼陽平氏は、皇帝らしき人物は顎がしっかりしているので孫権その人だったとする（同『劉備と諸葛亮』、一二九頁以下）。顎がしっかりしているとかいないとか言われても判断に苦しむばかりだが、やはり皇帝の威厳にはこれも欠かすことのできない要素である。もともと肖像画のような写実性が求められたわけではないだろうから、そもそもこのような議論自体無意味と言うべきだろう。それよりも、もう少し本案に描かれている図像の観察を進めよう。

中段の左端すなわち帷帳の直下には、「虎賁?」という題記とともに斧鉞を立てた四人の男性（もう一か所題記が認められるが釈読は不能）が中央を向いて直立している。宿衛の侍従をつかさどる虎賁中郎将配下の兵士であろう。またその中央寄りには「黄門侍□（郎?）」と題された男性が「侍者」の男性を従えて直上に位置する皇帝に編綴された簡であろうか、差しだそうとしている。後漢時代、黄門侍郎は皇帝の左右に近侍する側近官だったので、ここでも取り次ぎ役として描かれたのだろう。彼らの下、すなわち下段左端には、一番外側に「・大官下?」とあるほか、「・直門人」・「女官使」・「・大官門」・「・大官食具」・「・□使人」などの題記が入っている。大官とは太官のことであろう。後漢時代、小府の属官に皇帝の飲食をつかさどる太官令がいた。「女官使」と題された女性は二皿の料理を両手で捧げ持って門をくぐろうとしているところである。「・大官門」とはその門の名称であろう。左端に描かれた男性が「・直門人」で、門の出入を管理する立場なのだろうが、「女官使」を呼び止めているようにみえる。「・大官下?」とは、門外という空間を示しているのだろうか。また「・大官食具」というのは「・□使人」の二人の男性によって運ばれている料理（を盛った四枚の皿やそれを載せている大きめの盆）を説明する文言であろう。今度は画面右端に目を転じよう。

中段の右端には「・鼓吹也」という題記とともに、両手に撥を持って太鼓を叩く男性・簫《しょう》を吹く男性・壎《くん》を吹く男性の三人が描かれている。また下段の右端にはやはり弓矢を持ち、中央を向いて直立する三人の男性とそれを率いる一人の男性が描かれており、こちらには「羽林郎」という題記が確認できる。羽林郎は羽林中郎将の属官でやはり宿衛の侍従を担当したが、後漢時代は特別の地域から選抜されたメンバーで構成されており、その羽林郎が三人の兵士を率いて警護にあたっているさまを描いたのであろう。

以上の人びとは全部で一七人に上るが、彼らはいわば脇役であり、（準）主役は画面中央に三段にわたって描かれたパフォーマンスを演じている人びとである。漢代のパフォーマンスについては、さきの『漢代の文物』でも、八「娯楽」のなかに項目が立てられ、画像石や画像塼などを読み解きながら解説が行なわれており、有益である。

簡報Aや『文物聚珍』の説明では、弄丸・弄剣・武女・尋橦・連倒・転車輪などが描かれているという。小さな数個の球体をお手玉のように投げ分ける「弄丸人」、同じように数本の剣を投げ分ける「・弄劍」、手に何かを持った女性が「・武女」、マット状の敷物の上で倒立している四人の「連□(倒?)人」、大きな輪を右手で回している「・轉車輪」などが確認できる。題記が釈読できないのだが、男性がかざした十字形の長い棒（橦《どう》）の先端と左右で三人が演技しているのが尋橦だろうか。棒をかざした男性の横では「・小兒」がこれを支えるような姿で棒上の演技を見上げている。このほかにも上半身裸体の「・俳□人」、鳥形をした「鴈□□」、これと向き合っている亀形の「・□見鼈□時」、カーリングのストーンのようなものを左手に持った「・執節人」（このストーンのようなものは、『漢代の文物』が「蹋鼓《とうこ》」とする舞で使われる鼓に似ている）、皿回しをしている「・弄?・□」などさまざまなパフォーマンスが繰り広げられている。しかし私が最も注目したのは、下段中央に描かれている「・長人」という題記をもつ大柄な男性と、右横の「・小兒」と同じような大きさながら口髭があり冠を被っている男性である［図八］。彼らが障碍者（身体異常者）として描かれていることは明らかである。後者の題記が「・□人」としか釈読できないのは残念だが、越智重明氏が、『芸文類聚』巻六三居処部・観に引かれている後漢・李尤の『平楽観賦』に「侏儒と巨人が、耦《つい》で戯譃《たわむ》れている（侏儒・巨人、戯譃為耦）」とあることから、「巨人」と「侏儒」がコンビで「おどけ」を演じることがあったことを紹介している（同「日・中の散楽」）。向き合って描かれている「・長人」と「・□人」（邵氏は□を「蛮」と釈している）の二人は、これに該当すると考えてよいだろう。

ところでこの『平楽観賦』には、「呑刃吐火」・「飛丸跳剣」といった語句も見えており、宮中の平楽観では本案に描かれているような多種多様なパフォーマンスが繰り広げられていたものと考えられる。本案の場合、パフォーマンスのひとつひとつに題記がつけられているので、それぞれの名称がわかることも意義深いが、『平楽観賦』に出てくる名称とはどれ一つとして一致するものがないことにも注意が必要である。このことは、本案の作製年代が、『平楽観賦』の時代とは重ならないことを示唆する。『後漢書』巻八〇文苑伝の本伝によると、李尤が蘭台令史として初めて出仕したのは和帝の年間（八八〜一〇五年）、最後に楽安相に任じられたのは順帝の年間（一二五〜一四四年）であるから、本案の作製年代は、呉の成立後も含めてそれ以降となろう。

◈「武帝生活図漆盤」（番号不詳。以下、本盤）

つぎに取り上げるのは、直径一〇・二センチの盤である［図九］。簡報Aには言及がないが、『人民中国』には写真が掲載されており、『文物聚珍』にも写真と簡単な説明がある。盤面中央には五人の人物が描かれているが、上段の男女には、「武帝」と「・相夫人」という題記が、また下段の三人には「・王女也」・「・丞相也」・「侍郎」という題記がそれぞれ入っており、文言の上にビュレット状の黒丸があることや、文言末尾の「也」が最終画を強調する書風になっていることなど、「漆案」の題記と同じであり、また後者の「皇后」と本盤の「・相夫人」の頭髪の描き方もほぼ同じなので

〔図八〕
「漆案」下段中央部分拡大：
『文物聚珍』、八一頁。

〔図九〕
「武帝生活図漆盤」：『文物聚珍』、八七頁。

（ついでに言うと、外周に描かれた紋様も類似している）、同じ画工集団の作品と判断できる。上段の二人の中間には、盤の上に置かれた三枚の杯らしきものと棋盤らしきものが置かれている。下段では、「・王女也」と題された女性が、二人の男性と対座している。このうち後方に座を占めている「侍郎」は、「・丞相也」とある男性の属僚ということか。

さて「・相夫人」だが、相という姓はあるにはあるが、稀少な姓なので、むしろ下段に描かれている丞相の夫人の謂ではないだろうか。皇帝と丞相の夫人が対座することも、王女と丞相が対座することも実際にはありえないことだが、「漆案」でも皇后に子本という男性が狎近していたので、それと同じように架空の場面が描かれていると考えることができよう。さきの任氏も柿沼氏も、本盤には全くふれるところがないが、高い身分の男女が宴席をともにして狎近するという図像は双方に共通しており、これは片手落ちというものである。説明するまでもなく、朱然が没した三世紀半ばまでに武帝と謚されたのは、前漢の武帝（前一五六～前八七年）と曹操（一五五～二二〇年）、そして南越の趙佗（～前一三七年。生前から武帝を自称した）の三名である。このうち趙佗の可能性はまずないだろう。また曹操が武帝と謚されるのは曹魏建国後のことなので、本盤の作製はそれ以後となるが、三国のいずれにおいてもこのような図像（と題記）が描写されることはありえない。曹魏と敵対していた蜀漢や孫呉で作製されたならば、題記には謚号ではなく姓名が書かれたであろうし、曹魏で作製されたならば、曹操の威名を損なうような図像が選ばれるはずはないからである。とすると、前漢の武帝がモデルだったということになる。邵氏は、三国時代の人士が武帝の性向に批判的だったことを指摘している（同「双重視角下的複合意涵」）。あるいはモラルを逸脱した反面教師として本盤にも描かれたということだろうか。また邵氏の説くごとくだとすれば、先の「漆案」に描かれた皇帝像も、武帝をイメージしていた可能性が出てこよう。

問題はこのような図像の描かれた「漆案」や本盤がどうして朱然墓に副葬されたのか、であるが、「漆案」の背面に漆で「官」字が篆書されていることが手がかりになろう。この「漆案」が官営の工房で作製されたことを示しているわけだが、とすると、これは本来皇帝の御物だった可能性が高い。銘こそないが、本盤も同じである。若年の頃からの孫権との結びつきを考えると、孫権が特別に朱然に下賜したと考えることもできよう。

◈**「季札挂剣図漆盤」**（朱M：六六）／**「童子対棍図漆盤」**（朱M：七〇）

春秋時代の呉の人、季札の故事を描いた「季札挂剣図漆盤」は直径二四・八センチ［図一〇］、いっぽう二人の童子が棍棒をかざして向き合っているさまを描いた「童子対棍図漆盤」が直径一四・〇センチである［図一一］。大きさが異なるが、人物の描き方は先の二点の漆器とは異なりおどけた様子は見られない。また人物図の外周には、いずれも鯉のような魚が描かれており、作風が類似している。なによりも、前者の背面には「蜀郡造作牢」、後者の背面にも「蜀郡作牢」［図一二］と朱の漆で書き入れられているという共通点が認められる。「牢」とは、円形の漆器の総称である「桮圏《はいけん》」に通じるとのことだが（斉鳳「浅談朱然墓出土的漆木器」）、蜀郡すなわち成都盆地は漢代以降、漆の採取が盛んに行なわれており（佐藤武敏「中国古代の漆器工業」）、それを原料として漆器が製造されたので、少なくともこの二つの漆盤が蜀郡で作製されたことは明らかである。問題は、蜀郡で作製された漆盤がなぜ朱然墓から出土したかである。じつはこの問題に関してはすでにいくつもの解釈が示されている。

楊泓氏は、これらの漆盤は蜀漢政権下の蜀郡で作製されたもので、蜀漢から贈答品もしくは交易品としてもたらされた可能性が高いが、蜀漢との戦役にたびたび従軍した朱然の経歴からして、戦利品だった可能性も排除していない（同「三国考古的新発現」）。金文京氏も、「これらの漆器は長江を通じての交易によって蜀から呉にもたらされたのであろう」と推測し（同『三国志の世界』、三〇三頁）、羅宗真・王志高両氏は、さきの「漆案」のように呉郡で製造されたものもあるが、蜀郡で製造されたこれらの漆盤は、交易や贈与などの手段によって入手した可能性があり、朱然が蜀との戦役にたびたび従軍していたことから、捕獲品だった可能性もあるとする（同『六朝文物』、三七〇頁）。先の楊泓氏とほぼ同じである。しかし朱然の埋葬の際に孫権が賜与したものが含まれていたとする斉鳳氏の解釈（同「浅談朱然墓出土的漆木器」）が、これらのうちでは、もっとも説得力があろう。埋葬の際か否かはともかくとしても、いずれの漆器とも孫権から朱然に特別に賜与されたということである（もちろん、孫権が蜀漢との交渉の過程で入手した可能性は否定できない）。またこれらの漆器の作製時期も蜀漢政権の成立以後と考える必要はなく、後漢時代という理解も十分に可能である。

◈その他の漆器

朱然墓から出土した漆器はこれら以外にも、盤だけをとってみても、「百里奚会故妻図漆盤」（朱M：六七。人物題記あり）、「伯楡悲親図漆盤」（朱M：六八。人物題記あり）、「貴族生活図漆盤」（朱M：七二）、「人物故事大漆盤」（番号未詳）、および六点の「素面漆盤」（朱M：七五ほか。七五には背面に「井」字あり）などがある。写真が公表されていないものが多いのが悔やまれるが、博物館に展示されている複製品によると、このうち「百里奚会故妻図漆盤」は、大きさ・色調・周縁部の紋様・人物描写・題記の書風、どれをとっても「武帝生活図漆盤」と全く同じである。また盤以外では、「漆槅《かく》」（朱M：八〇）、

［図一〇］「季札挂剣図漆盤」：『文物聚珍』、六九頁。

［図一一］「童子対棍図漆盤」：『文物聚珍』、六八頁。

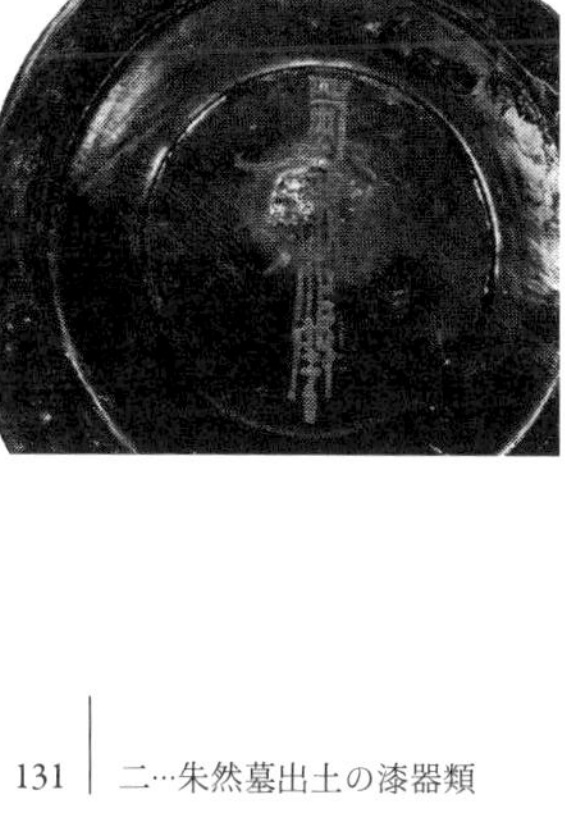

［図一二］「童子対棍図漆盤」背面：『文物聚珍』、六八頁。

「錐刻戧金《すいこくそうきん》漆方盒蓋」(朱M：八八)、「犀皮黄口羽觴」(耳杯、番号不詳)、「漆砂硯」(朱M：八三)、「漆凭几」(朱M：一〇二)、「漆尺」(朱M：一一五)、および「漆匕」(朱M：一三八ほか)などがあり、広く食器から文具・雑器に及んでいる。

このうち、「漆槅」は横二五・四センチ、縦一六・三センチ、高さ四・九センチの足付きの皿で、間仕切りされた大小七つの空間ごとに奇怪な動物が描かれている[図一三]。上段左側には翼の生えた鹿(天鹿)、右側には翼と足の生えた魚(神魚)、そして中央には向かい合った鳳凰がやや大きく描かれ、下段左側には麒麟、右側には白虎が配され、中央左には飛廉(鹿のような頭部に翼と足をもち、蛇のように長い尾が特徴)、同右には双頭魚(あるいは二匹の魚)が並ぶ。もちろんいずれも実在しない動物で、神獣である。また「錐刻戧金漆盒蓋」は一辺が二一・六センチ、高さが一一・五センチの小箱である[図一四]。小箱の本体の画像は一部失われているが、漆に刻線をつけそこに金を嵌め込んで三人の人物と五五に上る神獣(鳥・魚を含む)が描かれている。ひじょうに精巧な造作が印象的である。一つ一つの神獣を特定することは容易ではなさそうだが、魏晋時代の古墓出土の塼画、とくに甘粛省敦煌市の仏爺廟湾・新店台両古墓群出土の画像塼や雕塼に共通する画材ではある(関尾『もうひとつの敦煌』第三章「画像磚」)。もちろんこれらの槅や方盒をはじめとする漆器も、その造作から判断して、案や盤と同じく孫権から下賜されたものと考えて大過ないだろう。

〔図一三〕「漆槅」：『文物聚珍』、八六頁。

〔図一四〕「錐刻戧金漆盒蓋」：『文物聚珍』、八三頁。

三――名謁、名刺とは

朱然墓から出土した名謁や名刺について検討するのに先だって、ここでは名謁や名刺が文献にどのように記されているのか見ておこう。

名謁については、後漢・劉熙の『釈名《しゃくみょう》』巻六釈書契に、「謁とは詣であり、詣とは告である。姓名をその上に書いて詣《たず》ね先に告げる（ための）ものである（謁、詣也、詣、告也、書其姓名於上、以告所詣也）」と説明されている。また名刺についても、同じ『釈名』の巻六釈書契に、「書を刺書と称するのは、筆で紙や簡の上に刺《か》くからである。（中略）姓名を奏（木版）の上に画《か》いたので画刺という。「再拝」「起居」などの文字をなし、いずれの画《かく》も簡のへりまで達し、へりまで使って書跡を画《か》く。おもむろに筆を操って書くのは、さながら画《えが》くようである。下官（吏員）の刺を長刺という。長く中央に上から下に一行で書く。また（これを）爵里刺というのは、その官爵と（本貫の）郡県郷里を書くからである（書称刺書、以筆刺紙簡之上也。……画姓名於奏上曰画刺、作再拝起居字、皆達其辺、使書画辺、徐引筆書之、如画也。下官刺曰長刺、長書中央一行而下之也、又曰爵里刺、書其官爵及郡県郷里也）」という説明がある。

『釈名』の成立は後漢末期とされているが、このような説明があるからには、名謁も名刺も後漢時代にはすでに広く用いられていたことがわかる。ただ『釈名』の説明は、名謁についてはその用途(機能)が、いっぽうの名刺についてはその書き方や内容が中心になっており、両者がどのように使い分けられたのか、そもそも両者に厳然たる区別があったのか、という疑問が生じる。また名刺については、画刺・長刺(爵里刺)といった区分があったことがわかるが、具体的な違いがいまひとつよくわからない。そのため、清代に趙翼が『陔餘《がいよ》叢考』巻三〇名帖で、「思うに、古くは名札を通じて(面会を求めるためには)、本来木を削って用いて(そこに)文言を書いた。漢代にはこれを謁と謂っていたが、漢末になってこれを刺と謂うようになった。漢代以後、(木に代わって)紙を用いるようになってからも、なおそのまま刺と曰った(竊意古通名、本用削木書字。漢時謂之謁、漢未末謂之刺。漢以後則雖用紙、而仍相沿曰刺)」と説明して以来、名謁と名刺は同じもので、時代により呼び名が謁から刺に変化したという理解が広く行なわれてきた。このような理解は最近まで継承され、たとえば劉桂秋氏は、前漢時代は謁だったが、後漢時代には刺と称されたとする(同「古代的「名帖」」)。しかし、丁邦鈞氏が指摘しているように、朱然墓から名謁と名刺がともに出土したために、このような通説が覆されることになったのである(同「よみがえる「三国志」の世界」)。その意味では、朱然墓から出土した簡牘がもっている意義はとても大きいと言うべきだろう。

　朱然の名謁と名刺について見る前に、名謁と名刺にまつわる同時代のエピソードを史書から拾い出しておこう。

建安年間（一九六～二二〇年）の初め、許（河南省許昌市）の地に出かけることにした。潁川（同・禹州市）までやって来た。懐中に一枚の名刺をしのばせていたが、結局訪ねる所もないまま、名刺の文字がこすれてはっきりしなくなってしまった。この当時、許は新たに国都となったばかりで、賢人や士大夫が全国から集まって来ていた（建安初、来遊許下、始達潁川。乃懐一刺、既而無所之適、至於刺字漫滅。是時、許都新建、賢士大夫四方来集）。（『後漢書』巻八〇文苑伝）

曹操が献帝を擁して許に遷都したのが一九六（建安元）年なので、『後漢書』巻八〇文苑伝に本伝がある禰衡《でいこう》は、新政権でポストにありつこうと思ったのか、名刺を用意して許を目ざしていたが、結局有力者にめぐり会うこともできないうちに、名刺の墨がにじんでしまい、使いものにならなくなってしまったという話である（巻一〇荀彧伝注引『典略』にも同じような記事がある）。名刺が実際に用いられていたことがわかる。

つぎは巻九夏侯淵伝の注に引かれた『世語』の記事で、朱然と同時代を生きた、夏侯淵の第五子夏侯栄の爵里刺をめぐるエピソードである（『太平御覧』巻六〇六文部二二刺所引『夏侯栄伝』もほぼ同じ）。

（夏侯称の）弟の栄は字を幼権といい、幼い頃より聡明で、七歳で文章を属《つづ》ることができた。一日に書物を読むこと千字にも及び、一たび目を通すとたちまちにして（その意味を）理解した。文帝がその才能を聞きつけて召し出した。(文帝は自分の)百人余の賓客に対し、一人ずつ名刺を差し出させた。いずれもその本貫(郷邑)と姓名(名氏)が書かれており、世に謂う爵里刺である。客がこれを栄に示すと、栄はそれを一目見てから、彼ら全員と談論したが、一人としてその本貫や姓名を謬《あやま》ることはなかった。文帝は栄の才能を大そう奇特に思った(弟栄、字幼權。幼聡恵、七歳能属文、誦書日千言、経目輒識之。文帝聞而請焉。賓客百余人、人一奏刺、悉書其郷邑・名氏、世所謂爵里刺也。客示之、一寓目、使之遍談、不謬一人。帝深奇之)。

百人分の爵里刺を瞬時にして記憶したという夏侯栄の異能ぶりが描かれているが、ここでは本貫と姓名とが書かれた爵里刺が広く行なわれていたことがわかる。爵里刺については、『太平御覧』巻六〇六文部・刺所引『魏名臣奏』にも、「黄門侍郎の荀俁《じゅんぐ》が奏して曰うには、現今、吏が初めに叙任される際には、二通の爵里刺があって、(そこに当人の)行状を列記するのである、と(黄門侍郎荀俁奏曰、今吏初除、有二通爵里刺、條疏行状)」と述べられている。これによれば、吏員にこそ爵里刺はふさわしいことになる。まさに『釈名』の言う「下官の刺」である。

このほか、名謁と名刺が同時に出てくるケースもある。後漢・崔寔《さいしょく》の『四民月令』である。関連部分を掲げておく(渡部武訳注『四民月令』)。

君・師・故将・宗人・父兄・父友・友親・郷党の耆老らに謁で正月を祝う(謁賀君・師・故将・宗人・

父兄・父友・友親・郷党耆老)。

酒を尊長に進めるとともに、君・師・耆老らに刺や謁を行なうことは、正月と同じである(其進酒尊長、及脩謁刺賀君・師・耆老、如正月)。(正月条、元旦)

酒を尊長に進めるとともに、君・師・耆老らに刺を行なって祝うことは、正日(月)と同じである(其進酒尊長、及脩刺賀君・師・耆老、如正日)。(十一月条、冬至)

(十二月条、臘日)

『四民月令』は散佚してしまったので、現在ではこの三条にしか見られないが、祭日には、目上の者・年長の者に対して「謁」や「刺」を通じて祝賀する習慣があったことがわかる(下倉渉「刺謁・振贈・潔祀」)。これを見ると、元旦は「謁」、冬至は「謁」と「刺」、臘日は「刺」となっているが、祭日ごとに名謁と名刺の使い分けが求められていたとは思えない。祭日には名謁なり名刺なりが用いられたということである。つぎのような出土例もある。

①正　月

故　吏　鄧　邴　再　拜

賀

(長沙東牌楼J七:一〇五一)

②□蜡

弟子靳珍再拜

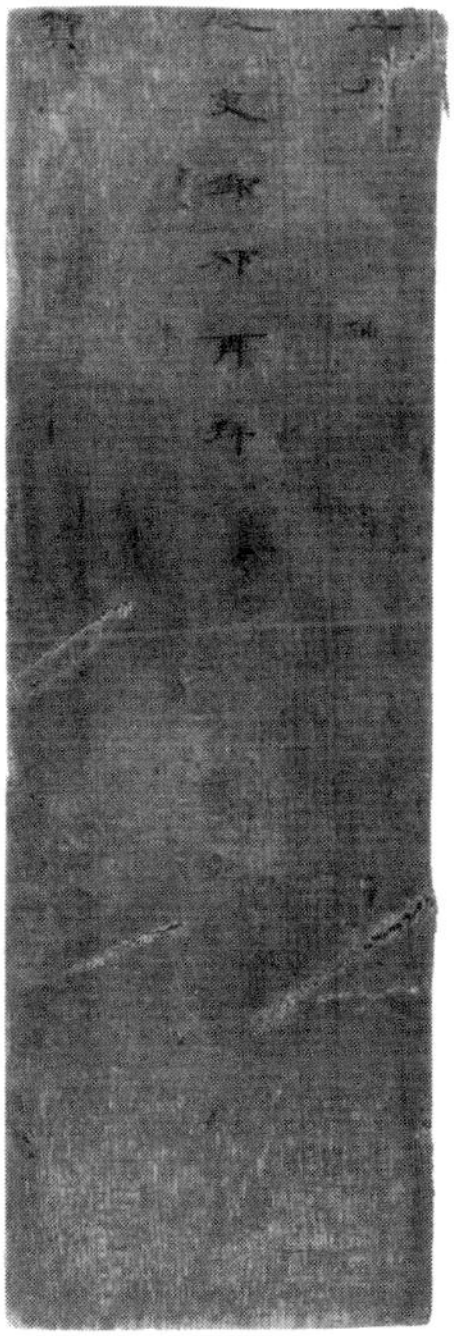

［図一五］
鄧邟名刺：長沙市文物考古研究所他編『長沙東牌楼東漢簡牘』、四一頁。

［図一六］
靳珍名刺：侯燦他編『楼蘭漢文簡紙文書集成』、二九八頁。

［図一七］
宋政名刺：［図一六］に同じ。

賀　（コンラディー、木三四・二）

③賀
大蜡　弟子宋政再拝　（コンラディー、紙三四・一）

①［図一五］（長さ二五・二、幅八・五、厚さ二・四～二・七センチ）は、走馬楼街に隣接する長沙市東牌楼街の井戸から出土した二世紀後半のもので、正月（元旦）を祝賀するための木牘、また②［図一六］（長さ二〇・〇以上、幅二センチ）と③［図一七］（長さ二一・三、幅二・四センチ）はともに新疆ウイグル自治区の楼蘭から出土した、「蜡《サ》」（腊すなわち臘、臈に通じる）日を祝賀するためのもので、いずれも三世紀後半に属するが、なかでも③は現存する唯一の紙の名刺として貴重なものである。簡と同じ形状をしており、かつきわめて薄い紙なので、簡の上に貼って使われたものと思われる。

『後漢書』巻五二崔駰伝に付された本伝によると、崔寔の没年は建寧年間（一六八～一七二年）なので、『四民月令』には二世紀中頃から後半にかけて華北地方で行なわれていた習俗が反映されているはずだが、祭日ごとに目上の者や年長の者に対して名刺を上呈することは、華北地方にかぎらず、広く各地で行なわれていたことがこれらの実例からわかる。

以上、史書の記述に一部実例をまじえながら、名謁と名刺について紹介してきた。それでは朱然墓から出土した名謁と名刺はどのようなものだったのだろうか。具体的に見ていこう。

四――名　謁

朱然墓から出土した名謁は三枚（全てが朱M：一三五）で、大きさは微妙に異なるようだが、写真と模本が公表されているのは、長さ二四・八センチ、幅九・五センチ、厚さ三・四センチである。長さは名刺と同じだが、幅と厚さは大分異なり、木牘と呼ぶにふさわしい［図一八］。

謁

④□（假？）節右軍師左大司馬當陽侯丹楊朱然再拜

（朱M：一三五）

［図一八］
朱然名謁模本：簡報A、七頁図一〇―2。

仮節・右軍師・左大司馬・当陽侯というのは、朱然が生前に得た最高の官爵であり、丹楊（郡）はその本貫である。これが名謁であることは、上段中央に「謁」とあることから明らかである。では、これが名謁の完成形かと言うと、そうではなさそうだ。時代がさかのぼるが、前漢時代の尹湾（江蘇省東海県）六号墓（YM六）から多くの名謁が出土しており、そこには発信者（差出人）と受信者（宛名）の双方が明記されているからである。六号墓の墓主は、前漢末期、成帝年間（前三一～前七年）に東海郡の功曹史だった師饒である。一〇枚の名謁から一部を掲げておく。

⑤

進東海太守功曹
師　卿

（YM六D一五正面）

沛郡太守長憙謹遣史奉謁再拝
問
君兄起居　　南陽謝長平

（YM六D一五背面）

⑥東海太守功曹史饒再拜

謁・奉府君記一封饒叩頭叩頭　（YM六D二二）

⑤［図一九］（長さ二三・〇、幅六・二、厚さ〇・一センチ）は、墓主の師饒に宛てられた名謁で、正面には受信者（師卿）が、また背面には発信者と用件が書かれている。発信者は南陽の人で沛郡太守の謝長憙（長平は字）で、彼が自分の配下の吏（史）を師饒のもとに派遣して挨拶をしたのがこの名謁である。「謁」は背面の第一行に見えており、この木牘自体が名謁であった。それに対して⑥

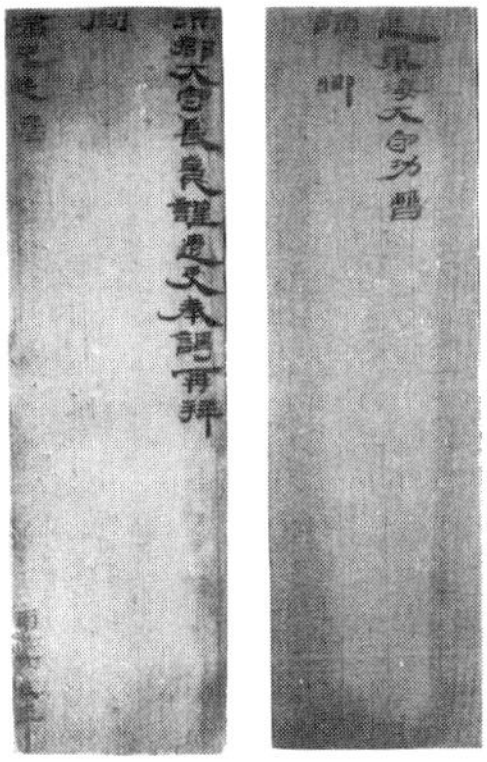

［図一九］尹湾漢墓出土の名謁⑤：連雲港市博物館他編『尹湾漢墓簡牘』、二六頁。

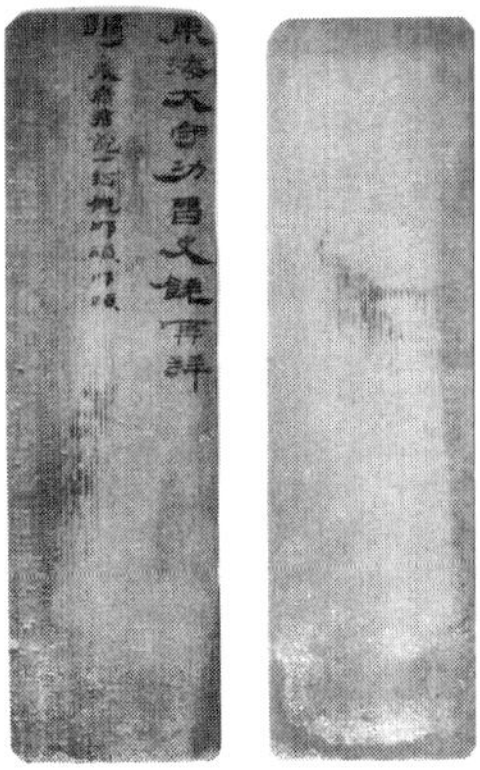

［図二〇］尹湾漢墓出土の名謁⑥：『尹湾漢墓簡牘』、三三頁。

［図二〇］（長さ二一・九、幅六・二、厚さ〇・一センチ）は、師饒自身が発信者となった名謁である。受信者は彼が仕えている東海太守（府君）であり、封緘した公文書（記一封）を届けた際に使われるべき（使われた）ものである。やはり「謁」は背面の第二行に見えている。

　このように見てくると、④は背面に当たることになる。しかし別面（正面）には受信者（宛先）が書かれていなかったようだし、背面にあるべき発信者と用件のうち、④では肝心な用件を欠いている。死後の世界で用いることが想定された明器であると考えれば、このことも理解できるかもしれない。その点では、⑤・⑥の師饒の名謁とは相違が認められるのだが、師饒の名謁もその墓中に埋納されていたものである。ただ出土した名謁は一〇枚全てが同じ書風をとどめており、同一人の手によって書写された可能性が高い点は重要である。師饒を受信者とする名謁も、また発信者とする名謁も、複製品が埋納されたのであろう。生前に師饒が郡の功曹史として、郡内外の人士と幾重にも及ぶ交際関係を結んでいたことから、死後の世界においても生前と同じように多くの人士と交際できることを祈念して埋納された明器だったということであろうか（以上、高村武幸「漢代地方官吏の社会と生活」）。

　ここに上げた三枚の名謁はいずれも「謁」としっかり書かれているが、前漢時代の名謁には、この文字がないものも少なくないようなので（角谷常子「漢・魏晋時代の謁と刺」）、多様な様式や用語から出発した名謁がしだいに画一化を遂げていった、これが前漢時代から三国時代に及ぶ名謁の変遷過程だったのではないだろうか。

五――名　刺

◈朱然墓出土の名刺

特定の受信者と用件のために作成され用いられたのが木牘の名謁だったとすれば、より汎用性の高い（その意味では現代のものと同じい）のが木簡の名刺であった。朱然墓からは彼の名刺が三種計一四枚ほど出土した。三種それぞれを示しておこう［図二一］。なお大きさは全て長さ二四・八（三国時代の一尺強）、幅三・四、厚さ〇・六センチである。

⑦弟子朱然再拝　問起居　字義封　（朱M：一二二）

⑧故鄣朱然再拝　問起居　字義封　（朱M：一二九）

⑨丹楊朱然再拝　問起居　故鄣字義封　（朱M：一三〇）

この三枚には、名謁の④とは違い、どこにも「刺」字がないが、これらが名刺であることは疑いない。なぜならば、江西省南昌市の東湖区で見つかった西晋時代の呉応墓から、これらと酷似した木簡（M一：三七）が五枚出土しており、かつ伴出したその随葬衣物疏（M一：三八）のなかに「故刾（刺）五枚」という記載があるからである（江西省博物館「江西南昌晋墓」）。したがって朱然墓から出土した⑦以下の三枚も名刺と考えることができる。そして、この三枚は様式（記載事項と記載順序）が微妙に異なっていることがわかろう。いま、これをA型・B型・C型とすると、それぞれの様式はつぎのように説明できる。

A型：「弟子」・姓名（諱）・「再拜」＋「問起居」＋名（字）
B型：本貫（県）・姓名（諱）・「再拜」＋「問起居」＋名（字）
C型：本貫（郡）・姓名（諱）・「再拜」＋「問起居」＋本貫（県）・名（字）

いずれも三段書きであるが、下段部分だけは中央線よりもやや左側に小さめに書かれているのが特徴と言えよう。『釈名』の画刺の説明をうらづけるかのように、［図二二］を見ると、「再」の第一画（横画）、「起」の第七画（右払い）、「居」の第三画（左払い）などは木簡の横幅を最大限に利用して書かれている。朱然墓から出土した一四枚のタイプごとの内訳枚数は不明だが、死後の世界でも現世と同じように、不特定多数の相手に配ることができるように一枚だけではなく、これだけの枚数が埋納されたのであろう。古墓から出土した名刺は、先の呉応墓も含め、全て朱然墓と同じ

［図二一］
朱然名刺⑦〜⑨：『文物聚珍』、八九頁。

［図二二］
黄朝名刺⑩：長沙市文物考古研究所他編『長沙走馬楼三国呉簡・嘉禾吏民田家莂』上冊、三四頁図四三。

［図二三］
潘郡名刺⑪：長沙簡牘博物館他編『長沙走馬楼三国呉簡・竹簡〔柒〕』中冊、三六四頁。

ように複数枚の名刺が伴出していることも有力な傍証となる。

◈走馬楼呉簡中の名刺と南京仙鶴街出土の名刺

冒頭に記したように、朱然の名刺を思い出させてくれたのは走馬楼呉簡に含まれていた名刺である。そこでつぎには走馬楼呉簡中の名刺、そしてこれと同じように遺構すなわち南京市秦淮区の仙鶴街から出土した同時代の名刺についても見てみよう。まずは走馬楼呉簡中の名刺から。

走馬楼呉簡には数十枚の名刺が含まれているとのことだが（龍臻偉「長沙走馬楼三国呉簡名刺性質初探」）、公表されているのはほんの一部である。

⑩弟子黄朝再拜　問起居　長沙益陽字元寶　（J二二―二六九七正面）

弟子黄先再拜　弟子黄先再拜　（J二二―二六九七背面）

⑪弟子潘郡再拜　問起居　字元國　（柒三一二三（一））

⑫弟子呂承再拜　問起居　（J二二―八七七四一）

⑩［図二三二］（背面は習書）は、「弟子」・姓名（諱）・「再拝」＋「問起居」＋本貫（郡＋県）・名（字）となっていて、朱然のA型に、さらに本貫の郡（長沙）と県（益陽）を併記する欲張った様式である。「長」と「元」の最終画も強調されている。⑪［図二三三］はやや粗略な書風だが、朱然のA型と同じである。⑫もA型だが、下段の字がない。

このうち⑪の潘郡については、同じ走馬楼呉簡中に「三州丘男子潘郡」（五・八）、「廣成郷三州丘男子潘郡」（壱八二五〇）といった簡があるので、長沙郡臨湘県の広成郷に本貫をおき、三州丘に居住する一般民だったと考えられる。また⑫の呂承は、県吏の書佐として、走馬楼呉簡には数多く登場している。このうち⑪は書風が粗略だが、それも潘郡が自身で書いたのであれば、納得できる。また名刺の使用が、一般民にまで及んでいたことも明らかになる。少なくとも呉では、上は朱然のような高官から、下は潘郡のような一般民に至るまで広く名刺が使用されていたことになる。もっとも朱然の場合は墓に埋納された明器だったので、実際に彼ほどの著名な人士が日常の生活や業務のなかで名刺を用いる必要があったのか（用いる場があったのか）、という点には疑問が残る。しかし二〇〇四年に南京で出土した同時代の名刺は、このような疑問に答えてくれる。出土枚数は一一枚と多くはないが、保存状態が良好なものを三枚だけ上げておく（賈維勇他「読南京新近出土的孫呉簡牘書法札記」）。

⑬陳國丁覬再拝　　部問起居　　（T〇五⑦D：一正面）

柘字休□

⑭零陵楊傳再拜　「已」問起居　　湘[郷]字文義　　（二〇〇九年九月、南京市博物館展示中）

⑮廬江陳永再拜　□□□　　松滋字奉世　　（番号未詳）

このうちで⑮の陳永は、巻五五陳武伝に、廬江郡松滋県（安徽省太湖県）を本貫とする武の孫として見えている将軍陳永と同一人と考えてよいだろう。この名刺がどの時点で用いられたのかは知るすべがないが、将軍の地位にあった人物でも日常の業務のなかで名刺を使用していた可能性は否定できない。とすれば、朱然墓から出土したその名刺も、彼が生前の生活や業務で用いていたものに倣って作製された明器だったと考えることができよう。

ところで南京で出土した名刺の多くは、⑬以下の三枚のように、冒頭に郡名を冠したC型であり、「弟子」の二字を冠したA型が目立つ走馬楼呉簡とは対照的である。⑮の廬江郡松滋県はともかく、⑬[図二四]の陳国柘県（河南省柘城県）や⑭[図二五]の零陵郡湘郷県（湖南省湘郷市）といった遠方の出身者の名刺簡が出土しているのは、当時、南京すなわち建鄴が国都だったからであろう。全国各地から多くの人士が集まる国都のような場所では、郡と県を併記して本貫を表記するC型のような名刺が必要かつ有用だったのであろう。許に出かけた禰衡が懐中にしのばせていた名刺もC型であったにちがいない。それに対して、長沙郡の首県だった臨湘県廷に出入するのは、県内か広くても郡内の人士が中心で、稀薄ながらも直接間接に何らかの関係を有していたのではないだろうか。「弟子」の二字がそれを示唆しているように思われる。わざわざ本貫の郡や県を明示するまでもなかったということである。

◈漢代の名刺

ところでこの名刺だが、名謁と同じように、やはり前漢時代にさかのぼることができるようである（角谷「漢・魏晋時代の謁と刺」）。代表的な例を示しておこう。

⑯賤子壽宗叩頭再拝問　（居延甲渠候官ＥＰＴ五三：一一〇）

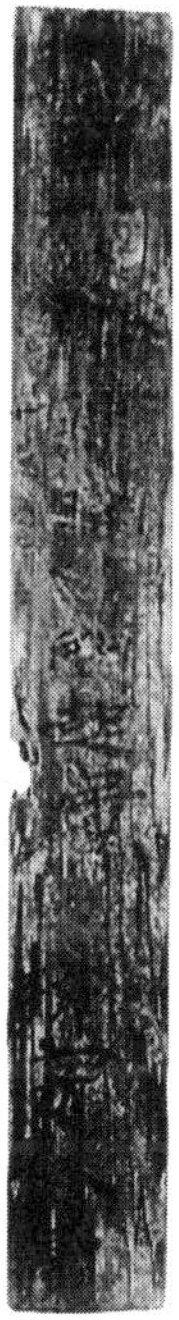

［図二四］
丁覬名刺⑬：『書法叢刊』二〇〇五年第三期、カラー写真。

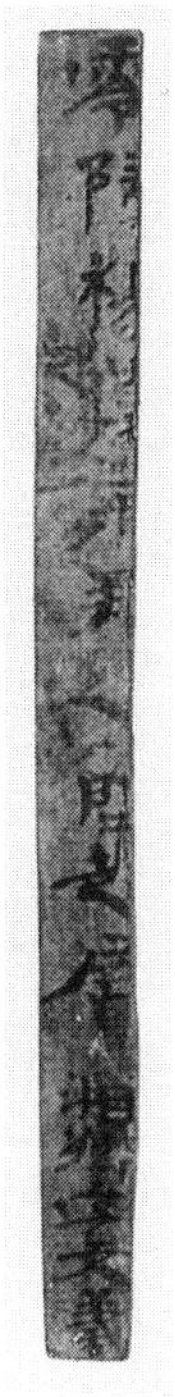

［図二五］
楊傅名刺⑭：『書法叢刊』二〇〇五年第三期、カラー写真。

⑰都護令史公乘審叩頭叩頭　　　　字子春　　　　（敦煌馬圏湾七九ＤＭＴ五：一五九）

⑱沙上里李孝　　　　　　　　　　　　　　　　（二〇一六年八月、甘粛省博物館展示中）

⑯［図二六］は前漢時代の後期から末期（紀元前一世紀中期以降）、⑰［図二七］は王莽の新かその前後の時代、そして「名刺／漢代／武威磨嘴子出土」というキャプションをつけて出展されていた⑱［図二八］は、武威市涼州区の磨嘴子《ましし》古墓群から出土したものなので、おおよそ紀元前後の前後漢交替期のものと判断できる。前二者は遺構から出土したので実用されたものだが、⑱は、同じものが一二枚展示されていたので、明らかに明器である。

この三枚は、朱然の名刺をはじめとする魏晋時代のものに比べると、様式の不一致が目立つ。⑯の「賤子」とは、「弟子」と同じように謙譲の意を含む語句である（末尾は本来なら「問起居」と続くはずであるが、「問」で終わっている理由は不明）。また⑰は職名と爵位を併記した珍しい事例だが、簡の下端に字《あざな》が小ぶりな文字で書かれている点は魏晋時代の名刺と同じである。これらに対して⑱は里名と姓名だけを記したもっとも簡潔なものである。文献の記載と出土した実例を合わせて考えると、名刺の出現は名謁に遅れたようだが、やはり名謁と同じように、名刺も後漢時代以降、様式や用語がしだいに画一化を遂げていったように思われる。そして名謁にせよ名刺にせよ、朱然墓

[図二六]
壽宗名刺⑯：甘粛省文物考古研究所他編『居延新簡 甲渠候官』下冊、二六八頁。

[図二七]
某審名刺⑰：甘粛省文物考古研究所編『敦煌漢簡』上冊、図版弐零。

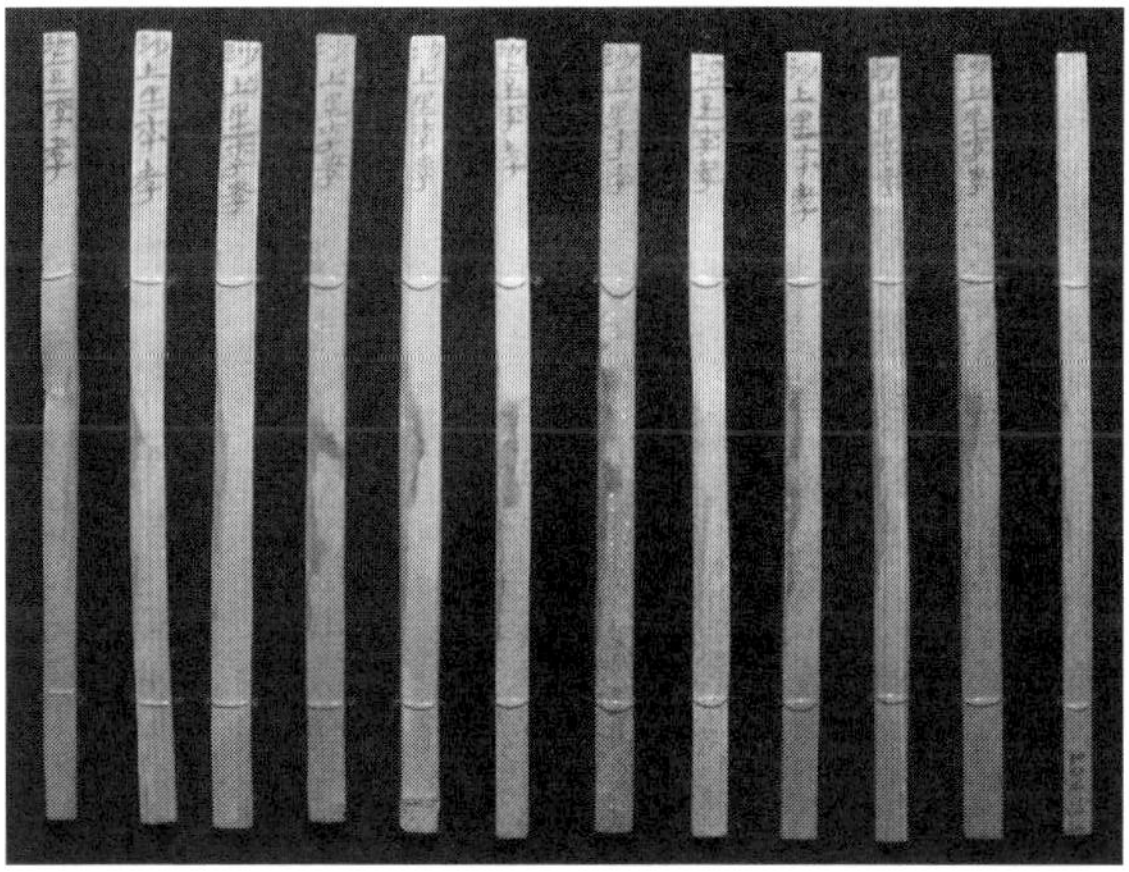

[図二八]
李孝名刺⑱：二〇一六年八月、著者撮影（甘粛省博物館）。

から出土したその名謁と名刺が、画一化の帰着を示していると言うこともできよう。しかしまたそれにとどまらず、名刺の新たな展開をも示しているようにみえるのである。

◈もうひとつの名刺と爵里刺

中国の『書法叢刊』は、二〇〇七年第二期で後漢から魏晋南北朝の書道史を特集したが、巻頭には「三国呉 朱然名刺」と題してその名刺七枚のカラー写真を掲載している。そのうち❶〜❺の五枚は、さきに分類したA型・B型・C型に属するもの、❻は一部が欠損して詳細不明、最後の❼は、木簡自体は完整なのだが、文字が釈読できない。しかしこの❼の写真［図二九］を注視すると、大ぶりな文字が簡の幅いっぱいに書かれているさきの五枚とは異なり、簡の上端から中央線上に小さな文字が書かれていたらしいことがわかる。くわえて二字目はかろうじて「節」のように見える。名謁にもあった朱然の官爵の一部「假節」ではないだろうか。文字は簡の下端まではないようである。このような不確かな簡を「もうひとつの名刺」として取り上げるのは、つぎのような名刺（木簡）が古墓から出土しているからである。

⑲折鋒校尉沛國竹邑東鄉安平里公乘薛秋年六十六字子春　（南京市白下区〇四NBDM一：五七）

⑳中郎豫章南昌都鄉吉陽里呉應年七十三字子遠　（南昌市東湖区晋墓M一：三七中の一）

㉑豫章郡海昏縣都鄕吉陽里騎都尉周渉年五十六字子常　（二〇〇七年、南昌市青雲譜区梅湖晋墓出土）

⑲の薛秋の名刺［図三〇］［図三一］は呉の時代、⑳の呉応［図三二］と㉑は晋代のものだが、様式は、官職＋本貫（郡県郷里）＋爵位（⑲の公乗）＋姓名＋年齢＋字で、基本的に全く同じである。このような名刺をD型と呼ぶことにしよう。⑲にある姓名の直上の爵位（公乗）が⑳と㉑にないのは、晋代には一般民を対象とした爵制が廃止されたからである。問題は年齢がいつの時点のものなのかということだが、それぞれ六六歳・七三歳・五六歳と比較的高齢なので、没年齢だったと考えるのが妥当であろう（藤井康隆「晋式帯金具の成立背景」）。郡県郷里で詳しく本貫が明記されているので、これを『釈名』が説く「爵里刺」（長刺）と解する先行研究もあるが、果たして名刺に実年齢が書かれることがあっただろうか。むしろ、これらは墓中にあって、墓誌の役割を果たしていたと考えられないだろうか。羅宗真・王志高両氏は、⑳について「墓誌銘に近く、特例と見るべき」

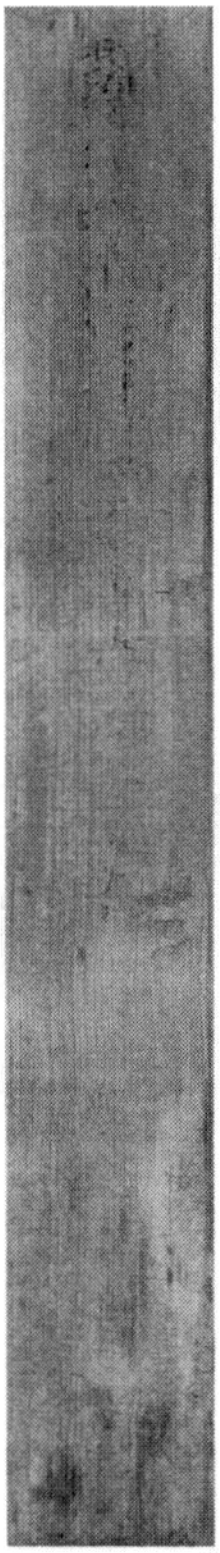

［図二九］
朱然名刺：『書法叢刊』二〇〇七年第二期、二頁❼。

としており（同『六朝文物』、二六〇頁）、私もこちらを支持したい（なお両氏は、⑩のような名刺を「爵里刺」としている）。

このようなD型の名刺は、魏晋時代の古墓からの出土例しか確認されていないが、そのルーツについてはどのように考えればよいのだろうか。この問題については馬怡氏の研究があり、居延から出土した前後漢交替期の左のような事例を爵里刺もしくはその抄本として紹介している（同「天長紀荘漢墓所見〝奉謁請病〟木牘」）。前一世紀中頃から後一世紀前半にかけてのものである。

㉒居延甲渠止害隧長居延收降里公乘孫勳年卅　甘露四年十一月辛未除（以下、黒塗）

（居延漢簡甲二四一二／一七三・二二）

㉓□□甲渠塞候長居延肩水里公乘竇何年卅五　始建國天鳳上戊五年正月丁丑除

（居延甲渠候官ＥＰＴ二二：四四〇）

㉔甲渠守候長居延鳴沙里公乘尚林年五十　建武六年正月壬子除

（居延甲渠候官ＥＰＴ六八：七七）

いずれも吏職名＋本貫（県・里）＋爵位＋姓名（諱）＋年齢＋年月日＋「除」字という様式である。これがD型の名刺のルーツと言うのである。たしかにここから後半部分の年月日と「除」字を削除して、その代わりに字《あざな》を加え、本貫を詳細に記せばD型の名刺にはなる。しかしこのうち㉒については、早くに永田英正氏が吏員の除任の記録としており（同「居延漢簡の集成 一」）、これは㉓や㉔も同じであろう。『釈名』には、爵里刺は郡県郷里で本貫を示すとあるので、県と里だけで本貫を示しているこの三枚を爵里刺に引きつけて解釈するのには無理があろう。ここでは、墓中に埋納するために作られたとおぼしきD型の名刺簡が、本貫の郡県郷里と爵を併記するという点において、『釈名』に記された爵里刺の様式と類似しているということだけ確認しておきたい。

［図三〇］
薛秋名刺⑲：南京市博物館「南京大光路孫呉薛秋墓発掘簡報」、表紙ウラ。

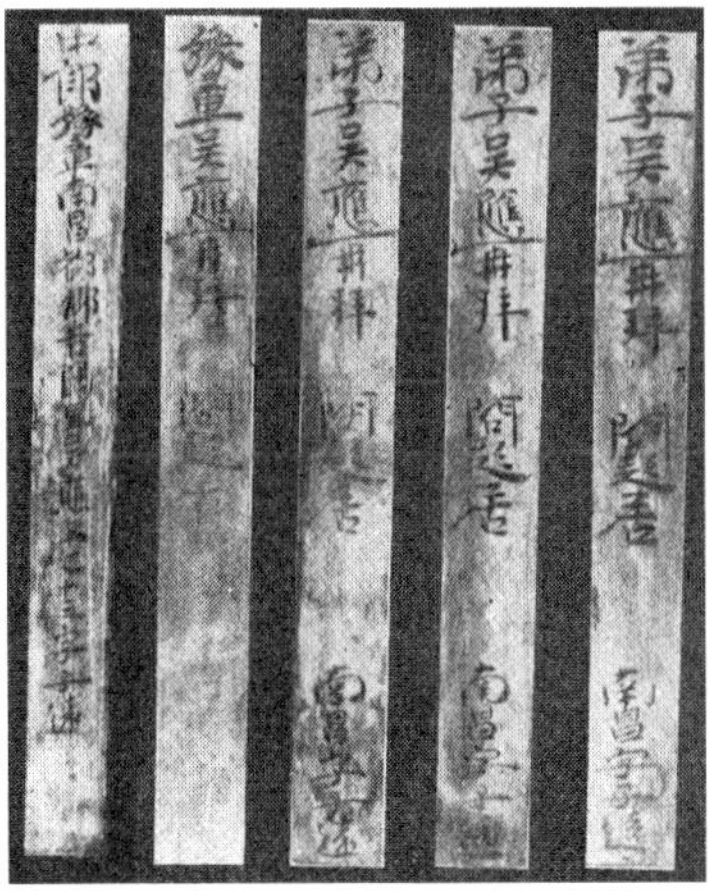

［図三二］
呉応名刺⑳（左端）／㉖（右端〜中央）：江西省博物館「江西南昌晋墓」、図版玖—2。

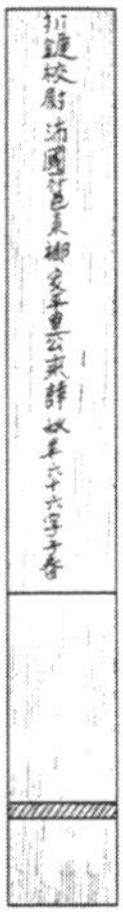

［図三一］
薛秋名刺（模本）：「南京大光路孫呉薛秋墓発掘簡報」、七頁図六—6。

なお付け加えておくと、薛秋墓からは⑲以外に四枚、また呉応墓からも⑳以外に四枚の名刺がそれぞれ出土しているが、薛秋の場合はうち二枚が、また呉応の場合は四枚全てが、朱然のA型かC型、もしくはその省略型であった（周渉墓からは㉑以外には一枚だけ）。これらは朱然の場合と同じように明器として埋納されたのだろうが、それとともに墓主を明示するために墓誌のようなD型の名刺が作製され、合わせて埋納されたと考えておきたい。今のところ、釈読が困難な朱然墓出土のものを含めても総数は少ないが、これは晋代以降、磚（石製のレンガ）や塼に刻書された墓誌が漸増していったからであろう。実際にD型の名刺と全く同じ様式や類似した様式の刻石も、高慶輝氏によって集成されている（同「漢晋時期的謁・刺研究」）。それは、③に象徴されるように、地上でも簡牘や帛が書写材料の位置を退きつつあったのと軌を一にした流れだったと私は考えている（関尾「簡帛と紙石の世紀」）。

◈墓中の名謁と名刺

以上、朱然墓から出土した名謁と名刺をいとぐちにして、漢代から魏晋時代の名謁と名刺について検討してきた。このうち名謁は、朱然墓からは三枚出土しているが、魏晋時代の古墓からの出土例はこれだけである。古墓からの出土枚数では、名刺が名謁を圧倒している。それはおそらく、名謁が特定の受信者と用件をともなうものであって、本来的に明器にはなじまない性格だったからであろう。それ対し、名刺であれば現世になぞらえて構想されていた死後の世界でも、不特定多数の人びとに渡すことが可能であると思われたのだろう。名刺が明器として多くの墓中に埋納されたのは、その汎用性のゆえだったのである。もっとも死後の世界で実際に用いられるわけではないだろうことも確かで、そのために極端な省略型も少なくない。たとえば⑲の薛秋の名刺にもつぎのようなものもある。

㉕字子春　（南京市白下区〇四NBDM一：四五）

写真が公開されていないので、書写された位置がわからないのだが、字《あざな》を書いただけのものである。

ところで、墓に明器として埋納された名刺のなかには、朱然のA型のように「弟子」の二字から始まるものが少なくない。呉応の墓からも、㉖のような名刺が三枚も出土した。

㉖弟子呉應再拜　問起居　南昌字子遠　（⑳に同じ）

下段の字の上に本貫の県名が冠せられているが、A型に属するものである。しかしこのほかにも、魏晋時代の墓から出土した名刺には、「弟子」に代わって、「童子」［図三三］や「道士」といった語が冠されたものが各一例ずつある。

㉗童子史綽再拜　問起居　廣陵高郵字澆瑜　（鄂州市鄂城区水Ｍ一出土）
㉘道士鄭丑再拜　〼　（武漢市武昌区任家湾孫呉墓出土）

このうち㉘の「道士」という語句にはたしかに道教の影響が認められる。この名刺の宛先は「地下主者」や「地下吏」だったする見方もある（王育成「考古所見道教簡牘考述」）。さらにそればかりか、「童子」と「弟子」も、道教の経典に見えることから、これらにも道教の影響を認め、「弟子」は道教の在俗の信徒を意味するという考えがある（張勲燎他『中国道教考古』柒「呉晋南朝買地券・名刺和衣物疏的道教考古研究」／白彬「南方地区呉晋墓葬出土木方研究」）。この考えにしたがえば、かの朱然も道教の信徒だったということになる。孫権が道教に帰依していたのだから、その重臣の朱然が道教の信徒だったとしても驚くにはあたらないとまで言う（王「考古所見道教簡牘考述」）。はたしてそうだろうか。私はそうは思わない。もし墓中に埋納された明器の名刺にある「弟子」という語句に道教の影響を認めるとすれば、実際に用いられた⑦以下の名刺に見えている「弟子」はどう解釈すればよいのだろうか。②・③も同じである。まさかこの「弟子」も道教の影響を受けているとでも言うのだろうか。官員や吏員の間で、また一般民もやり取りに加わった名刺にあって、それはおよそ考えられないところである。実用された名刺の「弟子」は遜志を示し、明器の名刺の「弟子」は道教の信徒を意味する、つまり「弟子」には二つの意味があったというのも、両者の様式の共通性からして考えにくい。とすれば、明器の名刺に見える「弟子」も、道教信仰とは無縁だったということになろう。これが私の考えである（関尾「〝名刺簡〟三論」）。ただ㉘のように、道教の信徒であることを予測させる明器の名刺があることまでは否定できないだろう。今後に残された問題である。

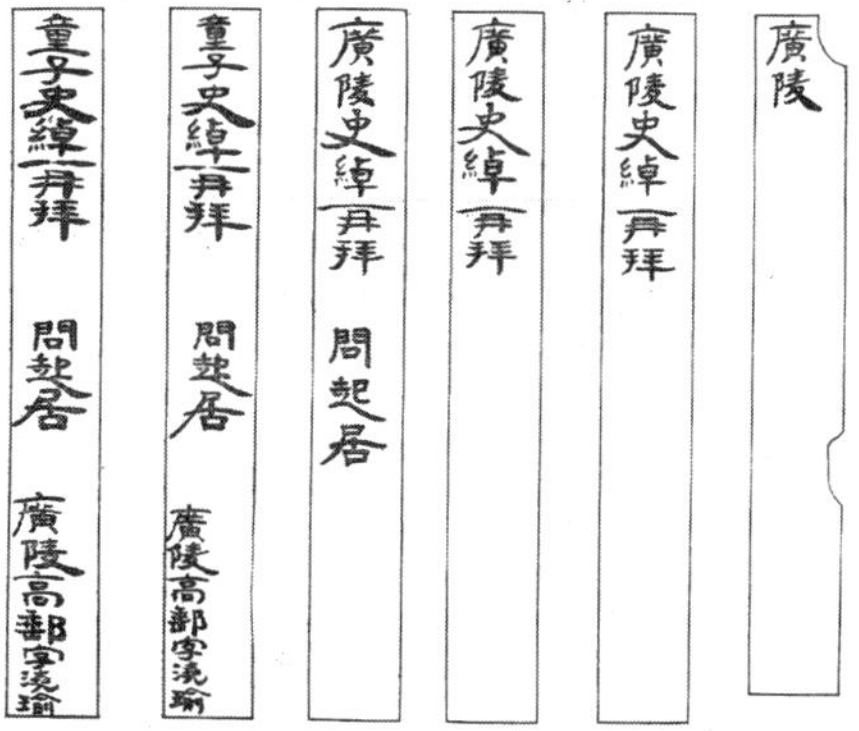

［図三三］史綽名刺模本㉗（左側の二枚）：鄂城県博物館「湖北鄂城四座呉墓発掘報告」、二六七頁図13。

おわりに

本章では、呉の重臣である朱然の墓から出土した名謁や名刺など簡牘を中心に、漆器についても紹介してきた。少なくとも魏晋時代にあっては、名謁と名刺が全くべつのものであったことが、これにより証明されたのである。それだけでも大きな意味があるのだが、名刺については、『釈名』に記された画刺の各種（A〜C型）だけではなく、爵里刺の様式と共通点を有する、墓誌のような名刺（D型）もその墓には埋納されていた可能性が高いのである。やがて盛行することになる墓誌の起源を探る上でも、貴重な事例と言えよう。

ところで朱氏の本貫は、朱然の名刺にもあったように、丹楊郡故鄣県である。先にもふれたように、これは現在の浙江省湖州市呉興区にあたる。私は未見だが、『安吉県志』も、朱然・施績父子の墓の所在を県内の宝福郷黄墓山としているという（簡報B）。それに対して、朱然墓が見つかった馬鞍山市一帯は同じ丹楊郡ではあるが、当時は丹楊県の域内だったと考えられる。では、なぜ本貫に帰葬されずに、この地に一族の墓域が設けられたのであろうか。『発掘与研究』に収録されている多くの発掘簡報から、馬鞍山市（雨山区・花山区・博望区）とその南の当涂県の域内には、孫呉に始まる六朝時代の古墓群・古墓が随所に点在していることがわかる。王志高氏は、長江流域で、六朝時代の古墓が数多く立地している場所として南京・鎮江・鄂州とこの馬鞍山の四か所を上げ、とくに馬鞍山には孫呉時代の大型墓（朱然墓やＭ一を含む）が多い理由として、孫策と孫休の陵墓が長江沿岸の牛渚に営まれたからではないかという仮説を提起している（同「序二」）。

件の墓（八七ＭＳＹＭ一）は、朱然墓の西方約二キロ、長江右岸にそびえる翠螺《すいら》山の東北約一キロの地点に位置する大型墓である。所在地の村名から宋山墓と呼ばれているが、前後二室に加え、前室の左右に側室を配した複雑な基本構造で、横長の前室は、幅五・七メートル、奥行き

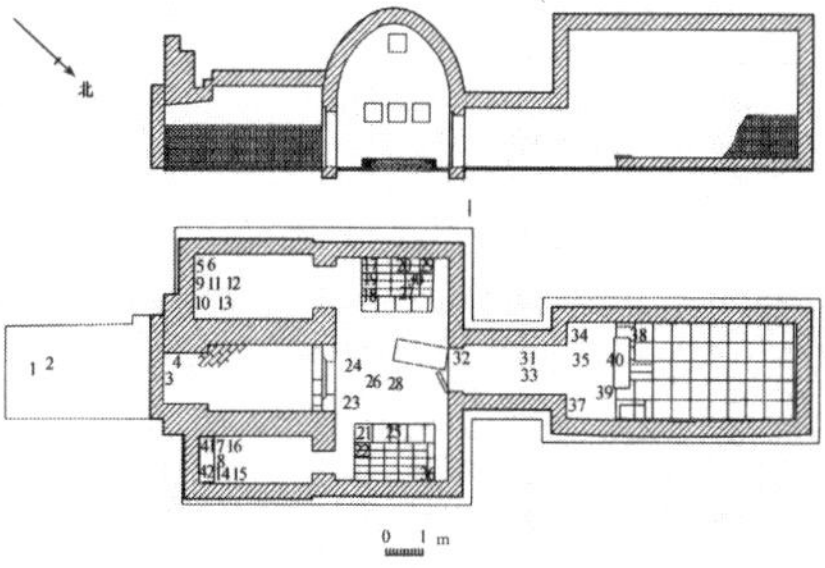

〔図三四〕
宋山墓の断面図・平面図：『発掘与研究』、六〇頁図２。

三・一二メートル、高さ四・四八メートル、後室は長さ六・二七メートル、横二・五二〜二・六一メートル、高さ三・六五メートルであり、数値はどこをとっても朱然墓よりも大きい［図三四］。盗掘を受けており、めぼしい文物は見つかっていないが、孫呉時代の墓であることはまちがいなく、地方志の記述などから、孫呉の第三代皇帝である景帝孫休（在位は二五八〜二六四年）の墓と推定されている（馬鞍山市文物管理所他「馬鞍山宋山東呉墓発掘簡報」／栗中斌『馬鞍山六朝墓葬研究』第二章「馬鞍山地区六朝墓葬」）。皇帝陵としてはやや貧弱で格式も劣るように思えるので、にわかには賛同しがたいし、孫休の没年は朱然より遅れること一五年なので、朱然の墓がこの地に営まれた積極的な根拠にはならない。ただ孫権の兄孫策の陵墓もこれに先んじて付近に営まれたのであれば、孫呉政権成立後間もない時期から、その周辺に上層の官員たちの墓域が設定されていたという可能性は考えられるかもしれない。ここでもまた、残された課題は小さくないようだ。

【参考文献】

［日本語］（五十音順）

越智重明「日・中の散楽――新猿楽記の出現をめぐって――」同『日中芸能史研究』中国書店、二〇〇一年（一九九二年初出）。

貝塚茂樹「人間関係のはじまり――名刺交換の儀礼」同『貝塚茂樹著作集』第9巻（中国思想と日本）、中央公論社、一九七六年（一九七一年初出）。

柿沼陽平『劉備と諸葛亮　カネ勘定の『三国志』』文藝春秋・文春新書、二〇一八年。

岸本美緒「名刺の効用――明清時代における士大夫の交際」同『風俗と時代観――明清史論集1』研文出版・研文選書、二〇一二年（一九九七年初出）。

金文京『中国の歴史04 三国志の世界　後漢三国時代』講談社、二〇〇五年。

胡継高・黄文昆「三国時代の漆画　その画法の特色と後世への影響」『人民中国』第四三二号、一九八六年。

佐藤武敏「中国古代の漆器工業」同『中国古代工業史の研究』吉川弘文館、一九六二年（一九五八年初出）。

史和平撮影「三国時代の漆絵芸術」『人民中国』第四三二号、一九八六年。

下倉　渉「刺謁・振贍・潔祀―『四民月令』に描かれた人と人との結びつき―」『歴史と文化』第四五号、二〇一〇年。https://tohoku-gakuin.repo.nii.ac.jp/bk2010no04_08%EF%BC%88%E4%B8%8B%E5%80%89%E6%B8%89%EF%BC%89.pdf（二〇一九年一月時点）

角谷常子「漢・魏晋時代の謁と刺」藤田勝久・松原弘宣編『東アジア出土資料と情報伝達』汲古書院、二〇一一年。

関尾史郎「魏晋「名刺簡」ノート―長沙呉簡研究のために―」『新潟史学』第六〇号、二〇〇八年。

――――「魏晋名刺簡・補遺」、https://sekio516.exblog.jp/9316793/（二〇〇八年一二月三一日）

――――「南京出土の名刺簡について―「魏晋「名刺簡」ノート」補遺―」『資料学研究』第七号、二〇一〇年。

――――『もうひとつの敦煌―鎮墓瓶と画像磚の世界―』高志書院・新大人文選書、二〇一一年。

――――「簡帛と紙石の世紀」『歴史学研究』第九六四号、二〇一七年。

髙村武幸「漢代地方官吏の社会と生活」、同『漢代の地方官吏と地域社会』汲古書院・汲古叢書、二〇〇八年。

丁邦鈞「よみがえる『三国志』の世界　発見された呉の名将・朱然の墓」前掲『人民中国』第四三二号。

中村圭爾「南京附近出土六朝墓に関する二三の問題」同『六朝江南地域史研究』汲古書院・汲古叢書、二〇〇六年（一九八二年初出）。

永田英正「居延漢簡の集成 一」同『居延漢簡の研究』同朋舎出版・東洋史研究叢刊、一九八九年（一九七四年初出）。

林巳奈夫編『漢代の文物』京都大学人文科学研究所、一九七六年（**漢代の文物**）。

藤井康隆「晋式帯金具の成立背景」同『中国江南六朝の考古学研究』六一書房、二〇一四年（二〇一三年初出）。

羅宗真／中村圭爾・室山留美子訳『古代江南の考古学　倭の五王時代の江南世界』白帝社・アジア史選書、二〇〇五年。

渡部　武訳注／崔　寔著『四民月令―漢代の歳時と農事―』平凡社・東洋文庫、一九八七年。

【中国語】（画数順）

王志高「序二」後掲『発掘与研究』。

王　俊「談朱然家族墓」『安徽史学』一九九九年第四期。

王　俊主編『馬鞍山六朝墓葬発掘与研究』科学出版社、二〇〇八年（**発掘与研究**）。

王育成「考古所見道教簡牘考述」『考古学報』二〇〇三年第四期。

白　彬「南方地区呉晋墓葬出土木方研究」『華夏考古』二〇一〇年第二期。

任漢倫「三国東呉朱然墓宮闈宴楽図漆案的図像与効能探究」『社会科学論壇』二〇一七年第一〇期。

安徽省文物考古研究所・馬鞍山市文化局「安徽馬鞍山東呉朱然墓発掘簡報」前掲『発掘与研究』（**簡報A**、一九八六年初出）。

江西省博物館「江西南昌晋墓」『考古』一九七四年第六期。

邵韵霏「双重視角下的複合意涵――朱然墓宮闈宴楽図漆案研究」巫鴻・朱青生・鄭岩主編『古代墓葬美術研究』第二輯、湖南美術出版社、二〇一三年。

斉　鳳「浅談朱然墓出土的漆木器」前掲『発掘与研究』。

栗中斌『馬鞍山六朝墓葬研究』黄山書社・馬鞍山地情叢書、二〇一一年。

馬　怡「天長紀荘漢墓所見〝奉謁請病〟木牘――兼談簡牘時代的謁与刺」卜憲群・楊振紅主編『簡帛研究』二〇〇九、広西師範大学出版社、二〇一一年。

馬鞍山市文物管理所「安徽省馬鞍山市朱然家族墓発掘簡報」前掲『発掘与研究』（**簡報B**、二〇〇七年初出）。

馬鞍山市文物管理所・安徽省考古研究所「馬鞍山宋山東呉墓発掘簡報」前掲『発掘与研究』（二〇〇七年初出）。

馬鞍山市文物管理所・馬鞍山市博物館編『馬鞍山文物聚珍』文物出版社、二〇〇六年（**文物聚珍**）。

高慶輝「漢晋時期的謁・刺研究」南京師範大学二〇一五年度碩士論文、二〇一六年。

張勳燎・白　彬『中国道教考古』第三冊、線装書房、二〇〇六年、柒「呉晋南朝買地券・名刺和衣物疏的道教考古研究」の第5章「名刺」。

楊　泓「三国考古的新発現――読朱然墓簡報札記」『文物』一九八六年第三期。

賈維勇・胡舜慶・王志高「読南京新近出土的孫呉簡牘書法札記」『書法叢刊』二〇〇五年第三期。

関尾史郎「〝名刺簡〟三論」長沙簡牘博物館・北京大学中国古代史研究中心・北京呉簡研討班編『呉簡研究』第三輯、中華書局、二〇一一年。　http://mp.weixin.qq.com/s/hd0h5cXlK86dq_3m_a_hKA（二〇一九年一月時点）

劉桂秋「古代的「名帖」」『文史知識』一九八三年第一二期。

龍臻偉「長沙走馬楼三国呉簡名刺性質初探」中国文化遺産研究院編『出土文献研究』第九輯、中華書局、二〇一〇年。

羅宗真・王志高『六朝文物』南京出版社・六朝文化叢書、二〇〇四年。

【図表出典の書誌データ】（**掲載順。参考文献は除く**）

河南省文物研究所編『密県打虎亭漢墓』文物出版社、一九九三年。

長沙市文物考古研究所・中国文物研究所編『長沙東牌楼東漢簡牘』文物出版社、二〇〇六年。

侯　燦・楊代欣編『楼蘭漢文簡紙文書集成』（全三冊）、天地出版社、一九九九年。

安徽省文物考古研究所・馬鞍山市文化局「安徽馬鞍山東呉朱然墓発掘簡報」『文物』一九八六年第三期。
連雲港市博物館・東海県博物館・中国社会科学院簡帛研究中心・中国文物研究所編『尹湾漢墓簡牘』中華書局、一九九七年。
長沙市文物考古研究所・中国文物研究所・北京大学歴史学系走馬楼簡牘整理組編『長沙走馬楼三国呉簡・嘉禾吏民田家莂』（全二冊）、文物出版社、一九九九年。
長沙簡牘博物館・中国文化遺産研究院・北京大学歴史学系・故宮研究院古文献研究所走馬楼簡牘整理組編『長沙走馬楼三国呉簡・竹簡［柒］』（全三冊）、文物出版社、二〇一三年。
『書法叢刊』二〇〇五年第三期。
甘粛省文物考古研究所・甘粛省博物館・中国文物研究所・中国社会科学院歴史研究所編『居延新簡　甲渠候官』（全二冊）、中華書局、一九九四年。
甘粛省文物考古研究所編『敦煌漢簡』（全二冊）、中華書局、一九九一年。
『書法叢刊』二〇〇七年第二期。
南京市博物館「南京大光路孫呉薛秋墓発掘簡報」『文物』二〇〇八年第三期。
鄂城県博物館「湖北鄂城四座呉墓発掘報告」『考古』一九八二年第三期。

第四章

呉の地方行政と地域社会——長沙走馬楼呉簡

はじめに

湖南省の省都、長沙市の中心部芙容区にある走馬楼街のビル建設現場で多数の井戸が見つかり、そのうちの一つ（九六ＣＷＺＪ二二。以下、Ｊ二二）から、呉の時代の簡牘が大量に発見されたのは、一九九六年一〇月のことであった。長沙走馬楼呉簡（走馬楼呉簡）である。私がそれを初めて知ったのは、その年の暮れの小さな新聞記事であったが、早速「漢魏石刻の会」の仲間だった石井仁氏に電話を入れた記憶がある。そのうち、少しずつ情報が伝えられたが、三年後の一九九九年にようやく発掘簡報である長沙市文物工作隊他「長沙走馬楼Ｊ22発掘簡報」（以下、「発掘簡報」）が『文物』に掲載され、さらにその年内のうちに、最初の大型図録本、長沙市文物考古研究所他編『長沙走馬楼三国呉簡・嘉禾吏民田家莂』（全二冊）が刊行された（「発掘簡報」もここに再録されているが、この大型図録本のシリーズは、二〇一九年の春現在、まだ完結していない）。当時建設中だったビルは、滋賀県に本社があるスーパー、平和堂の湖南本店で、一九九八年の開店後しばらくは、出土簡牘の複製が店内に展示されていたほか、地下のＪ二二も見学することができた。

当時、新疆ウイグル（維吾爾）自治区の吐魯番（トゥルファン）市で出土した麴氏高昌国時代（五〇一～六四〇年）の條記文書や唐西州時代（六四〇年～）の領抄文書など、納税を証明する文書群の研究に従事していた私は、少しずつ提供される走馬楼呉簡に関する情報が気になり始めていた。走馬楼呉簡のなかにも、大木簡の吏民田家莂や竹簡の倉庫莂などのように、トゥルファン出土の納税証

［図一］
長沙簡牘博物館：二〇一四年八月、著者撮影。

明文書とよく似た簡牘が多数含まれていたからである（関尾『西域文書からみた中国史』）。その後の研究の進展により、吏民田家莂も倉庫莂も、県の吏員が勘会（複数の文書や簿籍を照合して、データが正確に記録されていることを確認すること、その業務）に用いるために作成された可能性が高いことがわかり、結果的に私の予測は見事に外れてしまったのだが、出土から二〇年を過ぎた今でも走馬楼呉簡とのつき合いは続いている。走馬楼呉簡を所蔵・展示している長沙簡牘博物館［図二］も何度訪れたことか。それは、走馬楼呉簡が他に例を見ない膨大でかつ貴重な史料群であるからにほかならない。

大木簡である吏民田家莂をはじめとする一部の木牘や木簡を除くと、走馬楼呉簡のほとんどは竹簡で、そのまた多くを倉庫莂と名籍である吏民簿が占めている。そこにこの史料群の大きな特色があるのだが、本章では、呉の地方行政とそのもとにあった地域社会について、この走馬楼呉簡から考えてみたい。

一――後漢末の長沙郡

長江に注ぐ大河湘江に面した長沙市は、秦代に長沙郡とその首県である湘県(後、臨湘県に改名)が置かれて以来、一貫して湘江流域最大の都市として繁栄を続けて現在に至っている。ここではまず、王素「漢末呉初長沙郡紀年」や長沙簡牘博物館編『嘉禾一井伝天下』(以下、『嘉禾一井』)第一章「発現篇」なども参照しながら、後漢末の長沙郡について概述しておこう。

後漢時代、長沙郡は周辺の諸郡とともに、荊州の管轄下にあった。一九〇(初平元)年以来、刺史(後に牧)としてその荊州を治めていたのが劉表である(そもそも劉表が荊州刺史に任じられることになったのは、前任者の王叡が孫権の父で当時長沙太守だった孫堅に殺されたためである)。しかし、二〇八(建安一三)年の「赤壁の戦い」で、劉備と孫権の連合軍が南下してきた曹操を打ち破った結果、劉表を継いだ次子の劉琮が曹操とともに北帰してしまい、権力の空白が生じることになる。荊州の管轄範囲は南北に長く、中央を長江が西から東に向けて流れており、当時はその南側(江南)に長沙をはじめ、武陵・零陵・桂陽の四つの郡が、長江の本流域に南郡と江夏の両郡が、そして北側(江北)に南陽と章陵の両郡が、それぞれ位置していた。

そのようななかで、劉備が劉表の長子である劉琦を荊州牧に推すと、江南の四郡は風になびくように劉備に降ってきた。そこで劉備は諸葛亮を軍師中郎将に任じて、長沙・零陵・桂陽の三郡からの税収を確保させた［図二］。劉琦が病死すると、劉備が推されて荊州牧の地位を襲うが、この動きに脅威を感じた孫権は、劉備に対して荊州の西隣にある益州への進出を勧める。しかし劉備は直ちには動かず、ようやく二一三（建安一八）年、荊州を関羽に任せて、益州に軍を向け、翌年には益州牧の劉璋を降して益州を手中におさめた。劉備は関羽を董督荊州事に任じ、引き続き荊州の軍事を委ねることにしたが、これをみた孫権は、劉備に荊州を返すように要求してくる。それに対して劉備は、益州の北方に位置する涼州を得たら荊州を返すと答えて孫権を怒らせてしまう。そこで、孫権は呂蒙をして長沙・零陵・桂陽の三郡を攻撃させたが、劉備も早速、関羽を長沙郡に向かわせ、自身も長江を下った。しかし同じ二一五（建安二〇）年、益州北端の漢中郡が曹操に制圧されてしまったので、劉備は孫権と結ばざるをえず、ここに荊州は二分されることになった。すなわち南郡・零陵・武陵の西部三郡は劉備が保有し、江夏・長沙・桂陽の東部三郡は孫権による領有を容認したのである。こうして長沙郡とその周辺地域は、これ以降、孫権の勢力範囲に組み込まれることになった。

この荊州の東西分割から四年、荊州のうち曹操の勢力圏だった江北地域をうかがう関羽に手を焼いた曹操は秘かに孫権と結び、関羽の排除に乗り出した。その作戦が奏功して関羽は孫権の捕虜となり、殺害された。二一九（建安二四）年暮のことである。この時、関羽を捕らえたのは前章でふれた朱然であり、その功績によって昭武将軍・西安郷侯に任じられた。そしてこれにより、荊州はほぼ全域が孫権の手に帰することになるが、劉備はその後も荊州の奪回と関羽の報仇を諦めることはなく、二二一(蜀章武元)年に大軍を率いて東に向かう。しかしながら、翌年にかけての「夷陵の戦い」で陸遜率いる呉軍の返り討ちにあい、荊州の奪回はならず、駐留していた白帝城で失意のうちに六三年の生涯を終えることになるのは周知の通りである。

ところで、「赤壁の戦い」直後、江南の長沙・零陵・桂陽三郡の支配を託されたのは、軍師中郎将に任じられた諸葛亮だった。彼は、「赤壁の戦い」の前年、劉備に対して、

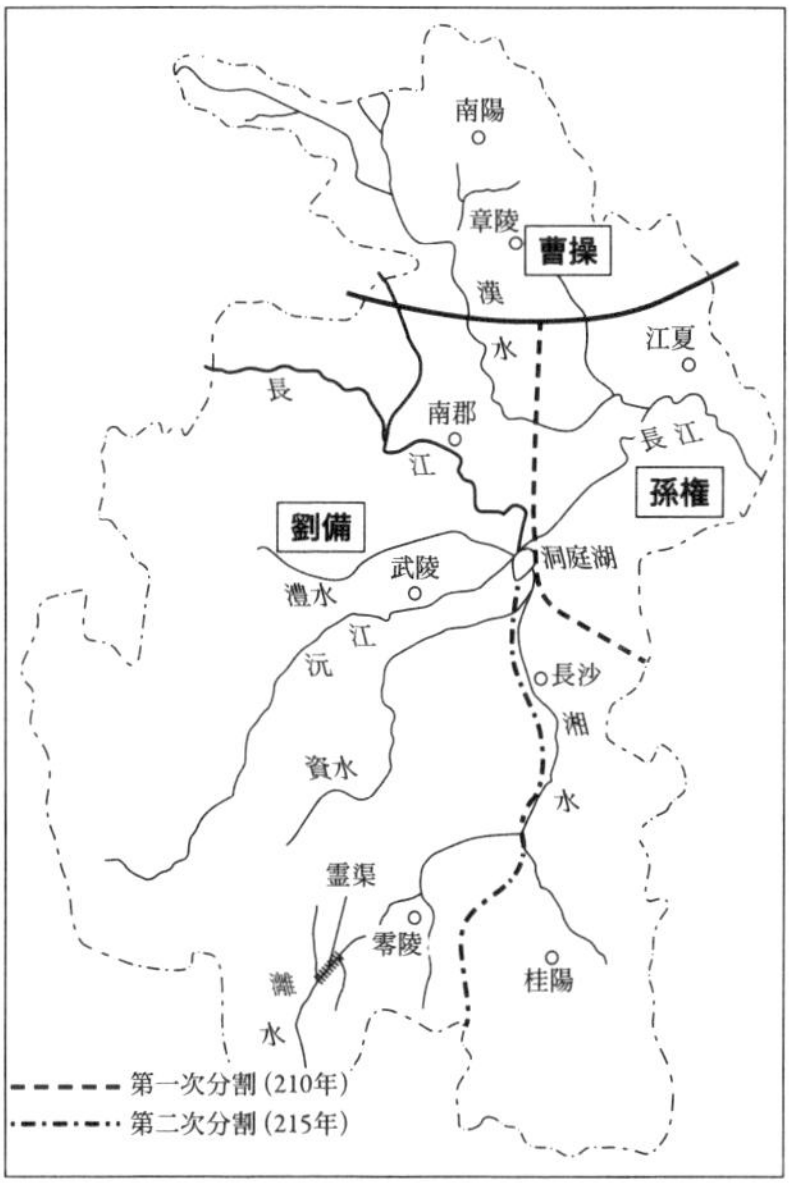

〔図二〕荊州分割：金文京『中国の歴史04三国志の世界』、九八頁図を基に著者作成。

荊州は、北から漢水や沔水（が流れ込み、南は）南海郡まで到達できるという地の利があり、東は呉郡や会稽郡に連なり、西は巴郡や蜀郡に通じています。ですから、まさに武力を輝かすには恰好のロケーションなのですが、今ここを治めている劉表殿は、その地を手中にしっかりと保持することができません。これは将軍殿にとって天が与えた好機です。将軍殿におかれましては、何かお考えがございませんか（荊州北拠漢・沔、利尽南海、東連呉・会、西通巴・蜀、此用武之国、而其主不能守、此殆天所以資将軍、将軍豈有意乎）。

と述べている（巻三五諸葛亮伝）。いわゆる「天下三分の計」を説いたとされる「隆中対（草廬対）」の一節だが、荊州が東西南北いずれにも通じる交通の要衝であることを力説しているのである。諸葛亮が託された長沙以下の三郡は湘江流域を管轄下に含んでいるが、この湘江はさかのぼると、その源流近くで霊渠によって灕江に通じている。この灕江こそは、南海郡の首県である番禺県（広東省広州市）近くで南シナ海（南中国海）に注ぐ珠江の支流なのである。秦代に開削された霊渠は最近まで水運に用いられていたようで（藤田勝久「霊渠と相思埭」）、湘江とその流域を掌握することは、諸葛亮の「統一戦略」にとって欠くべからざるピースだったと考えられる。この当時、南海郡をはじめとする交州は、交阯太守士燮に率いられた在地豪族である士氏一族の勢力下にあった（後藤均平「士燮」／川手翔生「嶺南士氏の勢力形成をめぐって」）。彼らは中原の混乱を尻目に南海貿易の利益を独占して、実質的に自立した権力を構築していた。それをみた劉表も交州への進出を図ったが、この動きに反撥した士燮は曹操と結び、さらにこの後、孫権に帰属することになる。諸葛亮がこのような劉表の失策を知らなかったとは考えられず、彼が最初に長沙・零陵・桂陽の三郡の支配を託されたのも、劉備が荊州の奪回に執念を燃やしたのも、全てはその「統一戦略」が原因だったと考えるのは穿ち過ぎだろうか。

ここではもう一点、付け加えておきたい。非漢族である「蛮」についてである。

湘江と、湘江と同じように洞庭湖に流れ込んでいる澧水・沅江・資水などの流域は、現在でも土家族《トウチャ》・苗族《ミャオ》・侗族《トン》・瑶族《ヤオ》などの少数民族が多数居住している地域だが、当時から「蛮」と呼ばれる非漢族が先住している地域であった（後述するように、走馬楼呉簡にも、蛮姓の吏員や民戸が頻出する）。彼らは居住している郡名を冠され、南郡蛮・武陵蛮・長沙蛮・零陵蛮・江夏蛮などの名称で史書に登場する。それぞれが独立した勢力で社会的な統合や勢力間の連合は進んでいなかった。だが彼らのなかでもとくに武陵蛮は後漢時代を通じてしばしば反乱を起こしており（谷口房男「後漢時代の武陵蛮」）、こういった蛮への対処方法は、統治の実効性にも大きな影響を及ぼすことになる。「夷陵の戦い」に際し、劉備は侍中の馬良を「五渓蛮夷」（「五渓」とは武陵郡を貫流する沅江の上流域のこと）のもとに派遣してこれを慰撫するとともに、蜀軍に呼応するように仕向けている。いっぽうの陸遜も対関羽戦に勝利した際には、降伏してきた「蛮夷君長」に金印をはじめとする各種の印を授けて懐柔につとめている。劉備と孫権、蜀と呉の荊州争奪戦は、先住民である蛮をめぐる争いでもあったのだが、呉が荊州を占有してからも、蛮との抗争は終わらず、二三一（黄龍三）年の春に始まった太常潘濬による「武陵蛮夷」征討が決着をみるのは、三年後の二三四（嘉禾三）年の冬に入ってからであった（谷口房男「三国時代の武陵蛮」）。後述するように、走馬楼呉簡は、この時期の簡牘が多数を占めていた点に留意しておく必要がある。

二――走馬楼呉簡とは

長沙駅からまっすぐ西に伸びる五一路と、これと直角に交わる黄興路の交差点の一角に、友好関係にある滋賀県の平和堂を招致したのは、都市再開発の目玉事業だったようだが、その後、走馬楼街に隣接する区画にも再開発事業が及ぶと、同じような井戸が多数見つかり、その中から前漢や後漢の簡牘が続出することになった。一九九七年の科文大廈(九如斎)出土漢簡(後漢、一〇〇枚余)しかり、二〇〇三年の湖南省供銷社出土漢簡(前漢、二千枚余)しかり、そして二〇〇四年の東牌楼漢簡(後漢、二〇五枚)、二〇一〇年の五一広場漢簡(後漢、七千~一万枚程度)、二〇一一年の尚徳街漢簡(後漢、一七一枚)と続く(長沙簡牘博物館編『湘水流過』/西川利文「湖南・長沙市五一広場周辺出土の簡牘」)[図三]。再開発の波が市街地全域に及んだ現在では、湘江に面した天心区の潮宗街でも井戸から趙宋時代の木牌が出土している(長沙市文物考古研究所「長沙潮宗街工地考古発掘情況簡報」)。しかし出土した簡牘の枚数では、当初、一〇万枚前後と言われた走馬楼呉簡が群を抜いている。以下、「発掘簡報」や『嘉禾一井』第一章などによりながら、この史料群の概要について説明しておこう。

平和堂湖南本店の建設工事にともなう発掘調査が始められたのは一九九六年の七月で、その結果、合計五七の井戸が見つかった[図四][図五]。時代ごとの内訳は戦国時代五、漢代二六、魏晋時代六(J二三はそのうちの一つ)、唐宋時代三、明清時代一二、時代未詳三、そして破壊されて発掘の対象外になったもの二となる。時代的には漢~魏晋時代のものが過半を占めるが、明清時代までほぼ全時代を通じてこの一画には井戸が開削されていたことになる(明代、走馬楼街には王府が置かれていたということなので、明清時代の井戸はこの王府のものだったと考えられる)。J二二は当初、重機により口縁部が破壊され、一部の簡牘は土砂とともに破棄されていた(のちに回収された。これが採集簡である)。残った部分は、井口の直径が三・二~三・一メートル、深さが五・六メートルで、中の堆積物は四層に分けられる[図六][図七]。上部の第一層は黄褐色の泥土層で、簡牘はつぎの第二層に集中しており、この層は簡牘層とも呼ばれている。ただし層の厚さは一〇~五六センチと一定しておらず、巻き込まれた簡牘が複雑に積み重ねられていた。第三層は灰褐色土層で、建材用の磚や瓦の残片、陶磁器やその残片、銅や鉄の器物などが埋納されていたが、この層にも一部簡牘が含まれていた。第二・第三層から出土した簡牘(発掘簡または出土簡)は、井戸中の位置を詳細に記録され、編綴されていた当時と同じように巻き込まれていた出土時の状況が、大型図録本にも「簡牘掲剥位置示意図」として示されている[図八]。最下層の第四層には、黄褐色の泥土に囲まれた方形の木製井戸枠が残っていた。

走馬楼呉簡に見えている紀年は、建安二五(二二〇)年から嘉禾六(二三七)年までの約二〇年の間に集中しており(このほか、一枚だけ中平二(一八五)年簡がある)、呉(二二二~二八〇年)の前期に相当する。言うまでもなく、建安は後漢・献帝の元号(一九六~二二〇年)で、二二〇年一〇月に成立し

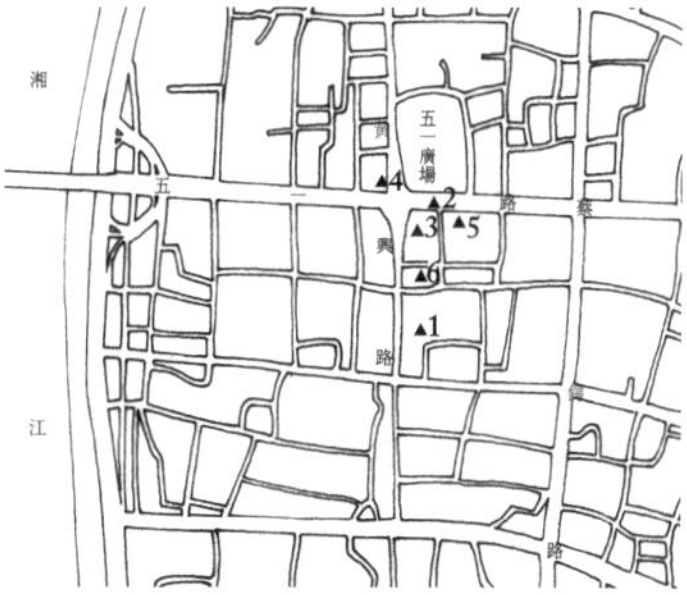

［図三］
長沙市内簡牘出土地点：長沙市文物考古研究所編『長沙尚徳街東漢簡牘』、5頁図一。

［図四］走馬楼街発掘現場：長沙市文物考古研究所他編『長沙走馬楼三国呉簡・嘉禾吏民田家莂』上冊、黒白図版一—1。

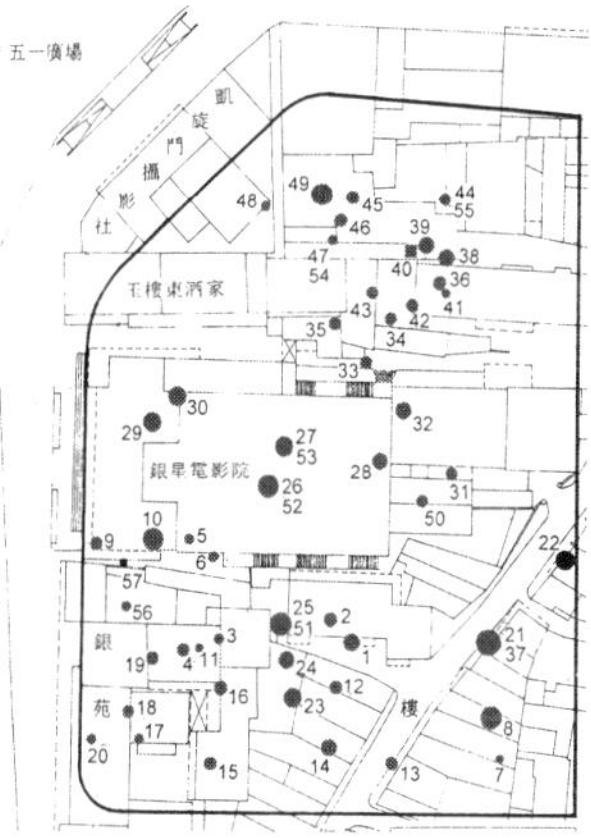

［図五］J二二位置図：『長沙走馬楼三国呉簡・嘉禾吏民田家莂』上冊、五頁図二。

た魏は後漢最後の元号である延康（二二〇年三月～一〇月）を廃して、独自の元号黄初を制定するが、孫呉のもとでは延康や黄初といった元号が奉用された形跡はなく、孫権が二二二年一〇月に独自の元号黄武を使用するまでは、引き続き後漢の建安（二二二年は建安二七年）が用いられていたことが明らかになっている。

また簡牘の形状・材質は、大木簡・木簡・竹簡・木牘・竹牘・封検（文字が書かれた簡牘をはさみ込み、表面に宛名や表題を書いて紐をかけ、開封されないように封泥を入れる凹部をもつ木製品）・籤牌《せんぱい》（付札や荷札など、簡牘を含む器物に結びつけるための紐を通す穴や側面に切れ込みを有する小型の木製品）などじつに多様で、木は杉の一種のコウヨウザン（広葉杉、椵）、竹は孟宗竹である。このうち多くの簡牘には、上下二箇所で編綴されていた痕跡が認められる。また簡牘の内容を中心にして、「発掘簡報」は以下のような分類を試みている。

ⓐ　賦税に関わる簡牘
吏民田家莂大木簡／賦税類竹簡（戸税に関するやや幅広の竹簡と算賦に関する通常の竹簡の二種）／籤牌／木牘

ⓑ　戸口の簿籍に関わる簡牘
木牘／竹簡／籤牌

ⓒ　ⓐ・ⓑ以外の内容をもつ公文書簡牘

〔図六〕
J二二発掘現場：
『長沙走馬楼三国呉簡・嘉禾吏民田家莂』上冊、彩色図版二―2。

〔図七〕
J二二平面図・断面図：
『長沙走馬楼三国呉簡・嘉禾吏民田家莂』上冊、八頁図四。

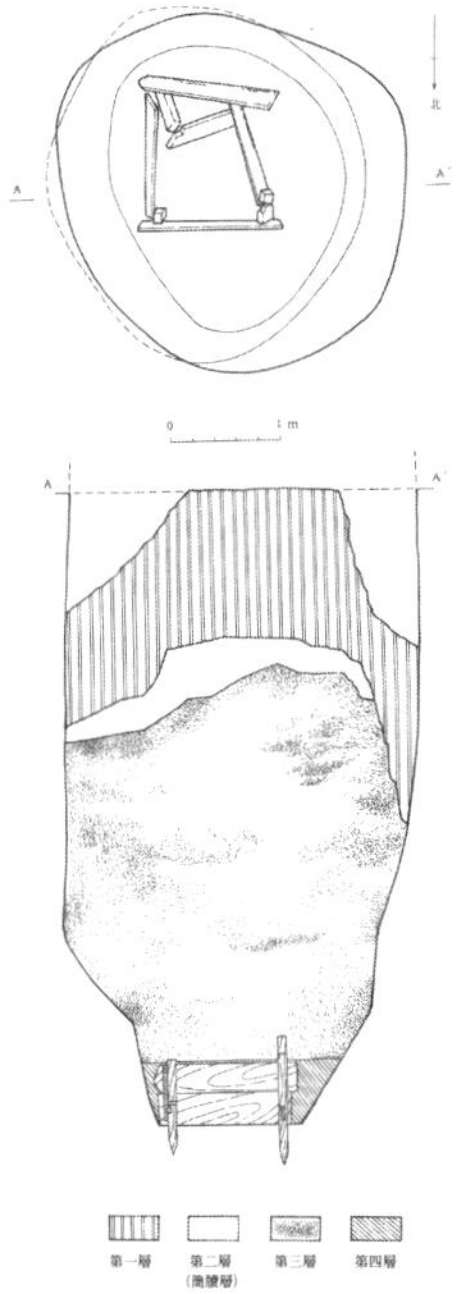

〔図八〕
「掲剥位置示意図」の一例：長沙簡牘博物館他編
『長沙走馬楼三国呉簡・竹簡〔捌〕』下冊、七九九頁図一。
竹簡の捌一（図中1）〜捌七三（図中73）から構成される群（II―c―㉖）。

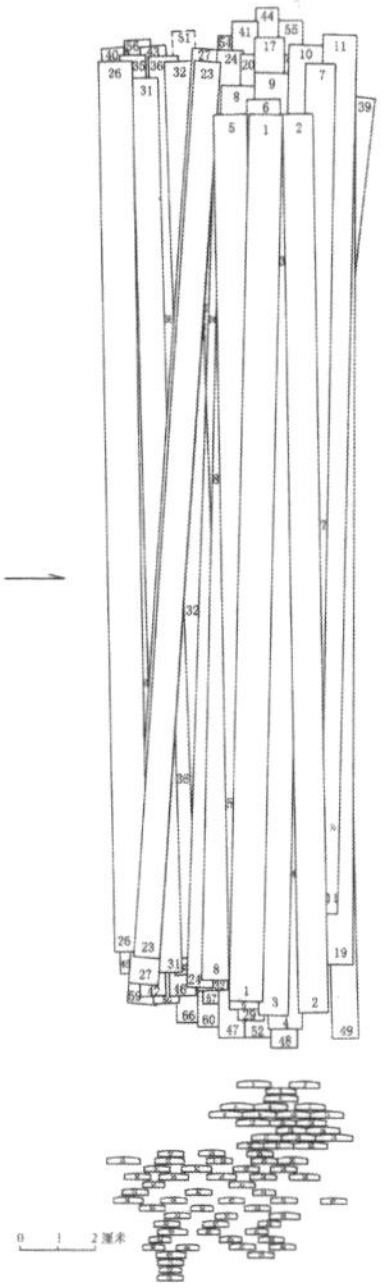

ⓓ その他

名刺／書信

「発掘簡報」から二〇年近くが経過し、その間の研究の進展を考えれば、このような分類にも見直しが必要だが、細部はともかく、大枠については今でも通用する。

「発掘簡報」は、この史料群の意義について、第一に、それまで中国全土で発見された簡牘の総数が九万枚余なのに対して、走馬楼呉簡だけで一〇万枚前後に上り、それまでの総数を上回っていること、第二に、三国時代に関するまとまった史料は『三国志』など限られており、出土した簡牘も少数かつ前章でみた名刺簡のように簡単な内容なものばかりだったのに対して、走馬楼呉簡は賦税・戸籍・倉庫管理・銭貨や糧食の出納・各種の屯田・書信など多岐にわたる内容をもっており、政治・法律・経済・社会など広い範囲の分野に及ぶこと、第三に、いずれも同時代の長沙郡や臨湘県に関わるものなので、長沙という一つの地域社会の基本的な状況を解明できるのみならず、呉の歴史の究明にも貢献できること、などを上げている。整理が進んだ現在では、無文字簡が少なからず含まれていることが明らかになり、走馬楼呉簡の総数は約七万六千枚と下方修正されたが、それによりこの史料群の価値が低くなったわけではない。

ここでは、「発掘簡報」に記されていない意義について、付け加えておきたい。「発掘簡報」が指摘するように、走馬楼呉簡の内容は多岐に及んでいるが、簡牘の形状・材質という点からしても、大木簡（吏民田家莂）・木簡（文書・倉庫莂・名刺）・竹簡（文書・倉庫莂・吏民簿）・木牘（文書）・竹牘（文書）・封検・籤牌など、ありとあらゆる形状の簡牘が揃っている。また性格・機能という点から見ても、吏民田家莂や倉庫莂のような勘会用の契券（一枚ごとに用いられる場合は契券だが、編綴されて簿籍として保管された）と吏民簿に代表される名籍を中心としながら、狭義の文書（特定の発信者から受信者に宛てられたものをさすが、契券の様式をもっているものも一部含む）や名刺なども含まれている。このうち最後の名刺は私的にやりとりされたものと考えられるが、それ以外はほとんど全て公的な文

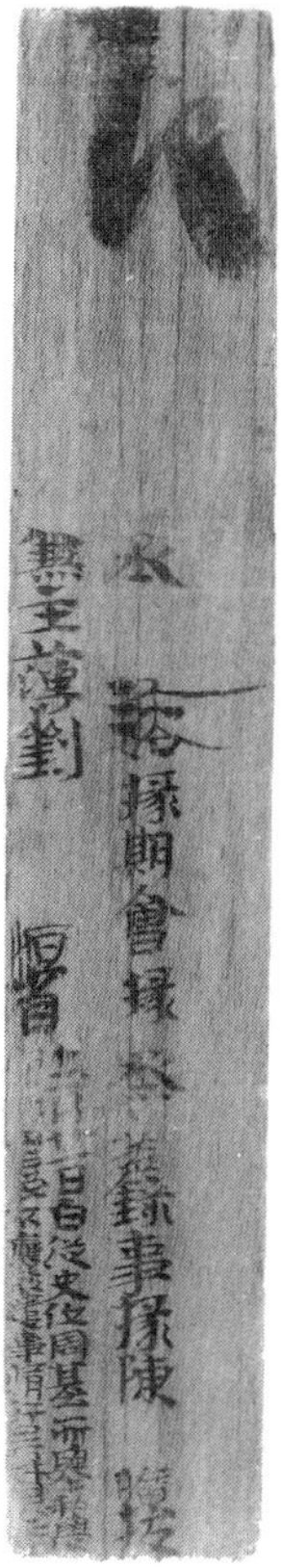

［図九］
教木牘：長沙簡牘博物館他編『長沙走馬楼三国呉簡・竹簡［肆］』中冊、五四四頁（肆四八五〇（一））。

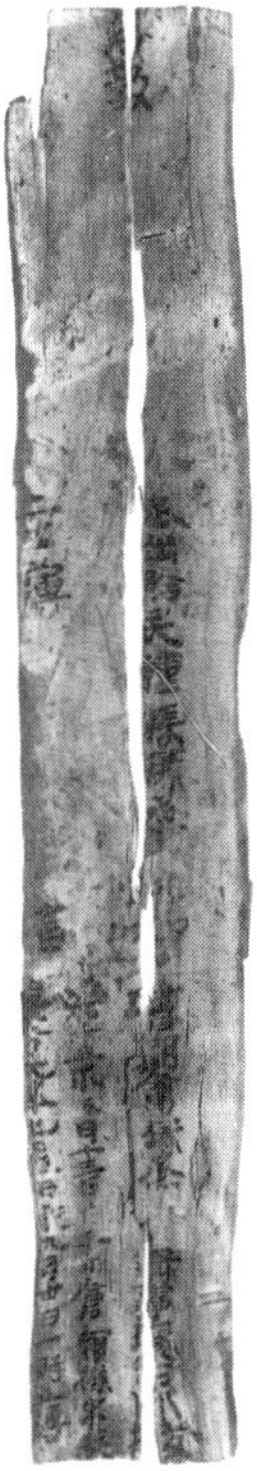

［図一〇］
教竹牘：長沙簡牘博物館他編『長沙走馬楼三国呉簡・竹簡［弐］』上冊、三一二頁（弐二五七）。

書と簿籍である。このことから、三世紀前半、呉の政権内部では紙ではなく、簡牘が依然として主要な書写材料として用いられていたことがほぼ確実になる。また多様な形状・材質に関わっては、簡と牘、木と竹が、使用目的ごとに使い分けられたのか、という問題が生じる。しかし、「教」という県令の命令を記した同類の文書に木牘と竹牘の双方が使用されたこと〔図九〕〔図一〇〕や、倉庫莂にも竹簡だけではなく木簡が用いられていたことなど（関尾「魏晋簡牘のすがた」）からすると、ごく一部を除いて厳密な使い分けが行なわれていたとは思えないのである。木にせよ竹にせよ、それこそ無尽蔵に自生していた長沙という地域の特殊性が反映されていた可能性にも注意しなければならないが、走馬楼呉簡は、こういった疑問にも答えてくれる史料群なのである。さらにこれは、走馬楼呉簡だけではなく、走馬楼街に隣接する街区で出土した後漢簡にも当てはまることだが、多様な書体が同時に用いられていた点も重要である（横田恭三『中国古代簡牘のすべて』、二〇〇〇、二〇四頁）。篆書から始まった漢字の書体は、やがて隷書→楷書→行書→草書というプロセスで時代的に変遷を遂げたように思われがちだが、走馬楼呉簡には、楷書・行書・草書など書体の実例が見いだされるほか、部分的な書法ではあるが、篆書や隷書の要素も認められることが指摘されている（王・宋「長沙呉簡書法研究序説」）。

このような史料群だったため、中国では発見の翌一九九七年に直ちに国家文物局の主導で「長沙走馬楼孫呉紀年簡牘保護工作機構」が組織され、そのもとに「長沙走馬楼三国呉簡整理組」と「長沙走馬楼三国呉簡保護組」を編成して簡牘の釈読と保護にあたることになった。「長沙走馬楼三国呉簡」を冠する大型図録本は前者による成果である。また二〇〇一年の夏には「長沙三国呉簡暨百年来簡帛発現与研究国際学術研討会」が、二〇一六年夏には「紀念走馬楼三国呉簡発現二十周年長沙簡帛研究国際学術研討会」が、いずれも長沙で開催されている。『嘉禾一井』は後者の開催にあわせて刊行された走馬楼呉簡研究の手引き書であり、また後者に提出された窪添慶文氏の「日本的長沙呉簡研究」(日本語版は「日本における長沙呉簡研究」)には、一九九九年に発足した「長沙呉簡研究会」のメンバーによる成果をはじめ、日本における走馬楼呉簡研究の動向が手際よくまとめられている。

三——走馬楼呉簡の世界

先述したように、「発掘簡報」は走馬楼呉簡の意義の一つに、長沙という一つの地域社会の基本的な状況を解明できることを上げている。ここではこの点について具体的にみておきたい(関尾「長沙走馬楼出土呉簡所見臨湘地域社会的特質」)。

◈臨湘県の行政システム

走馬楼呉簡は、臨湘県廷をはじめ臨湘県内で作成された簿籍と文書を中心とした史料群である。二二三(黄武二)年以来、歩騭が臨湘侯に封ぜられていたので、正確には臨湘侯国であり、臨湘県令に代わって臨湘侯相が置かれていたが、その行政システムは基本的に県と同じだったと考えてよい。この時代の地方官府の構造については、厳耕望氏の古典的な労作があるが(同『中国地方行政制度史』上編巻中)、そこでは県廷の「佐吏」に関して、上佐(次官の県丞や、国都など大県に置かれた尉など)・属吏(綱紀＝県廷の人事をつかさどる功曹や廷掾など・門下＝文書の点検をつかさどる主簿や録事史など・分職諸曹＝戸曹や倉曹など行政の実務を担当する諸部局)・参軍(県令が将軍号を帯びた場合、軍務を補佐)に分けて史料が提示されている。走馬楼呉簡によって、「分職諸曹」には田曹や庫曹、典田掾などを追加できる（徐暢「走馬楼簡所見孫呉臨湘県廷列曹設置及曹吏」／安部聡一郎「典田掾・勧農掾の職掌と郷」）。もっとも、綱紀・門下・分職諸曹といった分類自体には見直しが必要なように思われる。つぎの「教」木牘を見ていただきたい（カッコ内の大字は『長沙走馬楼三国呉簡・竹簡』の巻数を、常字は簡番号を示す。また釈文中の「」は別筆を示す）［図九］。

①

君教「若」　丞「琰」如掾期會掾　烝「若」錄事掾陳「曠」校

十二月廿一日白從史位周基所擧私學

兼主簿劉　「恒」省　□□正戸民不應發遣事脩行呉贊主　（肆四八五〇（一））

担当の部局（戸曹か）から某年一二月の二一日に上がってきた文書（「白」文書。「私学」身分の者を徴発することの可否をめぐる内容）にまず兼主簿の劉恒が目を通して名を自署し、つぎに期会掾の烝若と録事掾の陳曠が点検して名を自署する。最後に県丞の某琰が点検を行なって自署した上で県令（この場合は臨湘侯相）に報告が行なわれるが、その報告に用いられたのが中央部上端に「君教」と書かれたこの木牘である（関尾「出土史料よりみた魏晋・「五胡」時代の教」）。これに対して県令が承諾を意味する記号（「諾」と同意の「若」字を崩したもの）を大書してこの事案は済了となる（済了後、この木牘は兼主簿の劉恒ないしは担当の部局に送達されたと考えられる）。

「白」文書の点検を担当した期会掾や録事掾らは「門下」系と呼ぶにふさわしいのに対して、主簿や主簿と同じように文書に目を通した主記史らは、王素氏が言うように(同「高昌郡府官制研究」)、「政務」系とでも呼びうる存在であった。その吏員は、厳氏の「分職諸曹」系と「門下」系とを媒介する重要な役割を果たしていたと考えることができよう。

その県のもとには郷里制がしかれていたが、臨湘県には、都郷以下、東西南北を冠した郷、さらには中、楽、桑、模、平、広成、および小武陵など全部で一二余の郷が置かれていた(楊振紅「長沙呉簡所見臨湘侯国属郷的数量与名称」/于振波「走馬楼呉簡に見える郷の行政」)。これらの郷はさらにいくつかの里から成っていたが、広成郷の場合、それぞれが五〇戸で構成された七つの里が置かれていた。すなわち郷全体で三五〇戸、二、三一一人という規模であった(関尾「長沙呉簡吏民簿の研究」(上))。一戸平均六・六人となる。なお漢代以来、百戸一里が原則だったが、走馬楼呉簡によると、臨湘県ではその半数の五〇戸一里が基本だったようである。また漢代では郷には郷嗇夫が、里には里吏が置かれることになっていたが、走馬楼呉簡では、里には里魁の存在が認められるものの、郷嗇夫の存在は確認できない(高村武幸「長沙走馬楼呉簡にみえる郷」)。後述するように、郷に関するさまざまな業務を担当していたのは、元来は県吏であって、厳耕望氏が「分職諸曹」の項に上げた郷担当の勧農掾であった(複数の郷を担当する勧農掾もいた)。

◈吏民簿

走馬楼呉簡のなかで、倉庫莂とともに多くを占めている名籍の吏民簿は、「吏民人名年紀口食簿」というのが正式名称で、編綴された吏民簿の本文の冒頭に置かれる簡（表題簡）には「廣成郷謹列嘉禾六年吏民人名年紀口食爲簿」（弐一七九八）というように、これに郷名や紀年などが冠されている。

この吏民簿は里から郷に原簿が提出され、郷でこれを清書して県に送られたと考えられるが、それは勧農掾の基本業務だった。吏民簿には、一枚の竹簡に一人だけ（単記簡）、あるいは二人（連記簡）、稀に三人（三連簡）を記すというように、三つの基本的な様式があった。出土簡は［図八］のように、巻き込まれた形で出土したが、全てが巻き込まれていたわけではなく、また巻き込まれていた場合でも編綴の紐が外れてしまっているので、原形がそのまま残っているとは限らない。したがって一つの戸に関する簡を復元するのは至難のわざなのだが、町田隆吉氏や鷲尾祐子氏がこの作業に果敢に挑んでいる（町田「長沙呉簡よりみた「戸」について」／鷲尾『資料集：三世紀の長沙における吏民の世帯』。以下、『資料集』）。最新の成果である『資料集』によりながら、吏民簿とそこに記された戸（家）を例示してみよう（釈文中の ━ は編綴痕を示す）。

② 嘉禾四（二三五）年?・南郷宜陽里吏民簿・張厥戸（『資料集』、七八頁）

宜陽里戸人公乘張厥年廿九━　━　（壹九三三二）

｜厥妻大女瞻年廿一｜　（壱九四〇八）

｜厥男弟世年十一踵兩足｜　（壱九三七四）

｜世男弟昜年七歲｜　（壱九四五九）

｜昜男弟聞年四歲｜　（壱九三七五）

右厥家口食五人｜　「中」｜訾　五　十　（壱九三六六）

③　嘉禾四（二三五）年小武陵鄉吉陽里吏民簿・孫潘戶（『資料集』、一七頁）

吉陽里戶人公乘孫潘年卅五｜筭一　（壱一〇三八一）

｜潘妻大女蔦年十九筭一｜　（壱一〇三八二）

｜潘子女□年五歲｜　（壱一〇三七九）

凡口三事二｜筭二事｜訾　五　十　（壱一〇三八〇）

④　嘉禾五（二三六）或六（二三七）年中鄉曼溲里吏民簿・孫傳戶（『資料集』、一一三頁）

曼溲里戶人孫傳年卅□｜刑右足｜　（肆四五二）

｜傳妻汝年卅筭一｜　（肆四五一）

｜傳子男清?年□｜　（肆四五〇）

｜傳男弟要?年十｜　（肆四四九）

凡傳家口食四人　—　—　（肆四四八）

⑤ 嘉禾六（二三七）年廣成郷廣成里吏民簿・李兒戸（『資料集』、五二頁）

民男子李兒年卌一　—　—兒妻大女智?卅八筭　（貳一七〇七）

—兒子女小年七歳　—　（貳一六九五）

右兒家口食三人　—　—　（貳一七〇九）

⑥ 嘉禾四（二三五）年?小武陵郷平陽里吏民簿・黄風戸（『資料集』、九六頁）

平陽里戸人公乘黄風年六十—八　—　（参四二七一）

—妻大女□年七十七　—子男客卅五　（参四二七〇）

—客妻大女草年廿三　—客子男□年四歳　（参四二六九）

右風家口食五—人　—其三人男二人女　（参四二六八）

⑦ 嘉禾四（二三五）年?某郷新成里吏民簿・區文戸（『資料集』、九四頁）

新成里戸人公乘區文年卅—妻大女妾年廿二　—文男弟弘年廿五　（参四三〇八）

—文妻大女年廿二　—　（参四三〇七）

・右文家口食—四人　—其二人男二人女　（参四三〇六）

以上の六例のうち、②～④が単記簡、⑤と⑥が連記簡（ただし、⑤が後述する戸人簡も連記簡とするのに対し、⑥は戸人簡だけは単記簡という違いが認められる）、そして⑦が三連簡である。冒頭の簡が戸人（ほぼ後代の戸主に相当）簡、最後の簡が戸計簡、そして中間の簡が家族簡という構成になっているが、とくに戸計簡の記載事項がまちまちであることがわかるだろう。家族（口食）の人数を集計しただけの④と⑤（ただし④は「凡」で、⑤は「右」で導かれている）、それに男女の内訳を加えた⑥や⑦、男女内訳のかわりに戸の「訾（資）」すなわち資産額（ただし数字は実額ではなく、品等を意味する）を記す②、さらにこれに税役負担に関するデータ（年齢の直下に「筭（算）一」とあるのが人頭税である口筭の対象者で、戸計簡はその合計を記す。また「事」は徭役の対象者を示す）を加えた③というふうに、ここに例示しただけでも四つのパターンがある。また戸計簡のパターンは、戸人簡が単記簡か否かという問題とは直接関わらないことも明らかである。ようするに、吏民簿の様式（記載事項や表記方法など）はまことに多様なのである。また嘉禾四（二三五）年から同六（二三七）年にかけては、ほぼ毎年のように作成されていたことも確認できる。このことは、臨湘県では吏員や民戸の掌握がしっかりと行なわれていたことを私たちに教えてくれるのだが、そのいっぽうで吏民簿の様式の多様性からは、決まった様式が定まっていなかったのではないかと思えてしまう。同じ郷や里の吏民簿であっても、作成年次によって様式が異なっているのである。極端な例になると、同年かつ同里の吏民簿であっても、様式を異にしている場合がある（関尾「簿籍の作成と管理からみた臨湘侯国」）。このような状況はどのように解釈すればよいのだろうか。確かに制度的な不備も否定できないとは思うが、当時はなお、戸ごとの内訳（性別や年齢、さらには疾病・障碍など）、資産、および税役・職役などを記録する簿籍が全て吏民簿と称され、後代のように、戸籍・貲《し》簿・差科簿といったように、独立した呼称と様式を有していなかったことの証左というふうに理解できないだろうか。もっとも、それでは②から⑦までのうち、どれが後代の戸籍に相当し、どれが差科簿に相当するのか、という問題になるとなかなか回答はむつかしい。そもそも戸籍に相当する吏民簿が走馬楼呉簡に含まれているのか否か、という問題にしてからが、議論の的になっているというのが現状である。いずれにせよこれらの吏民簿は、里魁によって里から郷に提出された原簿を、勧農掾の指揮のもと、その配下にあった数人の吏員が分担して清書して編綴したものと考えられる。もっとも簡単な様式の⑤は、里名さえ欠いているが、このような場合でも、里ごとに簡の長さ（三国共通の度量衡制と呉独自のそれとが併用されており、前者では一尺が二四・二センチ、後者では一尺二三・五センチ）と様式（単記・連記・三連簡のいずれにするか）を調整し、その組合せにより、清書を担当した吏員にはわかる仕組みになっていたと考えられる（関尾「長沙呉簡吏民簿の研究」（上））。

　ところで、後代の戸籍に匹敵するような名籍は吏民簿にとどまらない。「吏父兄（子弟）人名年紀簿」という吏とその家族だけに対象を限定した名籍や、特殊な役務に従事する技術者とその家族を対象とした「師佐（母）妻子人名年紀簿」（師佐簿）などの存在も明らかになっている。このうち前者については、関連して「吏兄弟叛走人名簿」の存在も確認されており、吏とその家族に「叛走」すなわち本貫離脱者が発生していたことを示唆している。言うまでもなく、これらの簿籍の作成も勧農掾の仕事であった。

◈倉庫莂と吏民田家莂

竹簡の倉庫莂や大木簡の吏民田家莂の「莂《べつ》」については、後漢・劉熙の『釈名』巻六釈書契に「莂とは別である。中央に大書して中程から破《ひら》いてこれを別つのである（莂、別也。大書中央、中破別之也）」と説明がある。この説明自体、紙ではなく簡牘に文字が書かれることを前提にしているが、書写面の中央に文字を大書した後、その書写面を中心線で左右二つ（ないしは左右中の三つ）に裁断すること、または裁断されたものを意味している。倉庫莂も吏民田家莂も「同文」の二字を図案化した記号が大書されているが、このような記号を記した簡牘は後漢時代（東牌楼漢簡ほか）から西晋時代（楼蘭西晋簡・トゥルファン西晋簡）にかけて広く公私にわたって用いられていたことがわかる。

倉庫莂と吏民田家莂は、県の吏員が勘会に用いるために作成されたものだが、臨湘県の吏民がいかなる税負担を負っていたのか、そしてどのようにその負担を果たしていたのかといった問題や、吏民がどのような田土をどのくらい保有・耕作していたのか、という問題の解明に手がかりを提供してくれる。とくに倉庫莂からは、吏民が多様な負担を追っていたことがわかる［図一一］（釈文中の――は勘会の記号を示す）。

⑧入西郷嘉禾二年税米廿一斛四斗——嘉禾三年三月二日松田丘男子魯礼關邸閣李「嵩」付倉吏
黄「諱」史番「慮受」（弐三六三［図一一］）

⑨入平郷租米七斛胄米畢——嘉禾元年十一月六日上和丘男子謝志付三州倉吏谷「漢受」（肆二七八三）

⑩入西郷嘉禾元年歩侯還民限米二斛胄畢——嘉禾三年正月☐（参六一七五）

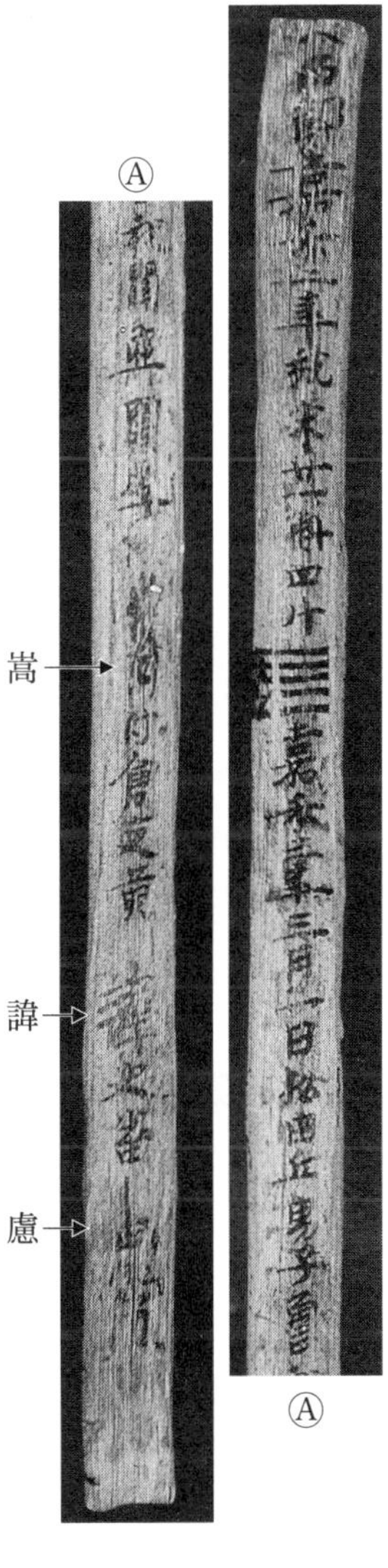

［図一一］
倉庫莂：宋少華主編『湖南長沙三国呉簡』第二冊、一頁（弐三六三。中央から裁断されたうちの左辺か。また大ぶりな「嵩」「諱」「慮」、は自署）。なお、一枚の簡牘をⒶ部分で分けて掲載している（以下同）。

⑪入西郷口筭錢一千　　嘉禾二年三月二日大男魯淆付庫吏殷　〼（参三一六九）

⑫入廣成郷孫丘唐陸二年布二匹　　嘉禾二年九月廿四日烝「弁」付庫吏殷「連受」（壱七五五五）

⑬入桑郷皮五枚　　嘉禾二年二月十五日夫與丘男子黄茖庫吏殷「連受」（弐八八八七）

⑭入廣成郷上伜丘男子鄧主鋘賈錢一千　　嘉禾二年閏月廿六日烝「弁」付庫吏殷「連受」（参三一七九）

田土に賦課された負担には⑧の税米・⑨の租米・⑩の各種限米があり（このうち前二者が吏民田家莂に記載される主要な負担であった。なお⑩の「歩侯」とは当時臨湘県侯だった歩騭のこと）、戸や人に賦課された負担には口筭《さん》や調（戸調）などがあり、⑪の銭・⑫の布・⑬の獣皮などが納入されたことなどが判明する。もっともこれらは、吏民が負っていた主要な税負担ではあるものの、その全てではない。口筭や調以外に、⑭の「鋘賈《ごか》銭」をはじめ、「財用銭」や「冬賜布」などといった負担もあったことが倉庫莂からわかる。また②や③のように、戸の品等が記入された吏民簿があったが、一部の郷の吏民には戸の品等に応じた「戸品出銭」が課せられていた（安部「典田掾・勧農掾の職掌と郷」）。全体像の解明は今後の課題であるが、どうやら、呉では、漢代以来の人頭的な負担と魏晋以降の戸対応の負担、そして資産対応の負担などが併存していたらしい。このことも指摘しておきたい。
倉庫莂は、諸税の納入ごとに、米であれば納入先の県倉（三州倉や州中倉）担当の吏と、また銭・布・獣皮であれば納入先の県庫担当の吏と、納入者の吏民の本貫である郷担当の勧農掾（の配下の吏か）との間で作成され、両者の立ち会いのもとで税物の数量を計測の上、その額を記入して左右（あるいは左右中）に裁断し、一方ずつ両者で分有したものと思われる（関尾「機能論からみた長沙呉簡」／「長沙呉簡中の賦税納入簡について」）。後日、滞納分や未納分を確認し、完納を期すためだが、簡の中央やや上方に、勘会のため、「同文」の二字を図案化した横画が数本入っている。走馬楼呉簡に含まれている倉庫莂は冒頭に「入」字が書き込まれており（「入」簡）、諸税の納入を受けた倉吏（倉曹）や庫吏（庫曹）により保管されたものということになる。おそらくは編綴され、つぎのような籤牌［図一二］を附して保管されたのであろう。

⑮
庫　所受嘉禾元
　　年襍皮莂
　　　　　　（番号不詳、正面）

庫　吏殷連起嘉
　　禾元年七月訖
　　三年三月卅日
　　　　　　（背面）

⑮は、嘉禾元(二三二)年分として賦課された獣皮(「襍《そう》」は雑に通じるので、「さまざまな獣皮」の意)の倉庫莂に附されたのであろう。背面には⑪以下の倉庫莂に出てくる殷連の名があり、彼が庫吏として嘉禾元年から三(二三四)年三月末までに受領した獣皮の倉庫莂が編綴されていたものと思われる。

いっぽうこれに対して、勧農掾の側では「出」字から始まる側(「出」簡)が保管されたと考えられるが、何かのミスで、この「出」簡も若干枚含まれている。

⑯出東郷税米一斛二斗三升五合胄畢||嘉禾元年十一月三日上唐丘男子孫□付三州倉吏谷「漢受」「中」(肆一〇七九)

⑰出都郷松□丘大男區巴二年布一匹二丈一尺||嘉禾二年十月十五日烝「弁」付庫吏殷「連受」(壱七五一〇)

⑯は税米、⑰は布の倉庫莂だが、勧農掾の側で保管されるべき「出」簡が、それぞれ倉曹、庫曹の側で保管されていたのであろう。このような場合、「入」簡のほうが勧農掾の手に渡ったと考えられる。

ところで出土した倉庫莂は、納入年(作成年でもある)が嘉禾元(二三二)年から嘉禾三(二三四)年に集中しており、一部に黄龍三（二三一）年や嘉禾四（二三五）・五（二三六）年などその前後のものがある。しかし、⑩のように、嘉禾元年分の限米を二年後の嘉禾三年に納入したような事例も少なくなく（⑮からも、嘉禾三年三月に納入された嘉禾元年分の獣皮があったことがわかる。また⑰も、わざわざ「二年布」とあるが、この「二年」は嘉禾二（二三三）年ではなく、黄龍二（二三〇）年だったのではあるまいか）、滞納者に対する処罰など気になるところではある。

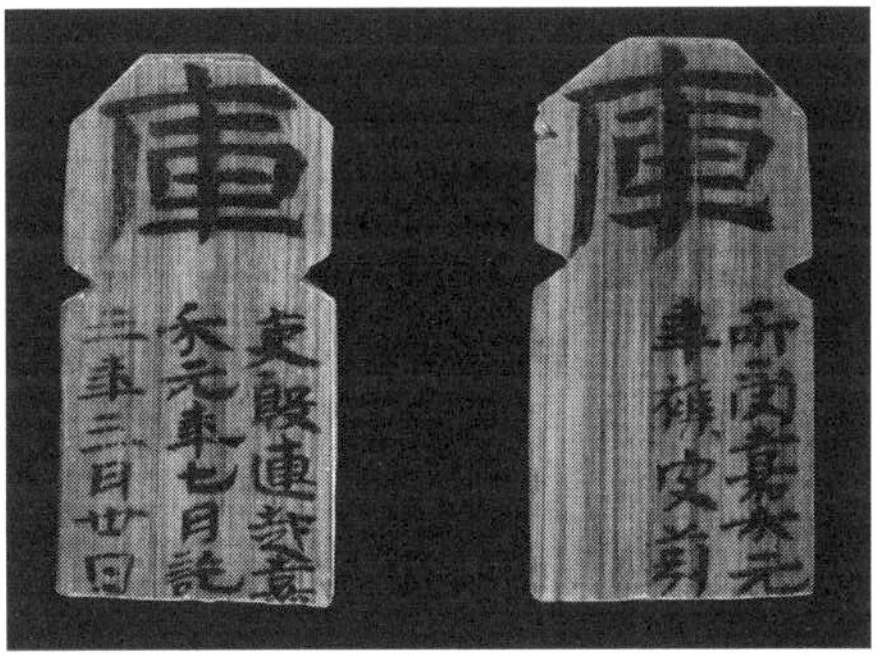

〔図一二〕
籤牌：『湖南長沙三国呉簡』第六冊、二七頁（番号未詳）。

いっぽうの吏民田家莂には、吏民ひとりずつ、税米と租米の一年間の納入状況（納入日と日ごとの納入額など）が保有する田土の種類や広さなどとともに記録されている［図一二］（カッコ内の常字は『長沙走馬楼三国呉簡・嘉禾吏民田家莂』の簡番号を示す。また釈文中の［ ］は脱字を推補した箇所である）。

⑱

彈溲丘潘碭佃田一町凡五畝皆二年常限　其三畝旱不收
定收二畝爲米二斛四斗畝［收］布二尺凡爲布四尺准入米Ⓐ
其米二斛四斗五年十二月九日付吏張曼周棟
其旱田不收錢
Ⓐ二斗五升五年十二月廿日付倉吏張曼周棟其熟田畝收錢八十　凡爲錢一百六十准入米一斗二升五年十
二月六日付倉吏張曼周棟
嘉禾六年二月廿日田戶［曹］史張　「惕」趙　「野」校
（五・九五七［図一二］）

⑱は弾溲丘《だんしゅうきゅう》に住む潘碭《はんとう》の吏民田家莂である。彼が保有する田土は一か所だけで、合計五畝（一畝は約五アール）。いずれも「二年常限」という田種に属するが、そのうち三畝は旱害で米（税米ないしは租米）は納入免除。残りの二畝からは畝当たり一斛二斗の税収。したがって二畝で二斛四斗。その二斛四斗は、嘉禾五（二三六）年一二月九日に（倉）吏の張曼と周棟に納入された。また布は畝

当たり二尺。したがって二畝で四尺。これを米に換算すると二斗五升。これは嘉禾五年一二月二〇日に倉吏の張曼と周棟に納入した。またこの五畝には銭も賦課されていたが、旱害を受けた三畝分(旱田)からは納入免除、二畝(熟田)は畝当たり八〇銭、したがって二畝で一六〇銭、米に換算すると一斗二升。こちらは嘉禾五年一二月六日に倉吏の張曼と周棟に納入した。以上の事実を嘉禾六(二三七)年二月二〇日に校閲したのが、田曹史の張惕と戸曹史の趙野であった。

一枚の簡にたくさんのデータを列記する必要上からか、五〇センチ前後という通常の二倍の長さの大木簡が用いられているが、データの続き具合がわかりにくいのが特徴である。右のよう

[図一三]
吏民田家莂：『湖南長沙三国呉簡』第六冊、一〇頁
(五・九五七。頭頂部に勘会のための横画が書き込まれている。中央から裁断されたうちの右片か)。

Ⓐ

Ⓐ
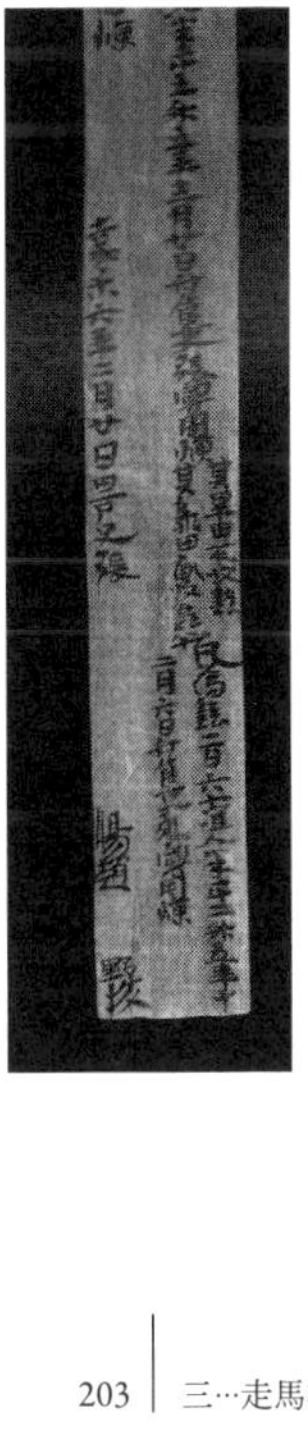

に解釈できるとして、田土には米・布・銭の三つの品目が賦課されたが、後二者は米に換算され、全て米で納入された。ただし一括して納入されたわけではなく、ここでは銭→米→布の順番で個別に納入されたことがわかる。その度ごとに倉庫莂が作成され、三枚になったはずである。その三枚の倉庫莂(「入」簡)を基礎データとして、この吏民田家莂が作成され、今度は田土を管理する田曹と吏民を管理する戸曹の校閲を受けることになっていた。倉庫莂は勧農掾のもとにも保管されていたので(「出」簡)、これとの照合作業も必要だったはずである。吏民田家莂は、つぎのような表題簡を附して郷から県廷に戻されたことがそれを示している。

⑲南郷謹列嘉禾四年吏民田家別頃畝旱熟收一米錢布付授吏姓名年月都莂　　　　(四・一)

吏民田家莂には、米の納入実績だけではなく、保有する田土の種類や広さも明記されており、たんなる納税記録ではなかった。つぎのような吏民田家莂もある。

⑳――周陵丘縣卒周鷺佃田二町凡十畝皆二年常限旱敗不收錢布嘉禾六年二月廿日田戸曹史張「惕」趙「野」校。　　(五・四二四)

⑳は周陵丘に住む県卒の周鷺の吏民田家莂だが、彼が二か所に分けて保有する計一〇畝の「二

年常限」田は、旱害のため、銭と布の納入が免除されていた。もちろん米は言うまでもない。つまり納入実績はないのだが（当然倉庫莂はない）、にもかかわらず吏民田家莂は作成されているので、田土を保有する全吏民を対象として作成されたことになる。

この吏民田家莂にも頭頂部に勘会のための記号が入れられている。左右に同じデータが列記された上で中央から裁断され、一片が県廷（田曹と戸曹）に、もう一片が吏民の本貫である郷（担当の勧農掾）に保管されたのであろう。ただ⑲のような嘉禾四（二三五）年分のものと、⑱や⑳のような翌五（二三六）年分のものしか出土しておらず、倉庫莂の年代とずれているので、倉庫莂との比較検討は諦めざるをえない。ただこの二年間の吏民田家莂だけでも、税額が微妙に異なっており［表二］、検討すべき問題は山積している。

以上、大木簡の吏民田家莂と、竹簡の吏民簿や倉庫莂について紹介してきたが、これらの簿籍には誤りも少なからず見い出される。吏民田家莂中の数字に誤りが目立つことは早くから指摘

［表二］：吏民田家莂にみえる税額：谷口建速『長沙走馬楼呉簡の研究』、一四頁。

	嘉禾四年				嘉禾五年		
	常限熟田	余力熟田	火種熟田	旱田	常限熟田	余力熟田	旱田
米	一・二斛	〇・四五六斛	〇・四五六斛	―	一・二斛	〇・四斛	―
布	二尺	二尺	二尺	〇・六六尺	二尺	二尺	―
銭	七〇銭	七〇銭	七〇銭	三七銭	八〇銭	八〇銭	―

されているところだし(伊藤敏雄「三国呉の帳簿の計算ミス」)、吏民簿中の年齢にも相当数の不一致が確認できる。吏民簿の場合、簿籍の種類の多様さや総数の多さ、そして勧農掾が簿籍の作成に集中的に関与していることなどを想起すると、やむをえないことなのかもしれない。ともあれ、担当者にとっては簿籍の作成が大きな負担だったであろうことは容易に想像できるところではある。

◈多様な公文書

さて簿籍の作成が日常的な業務であったとすれば、その集計作業や集計した数字を上申するための文書の作成は、吏員にとってはどちらかと言えば非日常的な業務だったと言うことができよう。文書簡牘としては、「白」(「白します」の意)文書(県廷内部)[図一四]や「敢言之」(「敢えてこれを言《もう》します」の意で、「白」より丁寧な表現)文書(原則として県廷から郡府のような上級機関へ)[図一五]などの上行文書や、「破莂保據」(「莂を破《ひら》いて據《しょうこ》を保《さだ》めます」の意。関尾「破莂・別莂考」)で結ばれる平行文書(県廷の掾史間)[図一六]などがあった。地方の一県廷といえども、送信側と受信側との関係如何により、文書の体裁や様式を使い分けるという基本原則が厳守されていたことがわかる。このうち公式性の高い「敢言之」文書には、もっぱら編綴簡(竹簡)が用いられており、これに限っては厳密な使い分けが行なわれていたようである。「ごく一部を除いて」と書いたのはそのためである。ただ走馬楼呉簡は基本的には臨湘県廷と県内で作成された文書と簿籍を中心とした史料群なので、「嘉禾四年五月戊寅朔□□(日)臨｜湘侯相君丞叩頭｜死罪敢言之」という文言をもつ[図一五]の文書は、

［図一四］

「白」文書：『湖南長沙三国呉簡』第一冊、二八頁（肆一七六三（一）「呉嘉禾六（二三七）年四月都市史唐王白收送中外估具錢事」、木牘。本文冒頭と左下に「白」字が確認できる）。

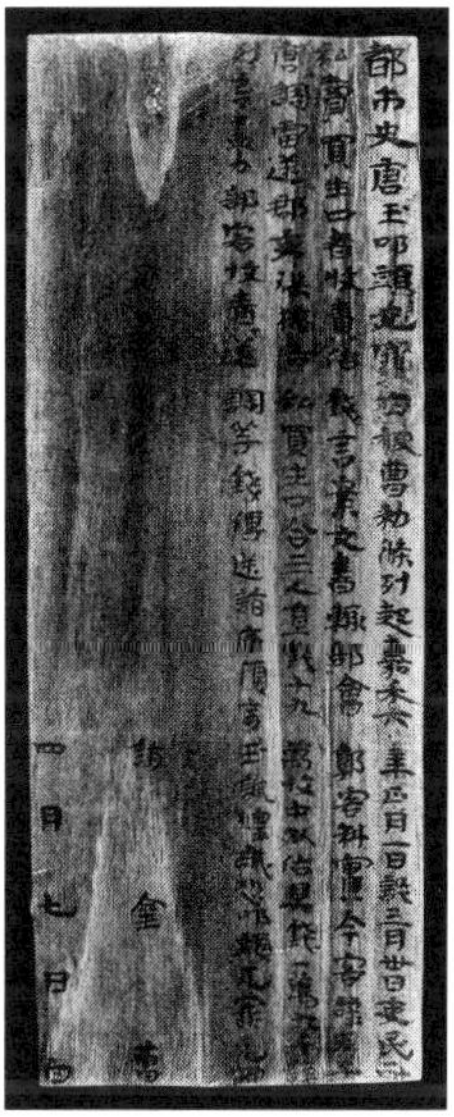

［図一五］

「敢言之」文書：『湖南長沙三国呉簡』第二冊、二〇頁（番号未詳、竹簡。編綴された文書簡の冒頭で、行末に「敢言之」とある）。

［図一六］

「破莂保據」文書：『長沙走馬楼三国呉簡・嘉禾吏民田家莂』上冊、三三頁図三四（J二二―二五四三「嘉禾四（二三五）年八月東郷勸農掾殷連條列州吏父兄人名年紀莂」、木牘。木牘の頭頂部に勘会のための横画が書き込まれ、文末に「破莂保據」とある）。

臨湘侯国の丞から上位の、おそらくは長沙郡府に向けて発出されたはずであるから、出土したのはその控えということになろう。また「長沙太守丞掾下□陵一縣令長丞…一□□倉□□□□」（肆三九七八）のように、長沙郡府から届いたと思われる下行文書もごく少数だが含まれている。

もちろん、このような簿籍と文書とによって構成される文書行政システムは臨湘県においてのみ実施されていたわけではないだろう。ただ木簡に対する竹簡の多さは注目にあたいする。木牘だけではなく、竹牘さえあった［図一〇］。湾曲した面を平滑にしてまで竹を書写材料に加工する必要はどこにあったのだろうか。また倉庫莂は大部分を竹簡が占めており、木簡はごくわずかにすぎない。しかし、南京で出土した同時代の倉庫莂（関尾「南京出土の名刺簡について」）や、益陽で出土した後漢末期の倉庫莂（「益陽兎子山遺址出土簡牘」（三））などはいずれも木簡であり、これらをふまえると、倉庫莂には一般的に木簡が用いられていた可能性が高い。

◈戸の規模と構造

つぎはこのような文書行政システムによって掌握されていた地域社会の一端についてみておこう。

先に上げた②以下の六例は、戸内口数が三から五というように小規模な戸ばかりだったが、これは小規模な戸ほど全体の復元が容易なためであり、全ての戸がこのように小規模だったわけではない。なかには一〇人以上の戸もあったし、二〇人以上という極端に大規模な戸も見られる

（二二人（壱七七五）／二三人？（壱四八〇六）／□象戸：二二人（弐一七二八）／□俗戸：二〇人（肆二九二四）／二三人（捌二二五））。また戸内の家族関係も親子からなる単純家族世帯（核家族）にとどまらず、兄弟やその他の親族が同居する複雑な構成をもつ事例も少なくない。一部しか復元できないが、具体例を示しておこう。

㉑　嘉禾四（二三五）年南郷宜陽里吏民簿・陳顔戸（『資料集』、八〇頁）

宜陽里戸人公乘陳顔年五十｜六眞吏　―　（壱九一五六）
｜顔妻大女妾年卌　―　（壱九〇七三）
｜顔小妻大女陵年卅六　―　（壱九〇五八）
｜顔子男格年卅一眞吏　―　（壱九〇八四）
｜格男弟頭年十三　―　（壱九〇八七）
｜頭男弟莫年四歳　―　⧄　（壱九二五〇）
｜顔從兄奇年八十二刑左手盲｜左目　（壱九一五九）
｜奇妻大女青年五十一　―　（壱九〇六一）
｜奇男弟崇年卅八　―　（壱九一三八）
｜崇妻大女定年廿七　―　⧄　（壱九〇六三）
｜崇子男生年十二　⧄　（壱九〇九五）

一顔戸下婢汝年卅八苦腹心病一　（壱九〇七五）
一顔戸下奴宋年十七　一　（壱九〇五九）
一顔戸下婢綿年十七　一　（壱九〇三六）
右顔家一口食十六人　一訾　二　百　（壱九一〇九）

㉒　嘉禾四（二三五）年南郷宜陽里吏民簿・虞嚢戸（『資料集』、八二頁）

宜陽里戸人公乘虞嚢年卅一五　一　（壱九一五三）
一嚢男弟文年十二　一　（壱九一二五）
一嚢伯父作年八十三　一　（壱九二一六）
一嚢從小父堅年六十三　一　（壱八九一三）
一嚢從兄將年六十一　一　（壱九〇八九）
□一將妻大妻《ママ》姑年卅八　一　（壱九四五一）

㉑の陳顔の戸は戸計簡からわかるように、一六人からなる大家族で、このうち一四人までが復原できる。戸人の陳顔とその長男である陳格が吏員であり、かつ三人の奴婢を保有していることから、それなりの資産を保持していることが察せられるが、訾額も②や③に比べると格段に高い品等である。もっとも戸内の家族関係は複雑で、「多核家族世帯」に該当する［図一七］。いっぽ

う、㉒の虞囊の戸は戸内口数が不明で、復元できるのは六人だけだが、それでも十分に複雑な「非家族世帯」である［図一八］。もちろん、これらとは対照的なシングルの独居世帯もある（以上、町田「長沙呉簡よりみた「戸」について」）。

走馬楼呉簡に見えるこのような戸の多様なあり方をどの程度一般化できるのか、という問題が残されており、敦煌やトゥルファンなど西北地方の〈五胡〉時代の戸籍との比較研究の深化が俟たれるところである。

［図一七］
陳顔戸の家族構成：『資料集』、八〇頁の図を著者補訂。

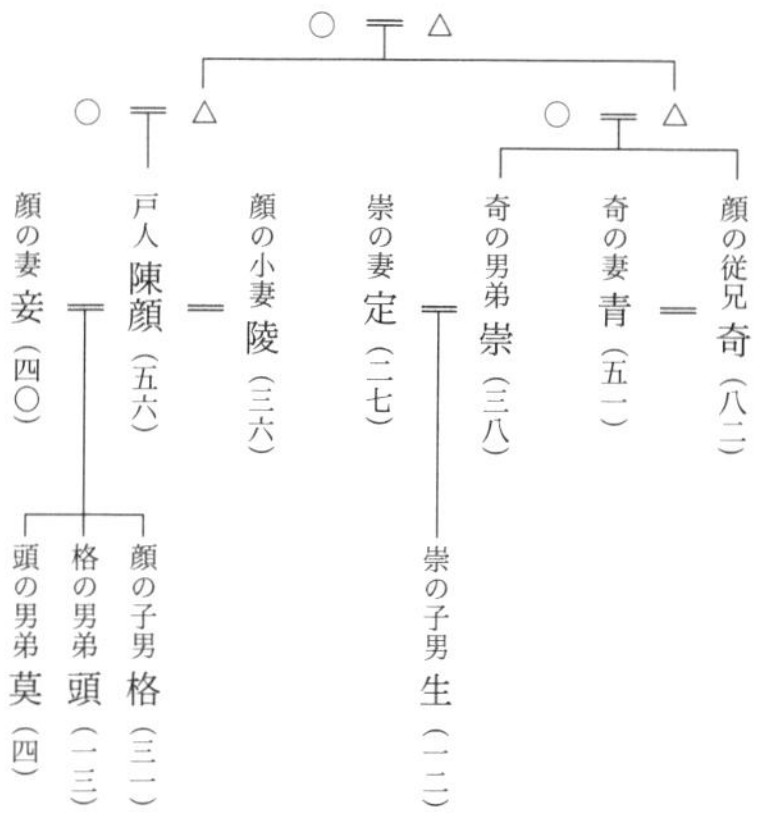

［図一八］
虞囊戸の家族構成：『資料集』、八二頁。

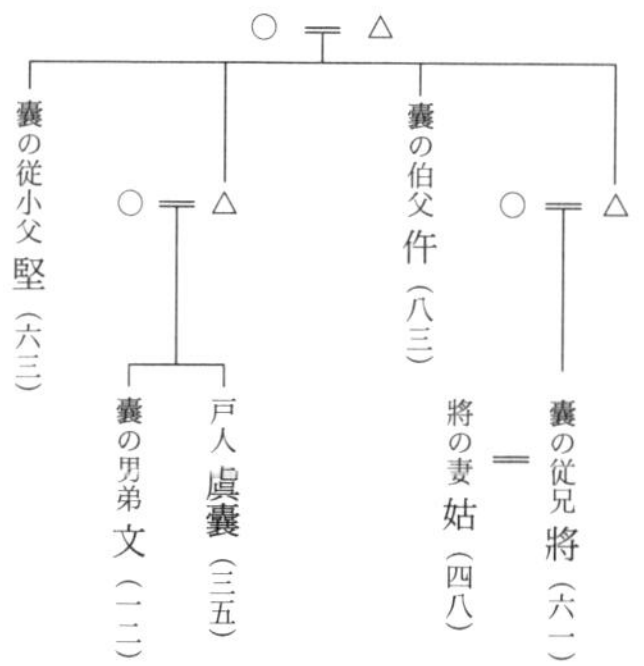

◈吏民の疾病・障碍と長沙の自然環境

吏民簿では、吏民のうち疾病や障碍を有する者について、具体的な疾病・障碍の名称が注記されている。②の「踵兩足」（「踵（腫）」はフィラリア症）、④の「刑右足」（「刑」は傷を意味する）、および㉑の「刑左手盲左目」・「苦腹心病」などである。後代の戸籍では、疾病・障碍の具体的な状況よりも、その重篤度が重視されている。例えば唐代の戸籍では疾病・障碍者について「殘疾」・「癈疾」・「篤疾」などの註記があるが、それぞれのカテゴリーの内容については戸令で詳細に定められており、カテゴリーごとの税役も戸令に規定がある。しかし走馬楼呉簡では、このような抽象化の痕跡はほとんど確認できず、これは呉簡の疾病・障碍表記の特徴と言えよう（福原啓郎「長沙呉簡の傷病表記の特徴」）。

ところで、これらの疾病や障碍のなかには、②の「フィラリア症」（象皮病）や㉑の「苦腹心病」（日本住血吸虫病）などのように、風土病と思われるものもある。総じて敦煌やトゥルファンで出土した後代の戸籍に比べると、疾病・障碍者が全吏民に占める割合がとても高く、里魁のように地方行政を末端で支えている吏民のなかにも罹患者が含まれている（関尾「長沙呉簡吏民簿の研究」（上））。これはこの地域が抱えている負の側面と言えるかもしれない。

しかしだからと言って、臨湘県に生活する吏民たちがとりわけ短命だったというわけではない。当時の平均寿命については知る術がないが、吏民簿には高齢者も眼につく。一例だけだが百歳を超える者さえ見い出すことができる（巨妾：一〇二歳／捌五四七七）。高齢者の多さについては、複数の論者の指摘があるが、最高齢の夫婦は夫が九二歳、妻が八三歳であった（鷲尾祐子「分異の時期と家族構成の変化について」）。吏民簿の年齢表記の信憑性を低く見積もったとしても、やはり高齢者の多さは注目にあたいする。そしておそらくこの特徴とも関連していると思われるのが、臨湘県の自然環境である。

倉庫莂に見える税物のなかには獣皮があり、具体的には麂（ノロジカ）、鹿、羊（ヤギ）、および水牛などの皮が調として納入されている。その背景として、麂や鹿が棲息するのに適した灌木地帯や丘陵地帯が臨湘県一帯に拡がっていたことが推定されている（中村威也「獣皮納入簡から見た長沙の環境」）［図一九］。

◈複線的・重層的な賑恤策

もっともこのような自然環境と江南本来の温暖な気候も、むしろ超歴史的な条件と言うべきか

［図一九］
鹿らしき動物が描かれた木牘：『長沙走馬楼三国呉簡・嘉禾吏民田家莂』上冊、黒白図版六―4（J二二(三)二六二六）。

もしれない。ただ、この地域の田土が高い生産性を実現していたとは思えない。吏民田家莂には、「二年常限」と称された通常の田土に混じって「火種田」という田種が見えているからである。詳細は不明だが、焼畑農法や、江南の原始的な農法を示す「火耕水耨」を連想させるようなかかる田種の存在は、この地方ではなお開発が進行中だったことをうかがわせる。旱害に代表される自然災害により農業生産が打撃を受けることもけっして珍しいことではなかったようで、⑱や⑳など吏民田家莂の記載からもそれはわかる。もちろん災害時における諸税の減免措置は当然行なわれていたはずで、吏民田家莂の記載はそのことも同時に教えてくれる。が、それ以外にも複数の施策が講じられていた。たとえば三州倉や州中倉に貯蔵されていた穀物は食糧用として吏民に貸与され、貸与を受けた吏民は半倍の利息分とともに一年以内に還納することになっていた。ここでも勧農掾が大きな役割を果たしたが、このような措置は頻繁かつ日常的に行なわれた可能性が高い。倉庫莂と同じような莂が作成されたからである。㉓はそのような莂である。

㉓出平郷元年雜禾十八斛四斗――嘉禾二年四月十八日勸農掾蔡忠付舍田丘大男廖□守錄

（肆四三四八）

平郷担当の勧農掾である蔡忠を通じて、舎田丘に住む廖某が県倉から前年納入された「雑米」（税米・租米など複数の米を含むためだろう）を貸与されたことを示している。県倉の側に保管された莂が「出」簡なのはそのためである。

またこのような救済措置とはべつに、種籾・食糧兼用の穀物の貸与も、臨湘県令(当時は臨湘国相)の承認を得て実施されていた。こちらは県令の承認を必要としていたので、頻繁かつ日常的に行なわれたわけではなさそうだが、さらに、これらとはべつに無利息の穀物貸与が、郷の内部で行なわれていた可能性もある。ようするに、穀物の貸与は複線的・重層的に実施されていたのである(谷口建速「「貸食米」と「種粻」」/関尾「穀物の貸与と還納をめぐる文書行政システム一斑」)。

このような救済措置も臨湘県だけで行なわれていたわけではないだろう。とくに食糧専用の穀物貸与は後代に継承されたことが確実である。しかし、穀物の貸与が複線的・重層的に実施されていたことにはやはり注目しておくべきだろう。そしてここでも勧農掾が重要な役割を果たしたのである。元来は県の吏員である勧農掾が、担当する郷の戸口把握から徴税、さらには賑恤にいたるまで、およそありとあらゆる業務に従事していたことになる。もちろん郷の下に置かれた里でも、里魁の他に、歳伍・月伍・比伍などが任じられ、里魁の職務を一部分掌していた。例えば歳伍は吏民簿の作成に関与していたし(阿部幸信「長沙走馬楼呉簡所見調納入簡初探」)、食糧専用の穀物貸与も、勧農掾から歳伍・月伍・比伍などを通じて行なわれたケースが目につく。郷嗇夫が不在であるにもかかわらず、吏民の再生産のための施策が円滑に行なわれたのであれば、それには県吏である勧農掾の力もさることながら、里魁や某伍など里の内部にあった吏民の役割も軽視できないだろう。

◈蛮

先にもふれたように、走馬楼呉簡には、蛮姓をもつ吏員や民戸が頻出している。六世紀初頭に成った『宋書』の巻九七夷蛮・荊雍州蛮伝をはじめ、後代の「正史」には多くの蛮姓が記されているが、これを参照すると、吏民田家莂に見えている吏民のうち、四割近くが蛮の可能性があるという（満田剛「長沙走馬楼吏民田家莂に見える姓について」）。これはあくまでも可能性にすぎないが、吏民簿に頻出する番（潘）・文・區・雷・栂（梅）などの諸姓は蛮に由来するものである。これらの姓をもつ者のなかには吏員や里魁などの地位に就いていた例も散見されるので、『後漢書』や『三国志』に登場する自立勢力としての蛮とは一線を画する存在だったと言えよう（もっとも先に孫策が長沙太守に任じられたのは、「長沙賊」の區星が将軍を自称して叛旗を翻したからであったが）。

臨湘県のうちでも、武陵郡と同名の小武陵郷の倉庫莂には、番（潘）・文・區・雷・栂（梅）、さらには鄭・石・黄などといった蛮姓が多く見られる。このことからすると、小武陵郷は、武陵郡から移された武陵蛮（五渓蛮）を定着させるために設けられた郷だった可能性が高い。この郷が、臨湘県の郊外に広がるように立地していたらしいこと（侯旭東「長沙走馬楼三国呉簡所見〝郷〟与〝郷吏〟」）もその傍証になるだろう。

さてそれでは蛮姓をもつ吏民や民戸はどのような存在形態をとっていたのだろうか。この点については、多くの吏民が「丘」に居住していたことが注目される。「丘」については、『説文解字』巻九丘部に「丘とは土の高いところである。人為的なものではない（丘、土之高也、非人所為也）。」とあるものの、走馬楼呉簡に見える丘の性格や立地については定説がない。ただ田土に近接している、城外の地であることは疑いないだろう。倉庫莂や吏民田家莂の記載から、蛮と漢とを問わず、多くの吏民が城内の里ではなく、この丘に居住していたことがわかる。すなわち当地では、吏民把握の原則を遵守し、吏民簿では郷と里によって本貫を示しながら、そのいっぽうで、城外の現住地（多くの蛮にとっては原住地だったかもしれない）である丘ごとに税を徴収するという柔軟で現実的な方法が採用されていたと考えられるのである。倉庫莂には通常、納税者について居住している丘名が冠されているが、ごく稀に丘名の代わりに「邑下」や「市會」といった文字が冠されているものがあるので、例示しておこう（‖は勘会の記号を示す）。

㉔入都郷邑下男子陳仗所調二年布三丈九尺‖嘉禾二年十一月廿五日付庫吏殷連受　（壹七五三三）

㉕入桑郷市會干愼三月四月五月租錢一□□　☑　（壹一四三二）

㉔は「邑下」の、また㉕は「市會」の民戸に関わる莂である。「邑下」とは「城下」のことだろうか。また「市會」の「市」も城内に設けられた市場と思われる。すなわち陳仗と干愼は丘に居住して農耕に従事していたのではなく、城内に日常的・通時的に居住しており、主として手工業や商業に

従事していたのだろうが（干慎は租として米ではなく銭を納入していた）、全吏民のなかでは、あくまでも少数派であった。

ところで、丘は走馬楼呉簡や東牌楼後漢簡（王素「長沙東牌楼東漢簡牘概述」）のみならず、郴州の蘇仙橋呉簡にも見えているので（関尾「湖南省郴州市、蘇仙橋出土呉簡について」）、湘江流域では広く見られた居住方式であり、かつ吏民に対する掌握方法だった可能性があるが、農業生産はもとより、獣皮獲得（そのための狩猟活動）のためにも、効果的な方法だったという評価ができるかもしれない。

四――走馬楼呉簡からみた呉・蛮抗争

走馬楼呉簡の時代、長沙郡の西隣の武陵郡では、潘濬による武陵蛮への征討作戦が続けられていた。武陵郡に隣接する長沙郡がこのたびの作戦で重要な拠点の一つになったであろうことは想像にかたくない。

◈潘濬

潘濬は巻六一の本伝によると、武陵郡漢寿県(湖南省常徳市近郊)の人で、最初、荊州牧だった劉表に仕えたが、その後、劉備のもとで荊州の治中従事に任じられ、劉備が益州に移ると、荊州に留まって行政を統轄した。しかし関羽の死にともなって孫権が荊州を占有すると、請われて輔軍中郎将となり、その後、太常・劉陽侯に進められ、「武陵蛮夷」(本伝では「五渓蛮夷」)が不穏な動きを見せると、その征討を任されることになった。この大任を無事勤めあげ、これ以降、「群蛮」の力は衰弱に向かったという。征討の前年にあたる二三〇(黄龍二)年、魏軍が南下して合肥(安徽省合肥市附近)に新城を造成にかかっており、二三三(嘉禾二)年には合肥新城を攻めた呉軍が敗北を喫している。また二三四(同三)年になると、呉は諸葛恪を国都の建業があった丹楊郡の太守に任じて山間部に自立していた山越を征討させている(嘉禾六(二三七)年一〇月まで)。魏は曹操の時代から長江下流域の山間部の自立勢力だった山越と秘かに結び孫権を脅かすという作戦をくり返していたので（関尾「曹魏政権と山越」）、諸葛恪の山越征討は魏軍の南下政策に直面した呉が危険を未然に防ぐためにとった措置だった可能性がある。とすれば、潘濬の武陵蛮征討も彼らが魏と結ぶ危険性を除去するという意図があったのかもしれない。

潘濬自身、武陵郡の出身で、かつ走馬楼呉簡にも頻出する蛮姓である番（潘）氏なので、この地域の状況を熟知していたであろうことは想像にかたくない。潘濬がついていた太常とは、九卿の一つで漢代以来、国家の宗廟や祭祀を統轄する地位であり、本来であれば軍事とは関わらないはずだが、その太常のままに征討軍を率いることになったのは、このような彼の経歴と無関係ではないだろう。その潘濬に関わる記述が走馬楼呉簡にもある。

㉖　其三百九十一二斛七斗四升□（三）□（州）倉一吏鄭黑言被督軍糧　（捌五三七〇）
　　都尉嘉禾三一年正月十日乙未書給一大常劉陽侯留屯吏□（士？）　（捌五四〇四）

捌五四〇四簡に見える「大（太）常劉陽侯」とは言うまでもなく潘濬のこと。臨湘県の三州倉担当の吏員である鄭黑が嘉禾三（二三四）年正月一〇日付けの督軍糧都尉からの指示（書）により、倉に貯蔵されていた米のうち三九二斛七斗四升を、駐屯していた潘濬配下の吏（と兵か）用に支給したことがわかる。両簡とも、編綴された長巻のごく一部に過ぎず、文書（ないしは簿籍）の全体像がわからないが、捌五三七〇簡冒頭の「其」字は内訳を導く文字なので（吏民簿⑥・⑦の戸計簡を参照）、三州倉から米を支出した記録の一部（内訳簡）と思われる。このような簡は他にも見出せる（谷口建速「走馬楼呉簡よりみる孫呉政権の穀物搬出システム」）。

㉗ □□書給使持節劉？ 陽？侯兵曹王攀所領□ □〼（弐八二二三）

㉘ 糧都尉嘉禾元年十二月卅日辛酉書給大常 劉陽侯兵曹王攀所□（参二五〇七）

㉙ 糧都尉嘉禾元年十二月卅日辛酉書給大常□ □吏士妻母□〼（参二五二七）

この三枚は前後に接続する簡を特定できないが、やはり督軍糧都尉の指示を受けた倉吏が、潘濬の下僚である王攀や吏士の家族用に食糧の米を支給した（する）ことを示している。㉘と㉙はともに嘉禾元（二三二）年の一二月三〇日という同日に出された指示である。㉙が吏士の家族（妻母）を支給対象としているので、㉘は兵曹の王攀を介して吏士に支給するものだったのではないだろうか。㉖と合わせると、臨湘県の県倉は潘濬率いる征討軍用の糧食を定期的ないしは通時的に提供していたと考えることもできよう。またつぎのような簡もある。

㉚　一其一人大常客不應發一遣　（參八三九九）

この簡は、以下のような簡と同じ簿籍の最後（帳尻簡）の内訳簡を構成していたと考えられる。

一其一人他坐不應擧人一〼　（參八三九五）
一其十七人□□民不應一發遣　（參八四〇〇）
一其五人……不應發遣一　（參八四〇二）

吏民簿は先述したように、まず里ごとに作成され、それが郷に集められて清書された上で集計が行なわれるが、おそらくは郷で集計が行なわれた際に、当該の郷内で何らかの事情があって徴発できない吏民の員数をその理由とともに書き出した簡であろう（「他坐」は不在の意）。そのなかに大常すなわち潘濬の「客」であるという理由で徴発を免れた民がいたのである。大常の客にまつわる簡は他にもある。

㉛〼□所□書給一大常都尉□□士胡客□　（壹一九五九）

㉜　右大常□（佃？）客一一人　—　（參二三二九）

㉝大常物故客武陵梁一□妻□年□二　　一　　（参二三五六）

大常潘濬の客が臨湘県の吏民簿を通じて把握されていたと考えざるをえないのだが、㉜を佃客と釈読できるならば、客の身分をもちながら独立した戸を形成していた者と解釈できる（谷口建速「長沙呉簡にみえる佃客と限米」）。また㉝はその様式から「師佐簿」の構成簡と考えられるが、武陵郡を本貫とする潘濬の客（故人）がいたことがわかる。潘濬自身が武陵郡出身だったことと無関係ではないだろう。

◈呂岱

潘濬とともに「武陵蛮夷」の征討に従事したのが、広陵郡海陵県（江蘇省泰州市西）の人、鎮南将軍の呂岱である。巻六〇の本伝によると、士燮の死（二二六年）後、交州刺史として士氏一族を平定して凱旋、「武陵蛮夷」の征討当時は長沙郡の漚口《おうこう》（湖南省茶陵県附近）に駐屯していた。それから軍事行動が終息する嘉禾三（二三四）年まで潘濬と行動を共にしたようだが、彼のことも走馬楼呉簡に見えている。

㉞　七斗九升九合九勺被一督軍糧都尉嘉禾元年六一月十四日戊申書給鎮南将　（壱二三五四）

軍呂岱所領□□□……□（壹二三三六）

潘濬の㉖とはやや様式を異にするが、督軍糧都尉の嘉禾元年六月一四日付けの指示により、米が呂岱率いる部隊に支給されたことがわかる。この措置が一過性のものではなく、繰り返されたことも、つぎの竹簡から明らかである。

㉟　都尉嘉禾元年八月十一日甲辰書給將軍呂岱所一部都尉?所□士四人及瑜合五人（壹二二五七）

㊱　三斗九升九合七勺被督軍糧都尉嘉禾元年六月十四戊申《ママ》給鎭南?（壹二三〇三）

㊲　呂岱所領都□□（壹二三七八）

断片ばかりだが、このうち㊱は㉞と同じ日付で督軍糧都尉の指示が出されており、呂岱配下の異なった部隊ないしは組織それぞれに対して軍糧の支出が行なわれた（行なわれることになっていた）ものと思われる。

潘濬の場合も、呂岱の場合も、臨湘県の倉から軍糧の提供を受けたのは、武陵郡の前線で作戦行動中の部隊ではなく、長沙郡にあった後詰めの部隊や戦闘員の家族だったと考えたほうが妥当かもしれないが、いずれにせよ、長沙郡の首県である臨湘県も武陵蛮の征討作戦と無関係ではありえなかったのである。⑧と⑨の倉庫莂を比べればわかるように、嘉禾三（二三四）年には、州から派遣された複数の邸閣郎中が、担当の県倉における米の納入に立ち会うだけではなく、倉庫莂にも必ず自署するようになっていた（伊藤敏雄「長沙呉簡中の邸閣・倉吏とその関係」）。州吏である邸閣郎中は黄龍年間から臨湘県の倉に派遣されていたが、全ての米の倉庫莂に自署するようになるのは嘉禾二（二三三）年から始まったことで、軍糧を確保するためにも、速やかで確実な税収が、当時にあっては喫緊の課題だったと考えることもできよう。また右に上げた㉜と㉝が技術者とその家族を対象とした「師佐簿」の構成簡とともに巻き込まれていたこと、この師佐簿の年代が潘濬の軍事行動の時期に重なることなどから、征討作戦の進行のために、近隣の各県から技術者がその家族とともに臨湘県に集結させられた（ようするに師佐簿は彼らの名籍）とする解釈も試みられている（凌文超「兵曹徙作部工師及妻子簿与征討武陵蛮」）。

おわりに

走馬楼呉簡の出土後、魏晋時代の簡牘の出土が相次ぐことになった。湖南省の南端とも言うべき郴州市蘇仙区の蘇仙橋では二〇〇三年、孫呉時代（一〇〇枚余）と西晋時代（九〇〇枚余）の簡牘が別々の井戸から出土した（湖南省文物考古研究所他「湖南郴州蘇仙橋遺址発掘簡報」／「湖南郴州蘇仙橋J４三国呉簡」）。郴州市にはかつて桂陽郡の首県である郴《ちん》県が置かれていたので、これらの簡牘は桂陽郡や郴県で作成された文書・簿籍だったと考えられている。また長沙市の西北、資水に沿った益陽市の兎子山でも二〇一三年、戦国時代より三国時代に至る各時代の簡牘が複数の井戸から出土したというニュースに接した。総数は一万三千枚余とのことである（張興国「益陽兎子山遺址考古発掘情況簡介」）。この地はかつての長沙郡益陽県なので、県内部の官文書が多く含まれていたはずである。これらは走馬楼呉簡と同じ湖南省での出土例だが、呉の国都が置かれた南京すなわち当時の建業でも二〇〇四年、秦淮河南岸の船板巷付近から少数ながら呉簡が出土した（賈維勇他「読南京新近出土的孫呉簡牘書法札記」）。奈良の平城京遺址などから多数の木簡が見つかっている日本とは異なり、中国では都城からの出土例はきわめて少ないので、その意味でも貴重な事例である。こうして見ると、今や、後漢から魏晋時代にかけての研究に簡牘は不可欠な史料群になったと言うことができるだろう。

もう一点指摘すべきことは、走馬楼呉簡以下の長沙、そして郴州や益陽など湖南省で発見された簡牘には、全て井戸から出土したという共通点があることである。湖南省における井戸からの出土例にはこのほかに、里耶秦簡（二〇〇二年、湘西土家族苗族自治州龍山県出土。湖南省文物考古研究所編『里耶発掘報告』）、郢公塘後漢簡（二〇〇九年、醴陵市出土。長沙簡牘博物館編『湘水流過』）などがある。なぜこの地域では簡牘が井戸に廃棄されたのだろうか。そもそも本当に廃棄されたのであろうか。あるいは井戸を使用不可ないしは不能にするために、不要になった（あるいはまだ必要なものも含めて）簡牘以下、さまざまな物品を井戸に投棄したと考えることもできるかもしれない。J二二の第三層からは、まだ充分に使用に耐えうるような、きれいな青磁罐がいくつも出土しているからである［図二〇］。日本古代の井戸に関する成果（鐘方正樹『井戸の考古学』ほか）からも学びながら、井戸の構造や出土遺物について検討を進める必要があるだろう。

またJ二二から出土した走馬楼呉簡の史料群としての性格についても、より突っ込んだ分析が必要である。最近、侯旭東氏がこの問題について、臨湘県（臨湘侯国）の主簿と主記史が保管していた文書や簿籍のうち、主に倉曹と戸曹から提出されたものを中心として、田曹から提出されたものも含まれているという大胆な仮説を提示した（同「湖南長沙走馬楼三国呉簡の性格についての新解釈」）。「教」文書の説明でふれたが、主簿と主記史は、「門下」と「分職諸曹」の双方を媒介するような存在で、県廷では重要な役割を果たしていたと考えられるので、侯氏の仮説は傾聴にあたいしよう。

一説によると、走馬楼呉簡を取り上げた論文は、この二〇年のあいだに、六〇〇篇を超えたとのこと。その全てに目を通すことはおろか、全容を把握することさえ断念せざるをえない。もちろんかく言う私も、残念ながら全容を把握できているとは言いがたい。したがって本章でふれることができたのは、現在まで明らかになっている諸事象のごく一部にすぎない。県倉や県庫の出納システムについては谷口建速氏による成果が公刊されているし（同『長沙走馬楼呉簡の研究』）、凌文超氏が各種の簿籍について精力的に研究を続けている（同『走馬楼呉簡采集簿書整理与研究』）。また研究が深化する過程で、簡牘に記された文章や文言の内容解釈に終始しがちだった中国でも、考古学的分析や古文書学的分析の必要性に対する認識が深まりつつあるので（凌文超「呉簡文書学研究芻議」）、今後さらなる成果が確実に期待できる。これからもこの史料群とのつき合いを当分の間は続けていかざるをえないようである。

くり返えすが、走馬楼呉簡は簿籍がその大半を占めている。居延など西北地方で出土した漢簡に見られるような文書は限られているし、中央から逓送された下達文書も今のところ見あたらない。大半は、それ一枚だけではただのデータに過ぎず、史料たりえないものである。これを史料として活かすためには考古学的分析や古文書学的分析もさることながら、データベースを構築しなければならない。共同研究と共同作業が不可欠な所以で、地道な努力が実を結ぶまでには時間が必要である。自身、走馬楼呉簡の研究経験を有する満田剛氏にしてからが、「〝破片〟になっているものを読むのは、〝泣き〟が入る作業であろう」とやや自嘲的に書いている（同『三国志』、二七五頁）。しかしそれこそがこの史料群との「つき合い方」なのである。

〔図二〇〕
J二二出土の青磁罐：長沙簡牘博物館編『「湘水流過湖南地区出土簡牘展」図録』、六〇頁。

【参考文献】

［日本語］（五十音順）

安部聡一郎「典田掾・勧農掾の職掌と郷―長沙呉簡中所見「戸品出銭」簡よりみる―」伊藤敏雄・窪添慶文・関尾編『湖南出土簡牘とその社会』汲古書院、二〇一五年。

阿部幸信「長沙走馬楼呉簡所見調納入簡初探」『立正史学』第一〇三号、二〇〇八年。

伊藤敏雄「三国呉の帳簿の計算ミス」『東アジア研究』第三七号、二〇〇三年。

――「長沙呉簡中の邸閣・倉吏とその関係」『歴史研究』第四九号、二〇一一年。

于振波／関尾史郎訳「走馬楼呉簡に見える郷の行政」藤田勝久・関尾編『簡牘が描く中国古代の政治と社会』汲古書院、二〇一七年。

王　素・宋少華／石原遼平訳「長沙呉簡書法研究序説」伊藤・窪添・関尾編、前掲『湖南出土簡牘とその社会』。

鐘方正樹『ものが語る歴史8　井戸の考古学』同成社、二〇〇三年。

川手翔生「嶺南士氏の勢力形成をめぐって」『史観』第一六七冊、二〇一二年。

窪添慶文「日本における長沙呉簡研究」関尾編『新出簡牘資料による漢魏交替期の地域社会と地方行政システムに関する総合的研究』（平成25～28年度科学研究費補助金・基盤研究（A）（代表：関尾／課題番号：25244033）研究成果報告書）、新潟大学、二〇一七年。

後藤均平「士燮」『史苑』第三二巻第一号、一九七二年。

侯旭東／永木敦子訳「湖南長沙走馬楼三国呉簡の性格についての新解釈」藤田・関尾編、前掲『簡牘が描く中国古代の政治と社会』。

関尾史郎『西域文書からみた中国史』山川出版社・世界史リブレット、一九九八年。

――「曹魏政権と山越」西嶋定生博士追悼論文集編集委員会編『西嶋定生博士追悼論文集　東アジア史の展開と

日本』山川出版社、二〇〇〇年。

――「湖南省郴州市、蘇仙橋出土呉簡について」『中国出土資料学会会報』第三八号、二〇〇八年。

――「南京出土の名刺簡について―「魏晋「名刺簡」ノート」補遺―」『資料学研究』第七号、二〇一〇年。

――「機能論からみた長沙呉簡」『〝東亜的簡牘与社会―東亜簡牘学探討〟学術研討会論文集』（予稿集）、中国政法大学法律古籍整理研究所・奈良大学簡牘研究会・中国法律史学会古代法律文献専業委員会、二〇一一年。

――「長沙呉簡中の賦税納入簡について―作成者の問題を中心に―」『資料学研究』第九号、二〇一二年。

――「破莂・別莂考―長沙呉簡を例として―」藤田勝久編『東アジアの資料学と情報伝達』汲古書院、二〇一三年。

――「穀物の貸与と還納をめぐる文書行政システム一斑―東アジア古文書学の起点としての長沙呉簡―」角谷常子編『東アジア木簡学のために』汲古書院、二〇一四年。

――「魏晋簡牘のすがた―長沙呉簡を例として―」『国立歴史民俗博物館研究報告』第一九四集、二〇一五年。

――「長沙呉簡吏民簿の研究―「嘉禾六（二三七）年廣成郷吏民簿」の復元と分析―」（上）、『人文科学研究』第一三七輯、二〇一五年。http://dspace.lib.niigata-u.ac.jp/dspace/bitstream/10191/34757/1/137_T27-T98.pdf（二〇一九年一月時点）

――「簿籍の作成と管理からみた臨湘侯国」伊藤・窪添・関尾編、前掲『湖南出土簡牘とその社会』。

――「出土史料よりみた魏晋・「五胡」時代の教」藤田・関尾編、前掲『簡牘が描く中国古代の政治と社会』。

髙村武幸「長沙走馬楼呉簡にみえる郷」『長沙呉簡研究報告』第二集、二〇〇四年。

谷口建速『長沙走馬楼呉簡の研究―倉庫関係簿よりみる孫呉政権の地方財政―』早稲田大学出版部・早稲田大学学術叢書、二〇一六年。

――「走馬楼呉簡よりみる孫呉政権の穀物搬出システム」同、前掲『長沙走馬楼呉簡の研究』（二〇〇六年初出）。

――「「貸食米」と「種粻」――孫呉政権初期における穀物貸与業務」同、前掲『長沙走馬楼呉簡の研究』（二〇一〇年初出)。

――「長沙呉簡にみえる佃客と限米」伊藤・窪添・関尾編、前掲『湖南出土簡牘とその社会』。

谷口房男「後漢時代の武陵蛮」同『華南民族史研究』緑蔭書房、一九九七年(一九六九年初出)。

――「三国時代の武陵蛮」同、前掲『華南民族史研究』(一九七一年初出)。

中村威也「獣皮納入簡から見た長沙の環境」『長沙呉簡研究報告』第二集、二〇〇四年。

西川利文「湖南・長沙市五一広場周辺出土の簡牘」『佛教大学歴史学部論集』第七号、二〇一七年。https://archives.bukkyo-u.ac.jp/rp-contents/RO/0007/RO00070L075.pdf(二〇一九年一月時点)

福原啓郎「長沙呉簡の傷病表記の特徴」伊藤・窪添・関尾編、前掲『湖南出土簡牘とその社会』。

藤田勝久「霊渠と相思埭―桂林地区の水利遺跡―」『「社会」科学研究』第一三号、一九八七年。

町田隆吉「長沙呉簡よりみた「戸」について―三国呉の家族構成に関する初歩的考察―」『長沙呉簡研究報告』第三集、二〇〇七年。

満田　剛「長沙走馬楼吏民田家莂に見える姓について」、長沙呉簡研究会編『嘉禾吏民田家莂研究―長沙呉簡研究報告・第一集―』長沙呉簡研究会、二〇〇一年。

――『三国志　正史と小説の狭間』白帝社、二〇〇六年。

横田恭三『中国古代簡牘のすべて』二玄社、二〇一二年。

鷲尾祐子「分異の時期と家族構成の変化について」伊藤・窪添・関尾編、前掲『湖南出土簡牘とその社会』。

――『資料集　三世紀の長沙における吏民の世帯―走馬楼呉簡吏民簿の戸の復原―』https://publication.aa-ken.jp/ChangshaResister.pdf(二〇一七年五月九日、**資料集**)。

【中国語】(画数順)

王　素「漢末呉初長沙郡紀年」北京呉簡研討班編『呉簡研究』第一輯、崇文書局、二〇〇四年。

――「高昌郡府官制研究」新疆吐魯番地区文物局編『吐魯番学研究　第二届吐魯番学国際学術研討会論文集』上海辞書出版社、二〇〇六年。
――「長沙東牌楼東漢簡牘概述」同『漢唐歴史与出土文献』故宮出版社・故宮博物院学術文庫、二〇一一年（二〇〇六年初出）。
長沙市文物工作隊・長沙市文物考古研究所「長沙走馬楼J22発掘簡報」『文物』一九九九年第五期（**発掘簡報**）。
長沙市文物考古研究所「長沙潮宗街工地考古発掘情況簡報」陳建明主編『湖南省博物館館刊』第九輯、岳麓書社、二〇一三年。
長沙市文物考古研究所・中国文物研究所・北京大学歴史学系・走馬楼簡牘整理組編『長沙走馬楼三国呉簡・嘉禾吏民田家莂』（全二冊）、文物出版社、一九九九年。
長沙簡牘博物館編『嘉禾一井伝天下　走馬楼呉簡的発現保護整理研究与利用』岳麓書社、二〇一六年（**嘉禾一井**）。
――編『「湘水流過　湖南地区出土簡牘展」図録』長沙簡牘博物館、二〇一六年。
侯旭東「長沙走馬楼三国呉簡所見“郷”与“郷吏”」同『北朝村民的生活世界――朝廷・州県与村里』商務印書館・中国中古社会和政治研究叢書、二〇〇五年（二〇〇四年初出）。
凌文超『走馬楼呉簡采集簿書整理与研究』広西師範大学出版社・簡帛研究文庫、二〇一五年。
――「兵曹徒作部工師及妻子簿与征討武陵蛮」同、前掲『走馬楼呉簡采集簿書整理与研究』（二〇一一年初出）。
――「呉簡文書学研究芻議」同、前掲『走馬楼呉簡采集簿書整理与研究』（二〇一三年初出）。
徐　暢「走馬楼簡所見孫呉臨湘県廷列曹設置及曹吏」長沙簡牘博物館・北京大学中国古代史研究中心・北京呉簡研討班編『呉簡研究』第三輯、中華書局、二〇一一年。
張興国「益陽兔子山遺址考古発掘情況簡介」、http://www.hnkgs.com/show_news.aspx?id=841（二〇一三年一二月一一日）。

湖南省文物考古研究所編『里耶発掘報告』岳麓書社、二〇〇六年。

——・郴州市文物処「湖南郴州蘇仙橋J４三国呉簡」中国文物研究所編『出土文献研究』第七輯、上海古籍出版社、二〇〇五年。

——・「湖南郴州蘇仙橋遺址発掘簡報」湖南省文物考古研究所編『湖南考古輯刊』第八集、岳麓書社、二〇〇九年。

楊振紅「長沙呉簡所見臨湘侯国属郷的数量与名称」卜憲群・楊振紅主編『簡帛研究』二〇一〇、広西師範大学出版社、二〇一二年。

賈維勇・胡舜慶・王志高「読南京新近出土的孫呉簡牘書法札記」『書法叢刊』二〇〇五年第三期。

窪添慶文「日本的長沙呉簡研究」長沙簡牘博物館編『長沙簡帛研究国際学術研討会論文集』中西書局、二〇一七年。

関尾史郎「長沙走馬楼出土呉簡所見臨湘地域社会的特質」長沙簡帛博物館編、前掲『長沙簡帛研究国際学術研討会論文集』。

厳耕望『中国地方行政制度史』上編巻中、中央研究院歴史語言研究所、一九六三年。

(不明)「益陽兎子山遺址出土簡牘」(三)、http://www.hnkgs.com/show_news.aspx?id=975(二〇一四年一二月一〇日)。

【図表出典の書誌データ】(**掲載順。参考文献は除く**)

金文京『中国の歴史04三国志の世界　後漢三国時代』講談社、二〇〇五年。

長沙市文物考古研究所編『長沙尚徳街東漢簡牘』岳麓書社、二〇一六年。

長沙簡牘博物館・中国文化遺産研究院・北京大学歴史学系・故宮研究院古文献研究所走馬楼簡牘整理組編『長沙走馬楼三国呉簡・竹簡〔捌〕』(全三冊)、文物出版社、二〇一五年。

——・中国文化遺産研究院・北京大学歴史学系走馬楼簡牘整理組編『長沙走馬楼三国呉簡・竹簡〔肆〕』(全

三冊)、文物出版社、二〇一一年。
――――・中国文物研究所・北京大学歴史学系走馬楼簡牘整理組編『長沙走馬楼三国呉簡・竹簡〔弐〕』(全三冊)、文物出版社、二〇〇七年。
宋少華主編『湖南長沙三国呉簡』(全六冊)、重慶出版社・中国簡牘書法係列、二〇一〇年。

第五章

諸葛亮の「北伐」と涼州——高台地埂坡四号墓壁画ほか

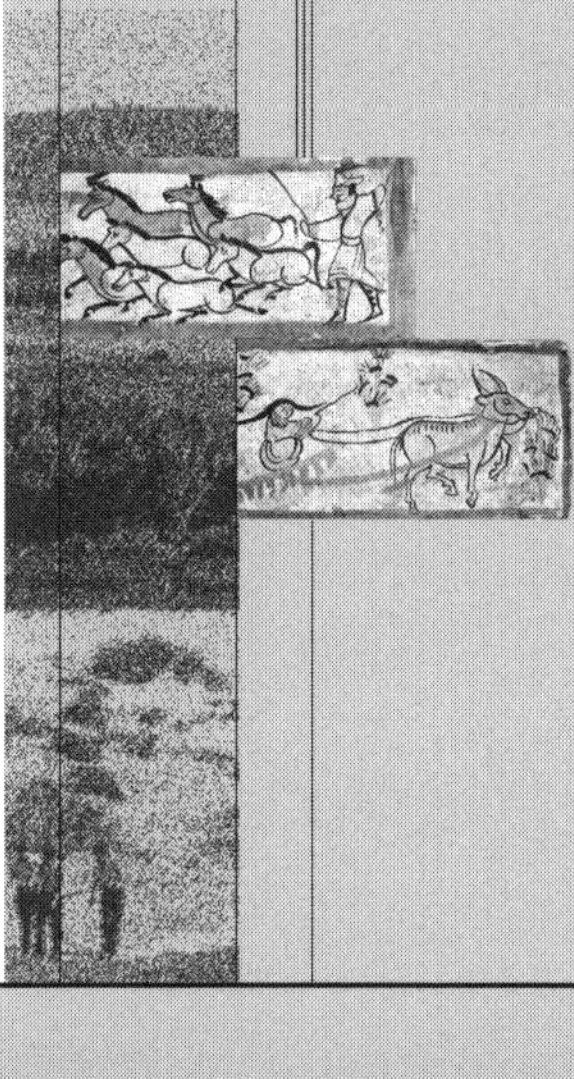

はじめに

諸葛亮の「北伐」に関する『三国志』の記述のなかで、ずっと気になっていた一文がある。それは巻三三後主伝建興五（二二七）年春条の「丞相の（諸葛）亮は（軍を）出して漢中に駐屯し、汴（水）の北、陽平（関近くの）石馬城に軍営を設けた（丞相亮出屯漢中、営沔北陽平石馬）」という記事に附された裴松之注が引く『諸葛亮集』の、同年三月詔中の一文である。

涼州諸国王は、各々月支・康居胡侯の支富・康植ら二〇人余をして（蜀に）詣りて指令（節度）を受けさせ、大軍が北方に出撃する際には、直ちに兵馬を率い、先駆として奮戦致したい（と告げてきた）（涼州諸国王各遣月支・康居胡侯支富・康植等二十餘人詣受節度、大軍北出、便欲率将兵馬、奮戈先駆）。

原文はわずか四〇字に過ぎず、訓読もとくにむつかしいというわけではない。しかしどうもよくわからない。冒頭の「涼州」とは甘粛省の西部で、当時は曹魏の勢力範囲だったはずだが、その涼州の「諸国(の)王」とはどういう意味なのだろうか。「大軍北出」とは言うまでもなく諸葛亮の「北伐」をさすのだが、蜀漢の「北伐」計画を「涼州諸国王」たち(「諸国」とあり、「各」と続くからには、複数の国それぞれに王がいたはずである)は事前に承知していたのだろうか。また「北伐」が旧都長安の奪回を目的としていたとすれば、そのような軍事行動に「涼州諸国王」の配下が役に立つのだろうか。詔はこの一文を「呉王孫権は同《とも》に災患を恤《うれ》い、軍を潜《ひそ》め謀《はかりごと》を合わせ、其の背後を掎角しようとしている(呉王孫権同恤災患、潜軍合謀、掎角其後)」に続けて記した上で、「天命は既に集《いた》(至)り、人事もまた至《な》(成)った(天命既集、人事又至)」と結んでいるので、呉王孫権と「涼州諸国王」の動きが「人事」に属するのであろう。もちろん誇張は避けられないが、孫呉と並べられるとはずいぶんと高い評価、そして大きな信頼である。

本章では、この「涼州諸国王」とその配下である「胡侯」の内実を出土史料から探ると同時に、彼らの目ざした方向についても史書の記事から考えてみよう。

一——「涼州諸国王」の正体

この「涼州諸国王」について、当時の涼州にはいかなる「国王」も存在していなかったので、涼州の管轄下にあった中央アジアの東部、タリム盆地の南北に点在していたオアシス国家の王たちと解釈し、彼らが自国に寄寓していた支富や康植らを派遣したと理解するむきもある（馬雍「東漢後期中亜人来華考」／余太山『両漢魏晋南北朝与西域関係史研究』上編三「曹魏・西晋与西域」）。しかし、そのような複雑な関係を想定する必要はないだろうし、そもそも不自然である。涼州をそのまま、当時は曹魏の勢力範囲だった現在の甘粛省西部と考える大方の見方に従いたい。その上で「涼州諸国王」だが、榎一雄氏は「涼州（武威）・張掖・酒泉そして恐らくは敦煌方面にいた月氏・康居等の集団の王であった人々をいうのであろう」（同「漢魏時代の敦煌」、一八頁）とし、漢代から引き続き、安定郡（郡治の臨涇県は甘粛省鎮原県附近）の月氏城（漢代の月氏道か）には三国時代にも月氏の集団がいたと推測する。また康居については、後漢時代の二世紀半ばに亀茲・莎車・烏孫・疏勒など中央アジアの諸勢力が涼州・張掖・酒泉・雲中の諸郡に侵寇し平定された事件（『後漢紀』巻二一桓帝紀上延熹二（一五九）年六月条／『後漢書』巻六七党錮・李膺伝）を引き、康居もこの前後に来住した可能性を指摘する。だが、推測の域を出ておらず、三国時代の安定郡は涼州ではなく、雍州の管下にあった。これに対して森安孝夫氏は、「涼州諸国王」を「河西回廊に割拠して半独立的立場にあった諸国の王たち」とし、彼らが「自分の支配下にあった月支すなわち月氏や康居といった人々を、それぞれ異民族リーダー（胡侯）たち二十数人に分統させて派遣しようとした」（同『シルクロードと唐帝国』、一二〇頁）と解釈している。また森安氏は、月氏を大月氏のバクトリア商人、康居を康国（サマルカンド）のソグド商人とし、支富や康植ら胡侯とは、「河西地方に散在した西域商人集団のリーダーであると同時に、有事の際には十分な武装をした軍団の長ともなり得る人物であったにちがいない」（同、一二三頁）とも述べている。中央アジア史・ソグド研究の成果を踏まえた所説だが、やはり「涼州諸国王」の内実は曖昧模糊としたままである。馮培紅氏は、支富を中央アジアから東遷して涼州に入った大月氏の「酋長」、康植をソグディアナにあった康国（サマルカンド）の出身ととらえ、涼州に流寓した中央アジア出身の人びとは「部落」を作って住みついており、その「首領」は国王を称し、軍事力を擁していて、侮れない勢力だったという（同「絲綢之路隴右段粟特人蹤迹鈎沈」）。森安氏の所説が反映されているようだが、馮氏によると、「涼州諸国王」とは中央アジア出身の人びとの「部落」を率いた「首領」の自称だったことになる。中国では馮氏以前にも、陳国燦氏が、後漢末期の群雄割拠状態のなかで、「胡人」の「部落」や「集団」の「領袖」が自衛の軍事力を擁して王を自称したのが「涼州諸国王」だったとしている（同「魏晋至隋唐河西人的聚居与火祆教」）。またこのほかでは、栄新江氏が支富について、「月支の首領である支富は涼州地区で相当大きな兵力を持っており、蜀漢を助けて曹魏に進攻することができるほどであった」（同『敦煌の民族と東西交流』、一八頁。なお氏はこの月支を後述の小月氏のこととする。同「小月氏考」）と述べるが、これは過大評価というものだろう。

最近、満田剛氏はこうした先行研究を総覧した上で、月支（月氏）については「土着の月氏と東遷してきた月氏の双方ともに可能性」があるが、康居については「魏晋期の河西地域に康居（ソグド）人がまとまって居住していた蓋然性」があるとしている（同「蜀漢・諸葛亮の北伐戦略と隴西・河西回廊の非漢族について」、一六一頁）。満田氏は、本章でも取り上げる高台・地埂坡四号墓の壁画にも言及しているが、やはり「涼州諸国王」については不問に付されたままである。また柿沼陽平氏は、第一次「北伐」であえて西方に偏った祁山道が採られたのは、「支富や康植らの援軍を得やすい涼州方面に進出しようとした」からだとするが（同『劉備と諸葛亮』、二二一頁）、支富を「商人をひきいる人物」、康植を「軍団をひきいる人物」とするなど（同、二二〇頁）、一部に誤解があるようだ。

涼州の各地に中央アジア系の非漢族の集団が定住していたことはほぼ疑いないが、「王国」があったわけではなく、各集団の指導者が平常から「王」を自称していたわけでもないだろう。蜀漢に使節を派遣した際に「王」を名乗ったのか、さもなくば前段の「呉王孫権」と釣り合いを持たせるために詔を起草する際にあえて「涼州諸国王」としたのか、そのいずれかではないだろうか。おそらくは後者だろうというのが私の推測である。もちろん蜀漢に派遣された支富や康植らが月支胡侯とか康居胡侯という爵位・称号を帯びていたわけでもなかろう。上位者を「王」とした結果、バランスを考慮して下位の者を「侯」としたと考えれば、問題は生じない。そもそも「王」

侯」関係になぞらえることのできるような身分秩序がはたして存在していたのかさえ疑わしいところである。もっとも使者派遣を契機として、派遣された支富や康植らに侯爵が、彼らを派遣した上位者に王号が蜀漢から授与された可能性は否定できない。なお月支(月氏)については、土着の小月氏(かつて涼州一帯にあった月氏のうち、中央アジアに移動した大月氏とはべつに、原住地に残存した月氏のこと)と考えるべきではなく、やはり大月氏とすべきであろう。

ただ涼州一帯に来住した中央アジア系の人びとと蜀漢がこれ以前から通じていたこと(「北伐」計画をも知っていた程度には)、またその「北伐」で中央アジア系の人びとが先駆を務めるというのだから、蜀漢の「北伐」が長安の奪回を目指したものではないと考えられていたらしいことなどがわかる(そもそも、蜀漢が長安を奪回することは、中央アジア系の人びとにとってどのような意味や利益があったのだろうか)。

この蜀漢と中央アジア系の勢力との連携が実際に行なわれたのか否か、行なわれたとすればどのような形で行なわれたのか、こういった問題には明快な答えを出すことはできないが、このような内通は曹魏の知るところとなり、ために「北伐」開始から二年後、曹魏は中央アジアの「地域大国」である大月氏(正しくはクシャン朝)の王波調すなわちヴァースデーヴァに親魏大月氏王という最高位の王号を授け、「涼州諸国王」と蜀漢との連携を阻止せんとしたという理解にもつながるのである(西嶋定生『日本歴史の国際環境』、四三頁)。とすると、詔中のこの一文にはなかなか意義深いものがある。

二——懸泉置漢簡と「古代書簡」から

蜀漢に派遣されたメンバーに月支胡侯と康居胡侯が含まれていたということは、「涼州諸国王」に、月支や康居などの集団の指導者が含まれていた（むしろその中心的な存在だった）ことを意味していよう。もちろんこれらは全て虚構の称号というのが私の推測だが、このうち月支（月氏）とは大月氏のことである。ただ三世紀のこの時期、それまで大月氏に服属していた貴霜（クシャン）翕侯《きゅうこう》がすでに独立してクシャン朝を興していた（桑山正進氏は、後述する懸泉置漢簡の記事から、その初代王丘就却すなわちクジュラ・カドフィセスの即位を前三〇年前後とする。同「貴霜丘就却の歿年」）。したがって正しくはクシャン朝とすべきなのだが、中国世界では一貫して「大月氏」の呼称が用いられていた。

また康居とは、アラル海に注ぐシル川の中流域にあった遊牧勢力で、前漢時代、その勢力範囲は大月氏と接していた。前二世紀後半、前漢の武帝によって大月氏に派遣された張騫が、匈奴から逃れた後、西行して大宛から康居を経て大月氏に至ったことは、『漢書』巻六一の本伝に説かれているところである。ただし前節でふれたように、こちらも康居ではなく、その支配下にあった康国（サマルカンド）のソグド人というのが先行研究の理解であり、本章でもこれに従いたい。

◈懸泉置漢簡

ところで、甘粛省の瓜州県から敦煌市に通じる安敦公路の沿線、甜水井《てんすいせい》附近で一九九〇年から九二年にかけて発掘調査が行なわれた結果、漢代の懸泉置を中心とした遺跡群から、二万三千枚の有文字簡が出土した。紀年を有するものはうち一九〇〇枚だけだが、最古のものは前漢・武帝の元鼎六(前一一一)年、最新のものは後漢・安帝の永初元(一〇七)年の紀年を有しており、長期にわたって置として機能していたようである(甘粛省文物考古研究所「甘粛敦煌漢代懸泉置遺址発掘簡報」/宮宅潔「懸泉置とその周辺」)。置とは郵駅と宿泊の機能を有する施設で、懸泉置の場合は敦煌郡效穀県に属し、敦煌郡域に設けられた九つの置のうちの一つであった。出土した木簡によると、公文書の伝達をはじめ、公的な使節・使者に対する宿泊・車馬・食糧の提供、置を通過する人びとの通行証(伝)の記録・管理などを主要な業務としていた(藤田勝久「漢代西北の交通と懸泉置」)。

そして懸泉置を通過した人びとの記録のなかには、長安(洛陽も?)と本国を往還した中央アジア諸国からの使節・使者に関するものが少なからず含まれている(郝樹声・張徳芳『懸泉漢簡研究』第五章「西域与中外関係」(上))。『史記』や『漢書』など「正史」の西域伝にはほとんど記されていない大月氏からの使者も、前一世紀後半に入ると、たびたびやって来ていたことがわかる(小谷仲男「敦煌懸泉漢簡に記録された大月氏の使者」/張徳芳「河西漢簡中的大月氏」)。また康居からの使節に関しては、前漢永光五(前三九)年の冊書が残されていた。「康居王使者冊」(Ⅱ九〇DXT〇二一六②:八七七—八八三。胡平生・張徳芳編『敦煌懸泉漢簡釈粋』、一一八頁以下)と呼ばれているのがそれで、懸泉置を通過した康居の使節（同行した、康居に服属していた蘇薤の使者らも含まれていたが、全体の規模は不明である）が酒泉郡を経て長安に至り、そこで道中で受けた不当な待遇について訴え出た結果、大鴻臚管下の使主客部大夫から敦煌郡の長官である敦煌太守、敦煌太守から效穀県の長官である效穀長、效穀長から懸泉置に対して調査を指示した下達文書である。この冊書については、金秉駿氏による詳細な分析があるが（同「中国古代における対外貿易のかたち」）、使節が受けた不当な待遇とは、まず最初の到達地である敦煌郡で食糧（駱駝用の飼料も含む）を提供してもらえなかったこと、ならびにつぎの到達地である酒泉郡で献上用の駱駝の値が低く見積もられたこと、この二点である（この二点は、敦煌で飼料の提供を受けられなかった駱駝がその結果、酒泉で「瘠」と判定され、価値を低く見積もられたとも考えられるので、巧妙に仕組まれていた可能性もある）。冊書は敦煌郡に宛てられたものなので、前者の問題の調査だけが指示されており、後者の問題に関しては言及がない。しかし金氏は後者の問題に注目し、中央アジア諸国の使節の目的が、中国との交易にあったことを強調している。冨谷至氏も、この康居からの使節の目的が「商業交易」にあったことを看破している（同『漢倭奴国王から日本国天皇へ』、四一頁）。金氏はまた、彼らが中国国内でも敦煌や酒泉など周縁地域に数か月、さらには複数年にわたって滞在して商業活動に従事しており、あたかも後代のソグド商人のようであったと言う。

◈「古代書簡」

金氏が言及する、ソグド商人の中国国内における商業活動を知る手がかりを提供してくれる出土資料に、いわゆる「古代書簡」がある。「古代書簡」とは、前世紀初頭、オーレル・スタインが敦煌西方の遺跡で発見したソグド語の書簡群であり、そのなかに三一三（西晋・建興元）年に書かれたと思われる書簡がある（書簡Ⅱ。全訳は、エチエンヌ・ドゥ・ラ・ヴェシエール『ソグド商人の歴史』、三三頁以下）［図二］。吉田豊氏（同「ソグド語資料から見たソグド人の活動」／「ソグド人の言語」）や、荒川正晴氏（同『オアシス国家とキャラヴァン交易』）らの解説によりながら、要約してみよう。発信者はナナイ・バンダクというソグド人で、彼がサマルカンドのナナイ・ズバールとバルザック父子に宛てた書簡で、バンダクの商売仲間は酒泉（郡治の禄福県は甘粛省酒泉市粛州区）や、武威郡の首県である姑臧

［図二］
「古代書簡」書簡Ⅱ（BL.Or8212/95）：International Dunhuang Project website より (http://idp.bl.uk/database/stitched.a4d?recnum=12634)。

（同・武威市涼州区）などに進出していた。バンダク自身も東は金城から西は敦煌に至る一帯を商圏としていたようである。またこの地では、ソグド人が数十人～百人単位で生活していたらしいこともわかる。ソグド人のなかには、さらに東方すなわち中国内地に進出した者もいたようだが、彼らはインド人とともに、永嘉の乱（三一一〔永嘉五〕年に西晋の懐帝が匈奴の劉淵によって洛陽からその拠点平陽に連行された事件とそれにともなう混乱）の犠牲になったようだ。最後にバンダクはサマルカンドに残した一人息子の将来をズバールに託している。また伴出した書簡（書簡V）には、受信者に「キャラヴァン隊のリーダー」・「商人のリーダー」を意味するサルトポウ（漢字では薩宝）という称号が冠されており、バンダクの書簡に出てくるソグド人の生活集団の指導者も同じようにサルトポウと呼ばれていた可能性がある。「涼州諸国王」以下、月氏胡侯や康居胡侯も、実態は大小さまざまな生活集団のリーダーだったのではないだろうか（なお吉田氏も、康居胡侯の康植をソグド人と考えている。同「ソグド人とソグドの歴史」）。あるいはリーダーたちの間にはそれぞれが率いた集団の規模や由来などによって統属関係があり、それが「王―侯」関係に反映されたのかもしれない。

以上、ここでは懸泉置漢簡から、前漢時代における中央アジア諸国と中国世界の関わりを、また「古代書簡」からは四世紀のソグド人による中国進出について、ごく簡単に見てきた。それでは、その中間の三国時代はどうだったのだろうか。それが、本章のテーマなのだが、そのまえに、懸泉置漢簡と「古代書簡」の違いについても確認しておきたい。

言うまでもなく懸泉置は公的な施設であり、そこで記録されたのは、中央アジア諸国から派遣された使節・使者の動向である。彼らの目的が交易にあったにしても、それは変わらない。「康居王使者冊」にも、「(康居)王のために槖佗(駱駝)を(漢の皇帝に)奉献せんがために(為王奉献槖佗)」とか、「(蘇薤)王のために白色の牡の槖佗一匹・牝二匹を(漢の皇帝に)献ぜん(為王献白牡槖佗一匹・牝二匹)」とあるのも、そのためである。それに対して、「古代書簡」は私人間の書簡で、私文書そのものである。そこに郡や県などの地方官府の影はほとんど見られない。もちろんソグド人が中国国内でなんら公権力の介入を受けずに商業活動を自由自在に展開できたとは思えない。しかし、すでに中国国内に活動の拠点を構築していた彼らは、かつて使節・使者に随行して来往した大月氏や康居の人びととは異なり、同じソグド人どうしで商取引を行なっていたことが諒解されるのである。

もう一点、懸泉置漢簡では、康居と大月氏双方から使節・使者が前漢に派遣されたことがわかるが、両者が同道したわけではなく、それぞれ個別に来往した可能性が高い。それに対して、「古代書簡」には、ソグド人だけではなくインド人の動向も伝えられており、両者が共同行動をとっていたとまでは言えないにせよ、一定の連携が行なわれていた可能性がうかがえる。ここで想起されるのは、〈五胡十六国〉時代、後趙(三一九〜三五一年)をたてた羯族とその初代君主石勒のことである(第二章でふれた魯潜は後趙の高官で、西高穴二号墓の墓主に擬せられた石虎は石勒の従子である)。町田隆吉氏が指摘しているように(同「西晋時代の羯族とその社会」)、羯族は匈奴の「別部」とされる一方で、中央アジア系の身体的な特徴をもち、かつ「胡天」すなわちゾロアスター教を信仰していたふしもある。石勒自身も、少年時代、郷里の上党(山西省楡杜県附近)から同郷の人に伴われて洛陽に行商(行販)に出かけた経験を有しているので、ソグド人の生活様式を体現していたとも考えられる。とすると、彼が蜂起直後に率いた軍団「十八騎」のなかに、支雄と支屈六という支姓の人物が二人含まれていたことにもあらためて注意を払う必要が出てこよう。支姓＝詔中の「月支胡」＝「古代書簡」のインド人という図式はあまりにも短絡で、乱暴に過ぎるというそしりを免れないことは承知しているが、中央アジア出身の諸種族が共同した一齣と解釈することもできるのではないだろうか。

三――河西の塼画と壁画から

◈描かれた非漢族

三世紀、曹魏の末期から西晋にかけて、河西地方（「河西」とは黄河の西側という意味だが、本書では、おおよそ漢代の武威・張掖・酒泉・敦煌の四郡を含む地域概念として用いる）、なかんづくその西部に位置する酒泉（甘粛省酒泉市一帯と嘉峪関市）・敦煌（同・敦煌市一帯）両郡の管下では多くの塼画墓や壁画墓が築造された。塼画とは、墓室の壁面（墓壁）や墓門の上部（門楼）を構成する塼に描かれた図像であり、図像を描いた塼を画像塼と呼んでいる。また壁画とは、塼を積み上げて造られた墓壁に漆喰などを塗った上に、壁面全体をキャンバスに見立てて描かれた図像である（壁面全体ではなく、複数の塼を利用して描かれた図像もある。塼画と壁画の中間形態とでも言えようか）。塼は通常縦一五～一八センチ、横三五～三八センチ、厚さ数センチ程度の小さなもので、ほとんどの場合、塼画は塼を横置きにしてその表面に描かれている。

かつての酒泉・敦煌郡域と、隣接する張掖郡域（甘粛省張掖市一帯）で見つかった塼画墓と壁画墓を合わせると、百座近くになるが（関尾「甘粛出土、魏晋時代画像磚および画像磚墓の基礎的整理」／「河西磚画墓・壁画墓的空間与時間」）、なかでも酒泉郡域で見つかった塼画墓と壁画墓の墓壁に描かれた図像は、当時この地域で暮らしていた人びとの生活の一端をうかがい知ることのできる貴重な図像資料である。とくに嘉峪関市と酒泉市の市境を跨いで拡がる「果園―新城墓群」［図二］［図三］は、かつて酒泉郡の首県だった禄福県の人びとの墓域だが、一三万平方キロに及ぶ範囲に千座以上の墓が点在している。この墓域だけで一〇座以上の塼画墓が確認されているが、その塼画には、この地域にあった非漢族の姿も描かれているのである。ただ残念なのは、文字資料がほとんど伴出していないため、墓の具体的な築造年代がほとんどわからないことである。唯一、嘉峪関・新城一号墓（七二JXM一。墓主は段清とその夫人）からは、「甘□二□」という紀年が記された銘文を有する鎮墓瓶（七二JXM一：九。第二章で紹介した「後漢熹平二（一七三）年十二月張叔敬鎮墓瓶」と同じ「後漢型鎮墓瓶」）が出土しており、これが曹魏の高貴郷公の甘露二年すなわち二五七年と考えられるので、この墓は曹魏末期に築造されたことがわかる（関尾「河西磚画墓とその時代」）。他の塼画墓は墓の規模・構造、さらには塼画の配置・内容などから判断してそれ以降、すなわち曹魏の極末から西晋にかけて築造された可能性が高いので、今問題にしている「北伐」から半世紀かそれ以上後のものということになる。

ではどのような非漢族が描かれているのだろうか。この問題についてもすでに多くの研究者が論じている。たとえば岳邦湖氏らは、羌・氐・（河西）鮮卑・羯（小月氏の後裔とする）の四種（同他『岩画及墓葬壁画』四「嘉峪関新城魏晋彩絵磚及壁画墓」）、張暁東氏は羌・氐・鮮卑に、亀茲と貲虜（匈奴）を加えた五種（同『嘉峪関魏晋民俗研究』第八章「其他民族的民俗」）とし、また賈小軍氏は羌・氐・（河西）鮮卑に胡を加えた四種とするが、賈氏の胡とは、亀茲・焉耆・高昌（車師のことか）・ソグドなど中央アジアの諸種族の総称のようである（同『魏晋十六国河西社会生活史』第十一章「魏晋十六国河西壁画墓中的少数民族内容浅探」）。さらに孫彦氏は羌・氐・鮮卑に、中央アジア系の亀茲・嚈噠（エフタル）・焉者・大月

［図二］「果園—新城墓群」：『中国文物地図集』甘粛分冊（上）、「嘉峪関市文物図」（二八九頁）／「酒泉市粛州区文物図（北部）」（一八八頁）より作成。

［図三］「果園—新城墓群」：二〇〇四年一二月、著者撮影。

氏、河西に先住していた小月氏・羯・盧水胡を加える（同『河西魏晋十六国壁画墓研究』第四章「河西魏晋十六国時期的民族与信仰」）。

このように見てくると、研究の進展にともなって非漢族の種類は増加するいっぽうなのだが、私にはこれが正しい方向に向かっているとは思えない。ここに名前のあがっている非漢族が三世紀当時、河西地方に来往もしくは分住していたこと、そして漢族と何らかの交渉を持っていたことまで否定するつもりはないが、塼画や壁画を描いた工人たちが、多種の非漢族を描き分けるだけの知識や技術を持っていたとも、また描き分ける意図や必要があったとも考えがたいからである（もっと言えば、これらの非漢族の種別は多くの場合、漢族の側から一方的になされたものであり、そもそもその種別に客観性がどの程度あったのか、という問題もあるが）。これら中国の研究に対し、わが国では園田俊介氏が、「果園—新城墓群」に属する塼画墓とこれに隣接する壁画墓である酒泉・丁家閘《ていかこう》五号墓を対象として、非漢族を描いた図像を逐一分析し、髪型と帽子の形状から、羌（被髪）、（河西）鮮卑（髡《こん》髪）、氐（編髪）、大月氏（尖頂帽）、中央アジア系胡人（三角帽）の五種としている（同「酒泉丁家閘五号墓壁画にみえる十六国時代の河西社会」／「河西画像磚墓にみえる胡人図像」）。園田氏は慎重に明言を避けているが、最後の「中央アジア系胡人」がソグド人に該当する可能性が高い。ただ園田氏の推定とは正反対に、三角帽が大月氏、尖頂帽がソグド人と解釈できる余地も残っているように思えるし、帽子の形状の如何を問わず、いずれも大月氏あるいはソグド人という解釈も成りたつのではないだろうか。以下、この園田氏の成果を参照しながら、中央アジア系の人びとの図像にしぼって紹介・検討してみよう。

「果園―新城墓群」の塼画

中央アジア系の人びとを描いた塼画はけっして多くないが、そのうち嘉峪関・新城五号墓(七二JXM五)の「牧馬図」(前室東壁。縦一七・五、横三六・五センチ)[図四]は、鼻の高さを強調するためか、人物が真横から描かれており、口髭と三角形の帽子も特徴的である。この特徴は、凹凸に乏しく扁平で丸い顔形に描かれた漢族[図五](同じ五号墓前室北壁の「牧羊図」。縦一七・五、横二七・〇センチ)や、髷も結わずに長髪を左右に伸ばした羌族[図六](新城六号墓前室西壁の「耙地図」。縦一七・五、横三六・五センチ。なお五号墓・六号墓ともに曹魏・西晋交替期の築造か)などと比較すれば、より明白である。このうち羌族については、「(羌族の)女性は其の容貌を恥じ、髪を被《なが》くして(顔の)面《おもて》を覆った。羌族の人びとはそこでこれを習俗とした(女恥其状、被髪覆面、羌人因以為俗)」という『後漢書』巻八七西羌伝の記事が手がかりとなる。それでは壁画はどうだろうか。

丁家閘五号墓の壁画

韋正氏が曹魏・西晋交替期かそれよりもやや晩い築造とした(同「試談酒泉丁家閘五号壁画墓的年代」)、酒泉・丁家閘五号墓には、[図四]と酷似した中央アジア系の人物が描かれている[図七][図八](前室南壁中段の「犂耕図」と「耙耕図」)。同墓前室の東西南北の四壁には、中段と下段に多くの場面が描かれているが、これらと同じように三角帽を被った人物像は九体ほど確認される。また同墓には、この三角帽とは異なる尖頂帽を被った中央アジア系の人物も見出せる［図九］（前室南壁中段の「揚場図」）。顔は斜め横を向いたものばかりだが、鼻は高く口髭も見事である。また尖頂帽の上には飾りがついている。これと同じような人物像は六体ほど見出せる。園田氏が大月氏と推測した図像である。

［図四］・［図七］・［図八］とこの［図九］とを比べると、たしかに帽子の形状は異なっており、また［図九］だけ顔を斜め横方向から描いているが、高い鼻と口髭、身につけた衣服などは同じである。これらの図像から、一方が中央アジア系胡人、他方が大月氏という解釈はむつかしいのではないだろうか。これが私の考えである。

◈地埂坡四号墓の壁画

丁家閘五号墓の図像は、塼画墓のそれと同じような描き方だったのに対し、同じ壁画墓でも、二〇〇七年に発見された高台県の羅城郷にある地埂坡四号墓の図像ははるかに写実的で、壁面を存分に駆使した大柄な人物像が特徴的である。張掖市（甘州区）と酒泉市（粛州区）の中間に位置する高台県は、日本ではほとんど知られていないが、域内には魏晋・〈五胡十六国〉時代の古墓群が複数立地しており、そのなかには壁画墓のほか、多くの塼画墓が含まれている。高台県博物館［図一〇］には、これら塼画墓から出土した画像塼が二百点近く展示されている（このほか木板画に

［図七］「犂耕図」：鄧士伏編
『甘粛丁家閘十六国墓壁画』、9頁。

［図八］「耙耕図」：
甘粛省文物考古研究所編
『酒泉十六国墓壁画』、南壁・耙地。

［図九］「揚場図」：
『酒泉十六国墓壁画』、南壁・揚場。

［図四］「牧馬図」：胡之主編
『甘粛嘉峪関魏晋五号墓彩絵磚』、15頁。

［図五］「牧羊図」：
『甘粛嘉峪関魏晋五号墓彩絵磚』、17頁。

［図六］「耙地図」：胡之主編
『甘粛嘉峪関魏晋六号墓彩絵磚』、24頁。

も、「奴」や「婢」などの題記を有する人物像が描かれたものなど興味深いものが少なくない。関尾「高台県古墓群発掘調査簡史」）。このうち地埂坡墓群は、県の北部、豊かな水量をたたえた黒河が北流する左岸に広がる台地状のゴビ灘に位置しているが［図一一］［図一二］、この地は、かつて酒泉郡会水県の領域だったと思われる。残念ながら、四号墓は築造年代を知る手がかりがほとんどなく、大ざっぱに魏晋時代と言われているが、双室の土洞墓という構造や伴出文物などを手がかりとして、今後の絞り込みが俟たれる。

さてその壁画だが、最初に公表された、前室北壁の西端に描かれた二人の男性は白い尖頂帽を被り、立派な口髭・顎鬚・頬髯を生やしている［図一三］。高台県文化館のホームページ（http://c.blog.sina.com.cn/profile.php?blogid=e7f6457289000ari）の記事「古墓魅影：高台県地埂坡西晋4号掠影」（二〇一三年一二月五日）はこの図像を「対飲的粟特人（対座して飲み物を飲んでいるソグド人。対飲図）」として紹介しており、左側の人物が左手に持っているのはグラスのようである。また旧・高台県博物館に展示されていた「地埂坡四号墓壁画」胡人形象　魏晋」と題されたパネル写真の図像［図一四］は前室北壁の東端に描かれていたが［図一五］（三﨑良章「魏晋・十六国時代における甘粛高台地域の民族状況」）、そこには、三角帽とはまた違ったターバンのような帽子（以下、ターバン）を被った二人の男性が向かい合って棒ばかりを手にしている。交易（取引）の最中の姿だが、呉葒「甘粛高台地埂坡魏晋墓」は、これを「売肉場景（売肉図）」（同、八五頁）とする。こちらの人物には口髭だけが描かれている。郭永利氏は、これら尖頂帽やターバンを被った人物をいずれもソグド人と解釈する（同「河西魏晋唐墓中的胡人形象」）。また赤木崇敏氏も尖頂帽の人物がソグド人である可能性を指摘するが（同「ソグド人と敦煌」）、ターバンを被った人物についてはふれるところがない。ただ帽子とヒゲの形状から判断して、工人が複数の中央アジア系の非漢族を描き分けたと考えるべきではないだろうか。その場合、尖頂帽を被った二人の男性がソグド人として描かれたことは赤木氏の指摘のとおりだろう。時代は七世紀と降るが、麴氏高昌国の重臣張雄の墓（トゥルファン・アスターナ二〇六号墓）から出

［図一〇］高台県博物館：二〇一七年三月、内田宏美氏撮影。

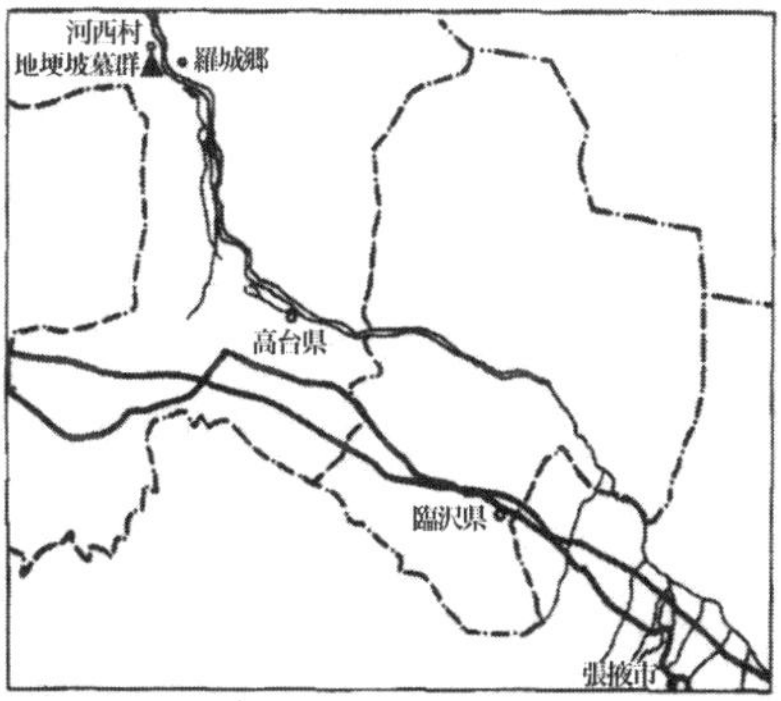

［図一一］地埂坡墓群位置図：甘粛省文物考古研究所他「甘粛高台地埂坡晋墓発掘簡報」、二九頁図一。

［図一二］地埂坡墓群：2010年8月、市来弘志氏撮影。

土した「胡人俑」［図一六］は「その（国の）人は皆、深く（くぼんだ）眼と高い鼻をしていて、顎鬚や頬髯が多い（其人皆深目高鼻、多鬚髯）」（『旧唐書』巻一九八西戎・康国伝。もっとも俑では頬髯ではなく口髭だが）と記されたソグド人の身体的な特徴を具現しているが、この俑が尖頂帽を被っていることも傍証になるだろう。とすると、「古代書簡」でソグド人とともに行動していたとおぼしきインド人が出てくることからして、あるいはターバンを被った二人の男性はインド系で、クシャン朝治下の商人だったのだろうか。もしそうであれば、「康居胡侯」と「月氏胡侯」にも合致することになる。

もっとも［図一三］と［図一四］の図像だけからこのように推断するのは危険であろう。そこで、これらとならんで前室の東壁（後壁）に描かれている羌族の図像と比較してみよう［図一七］。上部北端には鼓を背負った人物とその鼓を撥で叩いている人物が、また上部中央から南端にかけては、二人の人物が向かい合って相撲の四股を踏んでいるようなさまがそれぞれ描かれている。彼らはいずれも長髪を左右に垂らし、裸足である。また衣服もほぼ同じような様態で、明らかに同じ種族と認識できる。ようするにこれは、四人の羌族が楽人と力士とに分かれ、それぞれ二人がペアになってパフォーマンスを演じているさまを描いたものなのである。

しかしこれに対して、いま問題にしている［図一三］と［図一四］は、尖頂帽とターバンという帽子の形状のみならず、身にまとった衣服の形状も明らかに異なっている。加えて「対飲」と「売肉」という直接には関連しない営為が描き分けられていることも指摘しておきたい。ただ［図一四］のほうは、壁面の端にやや小さめに描かれているので、後に別の画工によって加筆された可

［図一三］「対飲図」：国家文物局主編『２００７中国重要考古発現』、八九頁。

［図一四］「売肉図」：二〇一〇年八月、市来弘志氏撮影。

［図一五］前室北壁全景：張国栄・馮麗娟「甘粛高台魏晋墓壁画与壁画磚的芸術特色」、97頁。

［図一六］彩絵胡人牽駝俑（一九七二年、トゥルファン・アスターナ張雄夫婦墓出土）：成建正他主編『絲綢之路：大西北遺珍』、図１０２。

能性も否定できないのだが、「深目」・「高鼻」、さらには「多鬚」といったソグド人の身体的特徴をどれ一つとして描き入れておらず、ソグド人以外の中央アジア系の種族を描いたものと判断せざるをえないのである。畢竟、大月氏すなわちクシャン朝治下のインド系商人ということになろう。

この地埂坡四号墓の壁画については、もう一点指摘しておきたいことがある。と言うのは、これまで非漢族を描いた図像は塼画にせよ壁画にせよ、彼らが農耕・牧畜・運輸などさまざまな作業に、漢族や他の非漢族らとともに従事しているさまを、かろうじてその容貌から種族を特定できる程度の大きさに描いたものばかりであった。「古代書簡」にも、漢族の奴隷になってしまったソグド人女性の情報が伝えられているが（書簡Ⅲ。吉田「ソグド語資料から見たソグド人の活動」。石勒も奴隷に転落した経験を有する）、これら塼画や壁画に描かれているソグド人の境遇も同じようなものだったに違いない。しかしこの地埂坡四号墓の壁画は、非漢族の姿を、［図一八］に描かれている墓主とおぼしき漢族の男性と同じ大きさではっきりと描いていること、かつ墓主を含めた漢族の人物像が九体であるのに対し、非漢族のそれが八体（先の四体と四体の羌族。現・高台県博物館は、この羌族が描かれた壁画のパネル写真に「魏晋時期寓居河西的粟特人（魏晋時代に河西地方に寓居したソグド人）」という説明を附すが、これは明らかに誤りである。関尾「高台県古墓群発掘調査簡史」）と、ほぼ拮抗していること、この二つの点できわめて特異な存在と言える（関尾「河西出土磚画・壁画に描かれた非漢族」／三﨑「魏晋・十六国時代における甘粛高台地域の民族状況」）。墓主である漢族の日常に、非漢族が深く関与していなければ、このような描き方はされなかったであろう。それには、この地、地埂坡が、黒河沿岸に

［図一七］羌族の図像：高台県文化館のホームページ（前出）。

［図一八］「墓主図」：『2007中国重要考古発現』、八八頁。

［図一九］地埂坡墓群が立地する台地からのぞむ黒河（右側が上流）：二〇一〇年八月、市来弘志氏撮影。

位置していることに留意する必要がある［図一九］。黒河の流れに沿って北上し、居延（内モンゴル自治区阿拉善盟額済納旗）を経由してモンゴル高原に通じる交通路は南北を結ぶ幹線ルートであり（松田壽男「東西交通史に於ける居延についての考」）、ソグド人ら中央アジア系の非漢族が交易のため、この地に集団の形をとりながら定住していた可能性も十分に考えられるからである。

以上、本節では河西地方の塼画や壁画に描かれた非漢族、とくに中央アジア系の種族の図像について見てきた。その結果、高台県の域内に立地している地埂坡四号墓の壁画には、複数の中央アジア系の種族が描かれており、一方がソグド人、他方がインド系という可能性があることを指摘した。これが正しければ、詔中にある康居胡と月氏胡に対応することにもなろう。また地埂坡四号墓の壁画に描かれた非漢族は、漢族の墓主（それは大土地経営者でもあった）のために各種の作業に従事する姿ではなく、中央アジア系種族の場合には、「対飲図」や「売肉図」など、墓主からは相対的に自立した姿で描かれており、墓の立地からも、集団で定住していた可能性があることも述べた。同墓の築造年代が魏晋時代という以上に明らかになっていないことが悔やまれるが、四世紀、西晋時代末期の「古代書簡」とあわせ考えると、魏から西晋にかけて、河西地方ではソグド人とクシャン朝治下のインド系の人びとが共存していたさまが浮かび上がってくる。詔に出てくる「涼州諸国王」たちの連携にも、こうした背景があったのではないだろうか。

四――「涼州諸国王」の環境と方向性

ここでは、「涼州諸国王」と「胡侯」が拠点を置いていたと思われる涼州とりわけ河西地方の状況と、そのなかで彼らが目ざした方向について考えてみたいが、まずその前提として、後漢時代、二世紀の涼州一帯の状況について簡単に見ておきたい。

◈後漢時代の涼州

河西地方を含む涼州の二世紀は、羌族の大反乱とともに始まったと言ってもよい。この反乱は、永初元（一〇七）年夏、中央アジア遠征に動員中の羌族が酒泉で起こした反抗に端を発しているが、瞬時にして広い範囲に拡大していった。最初に反抗を起こしたのは、すでに漢朝に降り、青海省東部一帯の原住地から金城・隴西・漢陽など内地に移住させられていた勢力（焼当羌）だったが、これに呼応した先零羌の滇零は北地で「天子」を自称し、武都・上郡・西河などにあった諸部族を招集したので、膨れ上がった反乱軍は三輔（長安・左馮翊・右扶風）に侵攻し、さらには益州や冀州の地をも脅かすに至る。しかし滇零を継いだ零昌とその参謀役だった狼莫が相次いで刺殺され、反乱もようやく元初五（一一八）年に終息を迎える（内田吟風「後漢永初の羌乱について」）。『後漢書』

巻八七西羌伝には、この間のこととして、「隴山（六盤山）の道路が途絶した（断隴道）」という文言が二度ばかり見えており、この反乱によって、河西地方と、長安を中心とした関中地方との交通がたびたび遮断されたことがわかる。

しかし羌族の反乱はこれで完全に終息したわけではなかった。直後の永寧元（一二〇）年には、上郡の沈氏羌と焼当羌が相次いで張掖に、また当煎羌が金城に侵攻したのを皮切りに、その後も侵攻は断続的にくり返され、「東羌は悉く平定された（東羌悉平）」と本紀に記されるのは、ようやく建寧二（一六九）年のことである（『後漢書』巻八霊帝紀同年七月条。佐藤長「漢代における羌族の活動」／伊瀬仙太郎「秦漢の界別政策と羌族の反乱」／川勝守『チベット諸族の歴史と東アジア世界』第二章「西羌王国の興亡と漢帝国」）。そして時代は、後漢王朝滅亡の遠因となった黄巾の乱勃発までわずか一五年まで迫っていたのである。

中平元（一八四）年に勃発した黄巾の乱こそ涼州にはほとんど波及しなかったものの、同じ年の一一月に起きた、湟《こう》中義従胡の北宮伯玉を首領に戴いた羌族の反乱はそれまでの羌族の蜂起とは明らかに一線を画するものであった。なぜならば、伯玉は「義従胡」の名が示すように、元来は後漢王朝に服属する勢力であったし、地方官の経験も有する金城出身の辺章と韓遂の二人にその軍務や政務を委ねたからである。これこそ賈小軍氏が「涼州民変」（同『魏晋十六国河西史稿』、一〇頁）と呼ぶ所以だが、護羌校尉の伶徴と金城太守の陳懿を殺害した反乱勢力は、翌春には長駆して三輔に侵入する勢いを見せつつ、漢族と非漢族とを問わず周辺の諸集団を糾合してその勢力を伸張させていった。さらに同四（一八七）年には、涼州刺史耿鄙《こうひ》や漢陽太守傅燮《ふしょう》らを敗死に追い込み、隴西太守李相奴を傘下に加える。この間、一貫して実権を掌握していたのは韓遂であり、耿鄙の死後新たに帰属して来た馬騰であった（森本淳「後漢末の涼州の動向」）。また時期は不明だが、金城の麴勝が反乱に乗じて武威郡祖厲県の県長劉雋《しゅん》を襲い、殺害するという事件も起きている（巻八張繡伝）。

◈州の置廃と曹魏の成立

このように反乱が長期化すれば、再び河西地方と中央との交通が途絶することは当然であり、敦煌太守に任命された趙岐をはじめ新任の太守数名が任地に赴く途次、隴西（甘粛省臨洮市）で辺章に拘束されるという事件が起こっている（『後漢書』巻六四趙岐伝）。反乱の影響で、太守が任地に到達できないという状況のなか、河西地方ではどのようなことが起こっていたのであろうか。以下、旧稿（関尾「漢魏交替期の河西」／「漢魏交替期的河西四郡」）を要約して述べておきたい。

まず興平元（一九四）年、涼州から河西四郡などを分割して廱《よう》（雍）州《しゅう》が新設される。この地域が当時、涼州の治所があった漢陽（甘粛省甘谷県付近）から隔絶していたことが最大の要因だったようだが、建安一一（二〇六）年（一説に建安一四（二〇九）年）、初代の刺史である邯鄲商が武威太守張猛に殺害されてしまう。猛は名太守と謳われた張奐の子（張芝の弟か）だが、スタートから早々この州の運営は暗礁に乗り上げてしまった。それが原因だったわけではないが、廱（雍）州は短期間で廃止され、建安一八（二一三）年には新たな雍州に併合されることになった。しかしこのような措置は問題解決に寄与するどころか、逆の結果を招くことになる。

この前後、酒泉には太守として徐揖があった。しかし揖は郡内で有力な黄氏一族を誅殺してしまう。辛くも難を逃れた黄昂が揖を殺害するが、今度は張猛の支援を得た酒泉出身の楊豊が昂を殺害、酒泉を離れていた黄華がこれを知って酒泉に戻り、郡政を掌握したので、豊は隣郡の敦煌に身を隠さざるをえなくなった。また黄昂が徐揖を追い詰めていたのと同じ頃、隣郡の張掖でも、太守が殺害された。黄華が郡政を掌握した時期は確定できないが、当時、武威の顔俊、張掖の和鸞、および西平（青海省西寧市）の麴演らもそれぞれの郡に拠って将軍を自称し、相互に攻撃を繰り返していた（巻一五張既伝）。最後の演は、建安二〇（二一五）年、韓遂の首を曹操に差し出した麴演その人であろうから、二一〇年代の半ばから後半にかけてのできごとである。

このうち、武威の顔俊だけはいち早く曹操のもとにその母子を人質として差し出し、援助を求めているが、他郡の動きとは一線を画したためであろうか、隣郡である張掖の和鸞に殺害されてしまう。すると今度は同じ武威の王祕なる人物が和鸞を殺して復讐を遂げている。このような郡を越えた、それこそ〝殺し合い〟の連鎖が、後漢最末期の河西地方の姿だったのである。魏王位を継いだ曹丕は再び河西四郡などからなる涼州を設置して監督を強化せざるをえなかった。そのようななかで、河西地方は漢魏交替を迎えるのである。

つぎに掲げる巻一六倉慈伝の一節は、後漢末から曹魏初めに、来往する中央アジア系の人びととそれへの敦煌郡の対応を示すものとして、たびたび引かれるものである。

太和年間(二二七～二三三年)、倉慈は燉煌太守に遷った。(燉煌)郡は西端に位置していたため、喪乱によって(中央との交通が)隔絶してしまい、太守が(赴任できず)いない時期が曠《ひさ》しく二〇年にも及んだ。(その間、在地の)「大姓」が雄張《さか》んで、遂にそれが俗《なら》いになってしまった。前の太守である尹奉らは、故《ならわし》に循《したが》うだけで、匡《ただ》したり革《あらた》めたりすることはなかった。(しかし)慈は着任すると、「権右」を抑《おさ》え挫《くじ》き、貧しい弱者を撫恤したが、(これは)甚だ道理を得たものであった。……また常日頃から、西域の雑胡(さまざまな非漢族)がやって来て貢献することを欲したが、豪族たちがこれを待ち受けて(行く手)をさえぎってしまうことが多く、(そのため燉煌の豪族たちと)取引をするようになったが、欺《あざむ》かれたり詐《いつわ》られたりして侮易《あなど》られ、はっきりと明らかにならないことが多かった。胡は(このことを)常々怨めしく思っていたが、慈は彼ら全員を労《ねぎら》った。(そして)洛陽まで詣ることを欲する者には、そのために(通行証である)過所をしためた。(また燉煌)郡から還ることを欲する者には、官が(彼らの)ために公平な取引をし、そのたびに郡府にある現物を以て(彼らと)交易させ、吏・民をして(その)道中を護送させた。これにより、民も夷(胡)はその徳と恩恵を翕《あつ》まりあって称えた。数年後、在任中に亡くなった(太和中、遷燉煌太守。郡在西陲、以喪乱隔絶、曠無太守二十歳。大姓雄張、遂以為俗。前太守尹奉等、循故而已、無所匡革。慈到、抑挫権右、撫恤貧羸、甚得其理。……又常日西域雑胡欲来貢献、而諸豪族多逆断絶、既与貿遷、欺詐侮易、多不得分明。胡常怨望、慈皆労之。欲詣洛者、為封過所、欲従郡還者、官為平取、輒以府見物与共交市、使吏民護送道路、由是民夷翕然称其徳恵。数年卒官)。

河西地方の西端、敦煌郡では太守不在の時期が二〇年も続き、ようやく二〇年ぶりに赴任した尹奉も旧弊を改革することはできなかったという。倉慈が敦煌太守として任地に赴いたのは早くても二二七（太和元）年のことだが、それまで、すなわち前任者の尹奉のもとでは、中央アジア系の人びとが思うように交易の利を上げることはのぞめなかったのである。そしてこの二二七年こそ、諸葛亮による第一次「北伐」が敢行された年でもあったことは冒頭に述べたとおりである。漢魏交替期の、敦煌をはじめとする河西地方の状況に関しては、巻一八閻温伝にも記事がある。

是より先、河右（河西地方）は擾乱状態のため、隔絶して不通になっていた。燉煌太守馬艾が在任中に亡くなったが、（郡）府にはまた（次官の）丞もいなかった。功曹の張恭は素より学問・行ないともに秀でていたので、郡人（郡の有力者）たちが「行長史事」（長史の代理）に推した。（張恭の）恩恵と信頼は著しかった。そのため、子の（張）就を遣わし、東行して太祖（曹操）のもとに詣って太守（の派遣）を申請することにした。（しかし）当時、酒泉の黄華と張掖の張進が各々それぞれの郡に拠り、恭と勢力を并せようと欲していた。（そのため）就が酒泉に至ると、華の拘執する所となってしまった。（華は就を）白刃で劫《おどか》したが、就は終《つい》に（洛陽に詣る考えを）撤回しなかった。……太守尹奉を逢《む》迎《か》えることができた。ここで張進が黄華に助けを須《もと》めてきたので、華は進を救おうと欲したが、西方（後方）に張恭の兵があるのを顧《み》て、その背後を急撃されることを恐れて遂に金城太守の蘇則のもとに詣って降伏した。（そのため）就は竟《つい》に無事にす

み、奉も任地に之《ゆ》くことができた（先是、河右擾乱、隔絶不通。燉煌太守馬艾卒官、府又無丞。功曹張恭素有学行、郡人推行長史事、恩信甚著、乃遣子就東詣太祖、請太守。時酒泉黄華・張掖張進各拠其郡、欲与恭幷勢。就至酒泉、為華所拘執、劫以白刃。就終不回。……逢迎太守尹奉。於是張進須黄華之助。華欲救進、西顧恭兵、恐急撃其後、遂詣金城太守蘇則。就竟平安、奉得之官）。

巻一五張既伝や巻一六蘇則伝などによると、曹操の死去にともない、西平の麴演が再び叛旗を翻し、護羌校尉を自称した。これを平定したのが金城太守だった蘇則で、王位についたばかりの曹丕からその功績を認められて護羌校尉に任じられた。しかしそれもつかのま、麴演は今度は近隣の郡も誘って叛旗を翻す。張掖では張進が太守の杜通を捕らえ、新たに涼州刺史に任じられた鄒岐の支配を拒み、また酒泉でも黄華が太守辛機の命に従わず、それぞれ太守を自称し始めたのである。右の閻温伝の記事はこの時期のことを記したものであろう。また金城と張掖の中間に位置する武威では、「三種胡」が寇略を始めた。雍州や涼州の「諸豪」はいずれも「羌胡」を駆って張進らに呼応するありさまだったという。武威太守の毌丘興が蘇則に急を告げたので、則は武威の「三種胡」を降し、さらに張掖に軍を進めた。いち早く来降した麴演を斬り捨てて張進を倒し、黄華を降伏に追い込んだ。これにより、河西にはようやく平穏が戻ったのである。黄華の降伏を、巻二文帝紀は黄初元（二二〇）年五月条につないでいる。もっとも同二（二二一）年十月条の注に引かれた『魏書』によると、同年一一月に、曹真が鎮西将軍として「叛胡」（盧水胡）の治元多らを破った結果、「河西は遂に平定された（河西遂平）」ということなので、最終的な決着を見たのは、その一年半後のことであったらしい。これを平定したのは新たに涼州刺史に任じられた張既だが、「叛胡」が拠っていた顕美は武威郡西端の県で張掖郡に接しており、「三種胡」に連なる勢力だったのであろう。

これで涼州の混乱にもようやく終止符が打たれたと思いきや、今度は酒泉で蘇衡が叛旗を翻し、羌や「丁零胡」と連携したり、西平の麴光（麴勝や麴演らの同族であろう）が太守を殺害するという事件を起こしたりしている。刺史の張既が死去するのは黄初四（二二三）年のことだが、それまでこのような状況が続いていたようである。既の後任と思われる温恢は赴任途中で病没しており（巻一五本伝）、涼州をめぐる混乱はその後もしばらく続いたと考えられる。

以上を要するに、後漢末から曹魏初めにかけての時期、酒泉・張掖両郡は反中央の旗幟を鮮明にしており、その東の武威郡では胡（おそらくは羌族系の非漢族）が不穏な動きを見せていたのである。そして中央アジアと接する最西端の敦煌郡では長い間にわたり太守が不在だった。敦煌は必ずしも反中央というわけではなかったようだが、中央との交通が途絶していたことは間違いなく、この間、敦煌出身の豪族たちにより、「自治」が行なわれていた。しかし彼らは中央アジア諸国からの使節・使者の東行を阻止し、半ば取引を強制して利益を得ていたのである。「自治」を支えた財政的な基盤でもあったのだろう。そしてそのような状況は、太守（尹奉。二二〇年～）が赴任してもしばらくの間続いていたのである。懸泉置漢簡中の「康居王使者冊」では、敦煌や酒泉から東進した康居の使節が都の長安で不当な待遇を訴え出たわけだが、そのようなチャンスは彼らには与えられていなかった。敦煌をはじめ河西地方に定住していた中央アジア系の非漢族にしても（そのなかには、地埂坡四号墓の壁画に描かれた人びとも含まれていたかもしれない）、このような状況が長期化しているかぎり、「古代書簡」にあるように内地への進出は断念せざるをえなかったであろうし、交易活動を通じて満足のいくような利益を上げることは望めなかったことは想像に難くない。「涼州諸国王」を取りまく状況はおおよそ以上のようなものであった。後漢末から曹魏初めにかけての、いわば孤立したような状況を打開することこそが彼らの、それこそ死活に関わる課題だったのであり、その期待を向けた先が蜀漢だったのではないだろうか。これが私の推測である。

おわりに

本章で探ったのは、あくまでも「涼州諸国王」の意向であって、蜀漢の「北伐」構想の内容ではない。ただ最初にも述べたように、「涼州諸国王」が、「北伐」が長安の奪回を目指す軍事行動だと理解していたならば、あえてその先駆を務めることを申し出たとは思えないのである。万が一、蜀漢が長安を奪回できたとしても、自由な交易活動や安全な移動が保証されなければ何の意味もないからである。

たしかに蜀漢にとって、長安、否中原の奪回とそれによって初めて展望できる中国世界の再統一とは、国家としての存在を正当化できる最高の名分だった。したがって諸葛亮没後も、その後継者たちは断続的に「北伐」に類した軍事行動を敢行している(満田剛「蜀漢・蔣琬政権の北伐計画について」/柴田聡子「姜維の北伐と蜀漢後期の政権構造」/野中敬「鄧艾伐蜀の背景をめぐって」/宋傑『三国兵争要地与攻守戦略研究』蜀漢篇第三章「蜀漢北伐路線与兵力部署之変更」)。しかしそれは、実現がきわめて困難な課題でもあった。このことは当初から明白だったはずである。

ところで、よく言及されるところだが、諸葛亮の「隆中対(草廬対)」には「西方では「諸戎」と和《なご》み、南方では「夷越」を撫《やす》んずる(西和諸戎、南撫夷越)」という一節があり、早くから彼の頭の中には、西方の非漢族と連携することがあった（もちろんそれも長安奪回に向かうプロセスの一齣という位置づけではあるが）。この一節は、前章でも引いた部分に続く一文のなかの一節だが、荊州について「北から漢水や沔水（が流れ込み）」ともあった。漢水も沔水も漢江のことだが、これを遡上すると、重慶で長江に注ぐ嘉陵江（西漢水）の流域は指呼の間である。この一帯は後漢時代、涼州管下の武都郡（郡治の下辨県は甘粛省成県附近）の領域で、氐を中心に非漢族が居住する地域であった（前田正名「四世紀前半期における漢中盆地の地域構造に関する論考」）。彼らの多くが曹操によって長安などに強制的に移住させられることになるが（並木淳哉「曹魏の関隴領有と諸葛亮の第一次「北伐」」）、三世紀末期に武都県近くの仇池（甘粛省西和県）で、氐の部族長楊茂捜が自立したように、その後もなお氐の勢力範囲であった（谷口房男「晋代の氐族楊氏について」）。したがって諸葛亮が説いた西方の「諸戎」とは、おもに武都郡を中心とした地域に居住していた氐のことを指していたと思われる。また建安二〇（二一五）年、益州入りを果たした劉備に対して、孫権が使者を遣って荊州の返還を求めた際、備が「涼州を獲得することができたら、荊州は直ちに差し上げたい（須得涼州、当以荊州相与）」と対応したため、権がこれを忿《いか》ったという巻三二先主伝の記事もよく知られているが、この涼州も涼州全域ではなく、その南端を占める武都郡（と陰平郡）のことを念頭に置いた発言だったに違いない。劉備は帝位につくと、早速馬超を涼州牧に任じ、「北伐」が開始されると、魏延が涼州刺史に任じられている（劉雁翔「蜀漢北伐戦略与涼州刺史設置」）。いずれも実土のない虚号だが、涼州への進出が蜀漢にとっては当面の重点目標であったことがわかる。

もちろん武都郡方面への進出やその地に住む「諸戎」すなわち氐をはじめとする非漢族との連携が、諸葛亮の最終目標だったわけではないだろう（それは、「隆中対（草廬対）」の「（南は）南海郡まで到達でき」て、そこ（南方）では「夷越」を撫んずる」という方策にも当てはまる）。楊氏一族が拠点を置いた仇池附近が交通の要衝であったことはつとに説かれているところである（前田正名「四世紀の仇池国」）。しかし周知のように、第一次「北伐」当時、武都郡一帯は蜀漢に帰属していなかった。武都郡とその西の陰平郡（郡治の陰平県は甘粛省文県附近）が蜀漢に帰属するのは、第三次「北伐」によってである（武都・陰平両郡を確保したことが、蜀漢末期の姜維による「北伐」を可能にしたことについては、野中「鄧艾伐蜀の背景をめぐって」に詳しい）。したがって「涼州諸国王」の使節もこの地方を迂回しなければ成都に到達することはできなかったはずである。満田剛氏は、「川西民族走廊」（岷山道）のルートが採られたと推測している（同「劉璋政権について」／「蜀漢・諸葛亮の北伐戦略と隴西・河西回廊の非漢族について」）。このルートは、黄河の支流である大夏河流域から洮河流域を経て白龍江流域に至り、東行してから今度は白龍江の支流である達拉溝（包座河）沿いに南下し、岷山の西麓を岷江に沿ってさらに南下を続け、汶江県（四川省茂県）を経て成都に至るルートである［図二〇］（陳良偉『絲綢之路河南道』第三章「絲綢之路河南道」）。距離が長いだけではなく、多くの河川の流域の間には四千メートルクラスの山岳地帯が横たわっており、くわえて氐や羌など非漢族が先住する地域であった。したがって、「涼州諸国王」にとっては、武都郡とその周辺を確保し、その上で成都のみならず、漢水流域、さらには渭水流域へと進出することが喫緊の課題だったのではないだろうか。そしてそれは諸葛亮

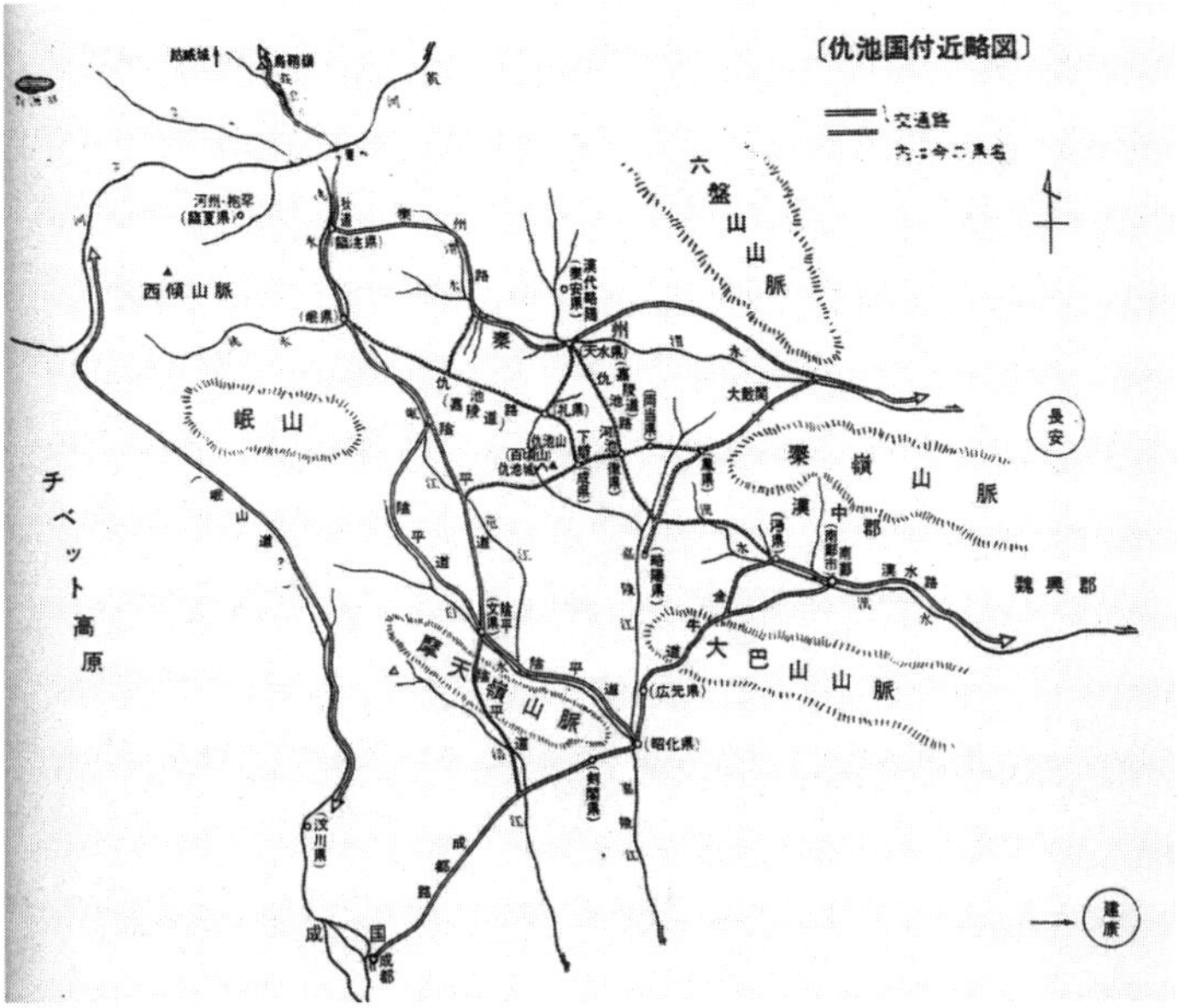

〔図二〇〕仇池附近略図（四世紀）：前田正名「四世紀の仇池国」、五三頁。

にとっても、「統一戦略」実現のためには避けて通ることのできない階梯だったに違いない。第一次「北伐」はもちろん、諸葛亮の後継者たちが継続させた「北伐」に類する軍事行動も、新たな視点からあらためて検証される必要があるのではないだろうか。

【参考文献】

〔日本語〕（五十音順）

赤木崇敏「ソグド人と敦煌」森部豊編『ソグド人と東ユーラシアの文化交流』勉誠出版・アジア遊学、二〇一四年。

荒川正晴『オアシス国家とキャラヴァン交易』山川出版社・世界史リブレット、二〇〇三年。

伊瀬仙太郎「秦漢の界別政策と羌族の反乱」『立正大学人文科学研究所年報』第二一号、一九八四年。http://repository.ris.ac.jp/dspace/bitstream/11266/1622/1/KJ00002451762.pdf（二〇一九年一月時点）

内田吟風「後漢永初の羌乱について」『東洋史苑』第二四・二五号、一九八五年。

栄新江／西村陽子訳『敦煌の民族と東西交流』東方書店・敦煌歴史文化絵巻、二〇一二年。

エチエンヌ・ドゥ・ラ・ヴェシエール／影山悦子訳『ソグド商人の歴史』岩波書店、二〇一九年。

榎　一雄「漢魏時代の敦煌」『講座敦煌』第二巻・敦煌の歴史、大東出版社、一九八〇年。

小谷仲男「敦煌懸泉漢簡に記録された大月氏の使者」『史窓』第七二号、二〇一五年。http://repo.kyoto-wu.ac.jp/dspace/bitstream/11173/2062/1/0030_072_002.pdf（二〇一九年一月時点）

柿沼陽平『劉備と諸葛亮　カネ勘定の『三国志』』文藝春秋・文春新書、二〇一八年。

川勝　守『チベット諸族の歴史と東アジア世界』刀水書房、二〇一〇年。

金秉駿「中国古代における対外貿易のかたち―敦煌懸泉置漢簡を手掛かりとして―」『東方学報』第九一冊、二〇一六年。https://repository.kulib.kyoto-u.ac.jp/dspace/bitstream/2433/224881/1/jic091_550.pdf(二〇一九年一月時点)

桑山正進「貴霜丘就却の歿年」『東方学報』第九二冊、二〇一七年。https://repository.kulib.kyoto-u.ac.jp/dspace/bitstream/2433/231150/1/jic092_077.pdf(二〇一九年一月時点)

佐藤　長「漢代における羌族の活動」同『チベット歴史地理研究』岩波書店、一九七八年。

柴田聡子「姜維の北伐と蜀漢後期の政権構造」『三国志研究』第四号、二〇〇九年。

関尾史郎「漢魏交替期の河西」『中国世界における地域社会と地域文化に関する研究』第二輯、二〇〇三年。http://dspace.lib.niigata-u.ac.jp/dspace/bitstream/10191/6035/1/10_0004.pdf(二〇一九年一月時点)

―――「甘粛出土、魏晋時代画像磚および画像磚墓の基礎的整理」『西北出土文献研究』第三号、二〇〇六年。

―――「河西出土磚画・壁画に描かれた非漢族」『西北出土文献研究』第一〇号、二〇一二年。

―――「高台県古墓群発掘調査簡史――主要出土文物とその研究の紹介をかねて」『資料学研究』第一六号、二〇一八年。

―――「河西磚画墓とその時代―新城墓群の検討を中心に―」関尾・町田隆吉編『磚画・壁画からみた魏晋時代の河西』汲古書院、二〇一九年。

園田俊介「酒泉丁家閘五号墓壁画にみえる十六国時代の河西社会―胡人図像を中心にして―」『西北出土文献研究』第三号、二〇〇六年。

―――「河西画像磚墓にみえる胡人図像―魏晋期の酒泉を中心として―」『西北出土文献研究』第五号、二〇〇七年。

谷口房男「晋代の氏族楊氏について」『東洋大学文学部紀要』第三〇号、一九七六年。

冨谷　至『漢倭奴国王から日本国天皇へ　国号「日本」と称号「天皇」の誕生』臨川書店・京大人文研東方学叢書、二〇一八年。

並木淳哉「曹魏の関隴領有と諸葛亮の第一次「北伐」」『駒沢史学』第八七号、二〇一六年。http://repo.komazawa-u.ac.jp/opac/repository/all/36194/rsg087-03-namiki.pdf（二〇一九年一月時点）

西嶋定生『日本歴史の国際環境』東京大学出版会・UP選書、一九八五年。

野中　敬「鄧艾伐蜀の背景をめぐって―西晋王朝成立史の一側面―」『史滴』第三六号、二〇一四年。

藤田勝久「漢代西北の交通と懸泉置」同『中国古代国家と情報伝達―秦漢簡牘の研究―』汲古書院・汲古叢書、二〇一六年（二〇〇九・二〇一〇年初出）。

前田正名「四世紀の仇池国」『立正大学教養部紀要』創刊号、一九六七年。

――「四世紀前半期における漢中盆地の地域構造に関する論考」東京教育大学東洋史学研究室編『山崎先生退官記念東洋史学論集』山崎先生退官記念会、一九六七年。

町田隆吉「西晋時代の羯族とその社会―後趙政権成立についての予備的考察―」『史境』第四号、一九八二年。

松田壽男「東西交通史に於ける居延についての考」同『松田壽男著作集』第四巻・東西文化の交流Ⅱ、六興出版、一九八七年（一九五四年初出）。

三﨑良章「魏晋・十六国時代における甘粛高台地域の民族状況」『教育と研究』（早稲田大学本庄高等学院研究紀要）第三三号、二〇一五年。

宮宅　潔「懸泉置とその周辺―敦煌～安西間の歴史地理―」『シルクロード学研究』第二二巻、二〇〇五年。

満田　剛「蜀漢・蔣琬政権の北伐計画について」『創価大学人文論集』第一八号、二〇〇六年。https://soka.repo.nii.ac.jp/sokadaigakujinbunronsyu0_18_3.pdf（二〇一九年一月時点）

――「劉璋政権について―漢魏交替期の益州と関中・河西回廊―」『東洋哲学研究所紀要』第三二号、二〇一六年。http://www.totetu.org/assets/media/paper/k032_107.pdf（二〇一九年一月時点）

――「蜀漢・諸葛亮の北伐戦略と隴西・河西回廊の非漢族について――後漢・三国期の羌・「涼州諸国王」」『東洋哲学研究所紀要』第三三号、二〇一七年。http://www.totetu.org/assets/media/paper/k033_151.pdf（二〇一九年一月時点）

森本　淳「後漢末の涼州の動向」同『三国軍制と長沙呉簡』汲古書院、二〇一二年（二〇〇八年初出）。

森安孝夫『シルクロードと唐帝国』講談社・学術文庫、二〇一六年（二〇〇七年初版）。

吉田　豊「ソグド語資料から見たソグド人の活動」『岩波講座 世界歴史』第一一巻・中央ユーラシアの統合、岩波書店、一九九七年。

――「ソグド人とソグドの歴史」曽布川寛・吉田編『ソグド人の美術と言語』臨川書店、二〇一一年。

――「ソグド人の言語」曽布川・吉田編、前掲『ソグド人の美術と言語』。

【中国語】（画数順）

甘粛省文物考古研究所「甘粛敦煌漢代懸泉置遺址発掘簡報」『文物』二〇〇〇年第五期。
余太山『両漢魏晋南北朝与西域関係史研究』中国社会科学出版社、一九九五年。
呉　葒「甘粛高台地埂坡魏晋墓」国家文物局主編『２００７中国重要考古発現』文物出版社、二〇〇八年。
宋　傑『三国兵争要地与攻守戦略研究』（全三冊）、中華書局、二〇一九年。
岳邦湖・田　暁・杜思平・張軍武『岩画及墓葬壁画』敦煌文芸出版社・甘粛考古文化叢書、二〇〇四年。
栄新江「小月氏考」中国中亜文化研究協会・中国社会科学院歴史研究所中外関係史室編『中亜学刊』第三輯、中華書局、一九九〇年。
韋　正「試談酒泉丁家閘五号壁画墓的年代」『文物』二〇一一年第四期。
孫　彦『河西魏晋十六国壁画墓研究』文物出版社・考古新視野叢書、二〇一一年。
郝樹声・張徳芳『懸泉漢簡研究』甘粛文化出版社、二〇〇九年。
馬　雍「東漢後期中亜人来華考」同『西域史地文物叢考』文物出版社、一九九〇年（一九八三年初出）。

張暁東『嘉峪関魏晋民俗研究』甘粛文化出版社・〝河西歴史与文化〟研究叢書、二〇一〇年。
張徳芳「河西漢簡中的大月氏」栄新江・羅豊主編『粟特人在中国　考古発現与出土文献的新印証』下冊、科学出版社、二〇一六年。
郭永利「河西魏晋唐墓中的胡人形象」劉進宝主編『絲路文明』第二輯、上海古籍出版社、二〇一七年。
陳良偉『絲綢之路河南道』中国社会科学出版社、二〇〇二年。
陳国燦「魏晋至隋唐河西人的聚居与火祆教」同『敦煌学史事新証』甘粛教育出版社・敦煌学研究叢書、二〇〇二年（一九八八年初出）。
馮培紅「絲綢之路隴右段粟特人踪迹鈎沈」『浙江大学学報』人文社会科学版第四六巻第五期、二〇一六年。
劉雁翔「蜀漢北伐戦略与涼州刺史設置」同『秦州文史研究』甘粛教育出版社・敦煌与絲綢之路学術文叢、二〇一四年（二〇〇九年初出）。
賈小軍『魏晋十六国河西史稿』天津古籍出版社・〝河西歴史与文化〟研究叢書、二〇〇九年。
――『魏晋十六国河西社会生活史』甘粛人民出版社・〝河西歴史与文化〟研究叢書、二〇一一年。
関尾史郎「在高台県域内的古墓群与古代郡県制」中共高台県委・高台県人民政府・甘粛敦煌学学会・敦煌研究院文献所・河西学院編『高台魏晋墓与河西歴史文化研究』甘粛教育出版社、二〇一二年。
――「河西磚画墓・壁画墓的空間与時間――読《甘粛出土魏晋唐墓壁画》一書後」饒宗頤主編『敦煌吐魯番研究』第一三巻、上海古籍出版社、二〇一三年。
――「漢魏交替期的河西四郡」復旦大学中国歴史地理研究所・張掖市人民政府・河西学院主弁「絲綢之路古城邦国際学術研討会」（二〇一三年八月七日～一〇日、中国・張掖市）提出論文。

【図表出典の書誌データ】（**掲載順。参考文献は除く**）

国家文物局主編『中国文物地図集』甘粛分冊（全二冊）、測絵出版社、二〇一一年。

胡　之主編『甘粛嘉峪関魏晋五号墓彩絵磚』重慶出版社・中国古代壁画精華叢書、二〇〇二年。

胡　之主編『甘粛嘉峪関魏晋六号墓彩絵磚』重慶出版社・中国古代壁画精華叢書、二〇〇〇年。

鄧士伏編『甘粛丁家閘十六墓壁画』重慶出版社・中国古代壁画精華叢書、一九九九年。

甘粛省文物考古研究所編『酒泉十六国墓壁画』文物出版社、一九八九年。

甘粛省文物考古研究所・高台県博物館「甘粛高台地埂坡晋墓発掘簡報」『文物』二〇〇八年第一二期。

成建正・俄　軍・李進増・祝　君・侯世新・程雲霞主編『絲綢之路　大西北遺珍』文物出版社、二〇一〇年。

胡平生・張徳芳編『敦煌懸泉漢簡釈粋』上海古籍出版社、二〇〇一年。

張国栄・馮麗娟「甘粛高台魏晋墓壁画与壁画磚的芸術特色」『美術』二〇〇九年第八期。

第六章

魏と中央アジア——トゥルファン出土墓誌と敦煌出土鎮墓瓶

はじめに

『三国志』巻三〇烏丸鮮卑東夷伝。周知のように、魏書の最後に立てられたこの伝が、『三国志』中で唯一の外国伝である。外交は皇帝の専権事項であるから、蜀書にも呉書にも外国伝はない。劉備も劉禅も、そして孫権とその後継者たちも、『三国志』の論理では「皇帝」ではなかったからである。

ところでこの巻三〇に立伝されたうち、烏丸と鮮卑は曹魏の北方や東北方にあった種族つまり北狄であるのに対し、東夷は東方にあった諸種族の総称で、東夷伝の部分には、夫餘・高句麗・東沃沮・挹婁・濊・韓など朝鮮半島の諸勢力について記した後、最後に倭人について述べられていることを知らない人はいないだろう。

しかし曹魏が西方、中央アジアの諸国家・諸種族と関係を持っていなかったわけではない。裴松之は本伝の最後に注を附しているが、そこに引かれている『魏略』西戎伝（以下、西戎伝）の長さからも、このことは明らかである。陳寿が東夷伝を立てた意図や、そこに倭人条が起こされた理由などについてはさまざまな意見が交わされているが、陳寿が、中央アジアの諸国家・諸種族と曹魏との交渉について記した西戎伝を立てなかった理由についてはほとんど論じられてこなかったようである。もっとも岡田英弘・渡邉義浩両氏の説明がある。岡田氏は、それは、曹真が「魏の西北辺境の防衛を担当した」(同「「魏志東夷伝」の世界」、二三八頁)からだとする。たしかに曹真は、曹丕が魏王の地位を嗣いだ後漢末年から黄初三(二二二)年までの間、鎮西将軍・仮節都督雍涼州諸軍事として長安にあったし、その後、諸葛亮の「北伐」が開始されると、大将軍としてこれを迎え撃ってもいる。しかしこれらの官職や行動は、彼が中国・西北地方の軍事権を委ねられていたことを示してはいるものの、それ以上ではない。しかし岡田氏は、中央アジアの諸種族が使者を曹魏に派遣してきたこと、そのなかでも大月氏の王である波調に「親魏大月氏王」という王号が授与されたことなどは、全て曹真の功績と考えているようである。その曹真の子曹爽は、やがて司馬懿(西晋の初代皇帝司馬炎の祖父)と対立し、正始一〇(二四九)年正月、誅殺されてしまう。「正始の変」である。西晋の臣である陳寿は、司馬懿と敵対した曹爽の父である曹真の赫赫たる業績を喧伝するわけにはいかなかったというのが、岡田氏の説明である。渡邉氏も同じような理解である。太和三(二二九)年の諸葛亮による第三次「北伐」への対処を誤ったにもかかわらず、翌四(二三〇)年に曹真が大将軍から大司馬に昇ることができたのは、彼が大月氏王の波調を朝貢させることに成功したからであるというのである(同「国際関係よりみた倭人伝」)。あとは岡田氏と同じである。いずれもしょせん仮説の域を出ていないが、この仮説を実証することはほとんど不可能と言ってよい。

本章では、曹魏による中央アジア進出の一面について、出土資料を用いながら、ミクロ的な視点で探ってみたい。

一――西域戊己校尉の復活が意味するもの

岡田・渡邉両氏も注目しているように、曹魏は太和三（二二九）年一二月、使者を派遣してきた大月氏王の波調に「親魏大月氏王」なる王号を授けている（巻三明帝紀同月癸卯条）。大月氏の種族や起源についてはなお諸説が併存しているようだが（小谷仲男『大月氏』第二章「月氏西遷をめぐって」）、もともと現在の甘粛省西部、河西地方にあった遊牧民族月氏を前身とする。秦と前漢の交替期、匈奴に故地を追われた月氏の主力は、中央アジアに拠点を定めた。これが大月氏である。やがてこれに服属していた貴霜（クシャン）翕侯が自立して中央アジアから北インドにまたがる大国を起こす。これがプルシャプラ（パキスタンのペシャワール）に都を置いたクシャン朝で、波調はその王ヴァースデーヴァに比定されている。しかし西戎伝によると、中央アジア方面では、この大月氏王波調だけではなく、車師後部王の壱多雑も侍中・大都尉という官称号とともに、「魏王印」を授けられている。大庭脩氏は、この王号が「親魏車師後部王」だった可能性を指摘している（同『親魏倭王』増補新版、一〇二頁。なお最新の冨谷至『漢倭奴国王から日本国天皇へ』はこのような可能性に否定的である。同、五六頁）。車師後部とは、天山山脈北麓にあって遊牧を主たる生業としていたアルタイ系の勢力と考えられている（嶋崎昌「姑師と車師前・後王国」）。西戎伝は官称号や王印が授与された年代を伝えていないが、長澤和俊氏は、後述する西域戊己校尉（以下、戊己校尉）が設けられた黄初三（二二二）年のことと推測している（同「いわゆる晋の西域経営について」）。いずれにせよ、この車師後部は于頼城（蒲類城。新疆ウイグル自治区奇台県附近）にあって、東西の且弥国・単桓国・単陸国・蒲陸国・烏貪国といった小国を服属させた「地域大国」として描かれている。

本文と注を合わせても、中央アジアの諸国家・諸種族で曹魏から王号を授与されたのは、この車師後部と大月氏の両勢力だけである。大月氏も罽賓国・大夏国・高附国・天竺国などを服属させた「地域大国」として西戎伝に描かれている点は、車師後部と共通する。この両勢力と同じように描かれている勢力に、且志国・小宛国・精絶国・楼蘭国を服属させた鄯善や、戎盧国・扜弥国・渠勒国・皮山国を服属させた于闐などがある。したがって鄯善や于闐の王に対しても官称号や王号が授与された可能性もあるが（長澤氏は、さらに焉耆や亀茲についてもその可能性を指摘する。同「いわゆる晋の西域経営について」）、さだかではない。これらの国ぐにを示したのが［図一］である。ただし言うまでもないが、ここに記された服属関係が事実だったかどうかは、まったくべつの問題である。

これらの勢力がいつ、どのようにして曹魏と通じたのか、だが、『三国志』の本文によると、まず曹丕が魏王の地位を継いだ直後の延康元（二二〇）年三月、焉耆と于闐の両国が、朝鮮半島の濊貊や扶餘の単于《ぜんう》などとともに朝貢してきた（巻二文帝紀同月己卯条）。魏王就任を祝賀するための使節であろう。それから二年後に今度は、鄯善・亀茲・于闐の三国が朝貢する（巻二黄初三（二二二）年二

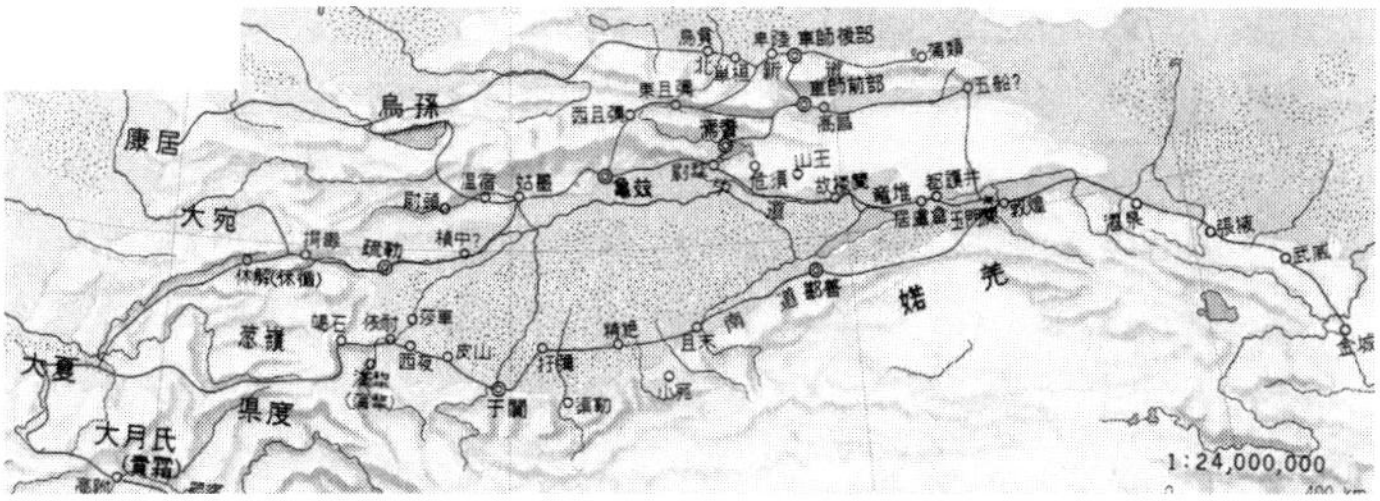

〔図一〕西戎伝に記された中央アジア：『アジア歴史地図』、一〇四頁。

月条）。文帝の即位からやや時間が空いているようにも思われるが、これにともなってつぎのような詔が出された。

西戎が秩叙（序）に即《したが》ったことや、氐・羌が王のもとに来朝したことを、『詩経』や『書経』は美《よみ》している。先頃、西域の外夷が塞（の門）を款《たた》いて内附して来た。使者を遣わして彼らを撫労せよ（西戎即叙、氐・羌来王、詩・書美之。頃者西域外夷並款塞内附、其遣使者撫労之）。

本紀はこれに続けて、「この後、遂に西域と通じたので、戊己校尉を置いた（是後西域遂通、置戊己校尉）」と記す。岡田氏は、この戊己校尉を「中央アジアの諸国と中国の皇帝との間の連絡係」（同『倭国』、六九頁）と説明しているが、それほど単純なものではない。

この時置かれた戊己校尉については、『晋書』巻一四地理志上涼州条に、「魏の時に復た（雍州を）分けて以て涼州とした。（その）刺史が戊己校尉を領した。西域を護ることは漢の故事の如くで、晋に至っても改めなかった（魏時復分以為涼州、刺史領戊己校尉、護西域、如漢故事、至晋不改）」とあって、曹魏の時代に雍州から涼州を分置し、その長官である涼州刺史が戊己校尉を管轄したことがわかる。「領」字から、涼州刺史が戊己校尉を兼任したと解釈するむきもあるようだが、それは事実と反する。

戊己校尉が設けられたのは、前漢・元帝の初元元（前四八）年までさかのぼり（『漢書』巻一九上百官公卿表上。実際には校尉自体はもっと早くから設置されていたらしい)、その当初から「車師前王庭」での屯田を主要な業務としていた(同巻九六上西域伝上)。車師前王国(車師前部)は、先の車師後部とは異なり、天山山脈南麓の交河城(ヤールホト。新疆ウイグル自治区トゥルファン市西方)に都したオアシス都市国家で、早くから中国王朝と交渉を持っていた。屯田は、漢から中央アジアに派遣された使者に道中の食糧を提供するために置かれたものだが、戊己校尉は、前王国の勢力範囲の一角に高昌壁(高昌塁。同・トゥルファン市東方)を築いて治所とし、周辺に耕地を開いたのであろう(王素『高昌史稿』統治編、第一章「姑師与車師前国」/第二章「高昌壁塁」)。後漢時代に入ると戊己校尉は置廃がくり返され、曹魏になってまた復活したということになるが、漢代と同じように、この復活された戊己校尉が高昌すなわちトゥルファンに常駐したことは、西戎伝に「(中道は……)車師(前王国)に接する、戊己校尉の治所である高昌に到る(中道……到車師界戊己校尉所治高昌)」と述べるとおりである。そしてその任務は、『晋書』地理志によれば、西域を守護することにあった。さてそれでは誰が初代の戊己校尉に任じられたのかというと、前章でもふれた敦煌(甘粛省敦煌市)を本貫とする張恭であった。巻一八閻温伝に、

黄初二(二二一)年、(文帝は)詔を下して(張)恭を褒揚し、関内侯の爵を賜い、西域戊己校尉を命じた(黄初二年、下詔褒揚、賜恭爵関内侯、拝西域戊己校尉)。

とある。本紀とは一年ズレがあるが、それは今、問わないことにする。問題はその後である。闞温伝の記述を追おう。

数年にして徴《め》し還《かえ》された。(朝廷では張恭に)侍臣の地位を授け、その子の張就を以て(恭に)替えることにした。恭は(戊己校尉の治所から)燉煌に至ると、疾《やまい》が篤いという理由で(侍臣の地位を)固辞した。太和中(二二七〜二三三年)に卒した際に、執金吾を贈られた。就はその後金城太守となり、父子ともども西方(西州)でその名を広く知られるようになった(数歳徴還。将授以侍臣之位、而以子就代焉。恭至燉煌、固辞疾篤。太和中卒、贈執金吾。就後為金城太守。父子著称於西州)。

数年ほど戊己校尉を務めた張恭の後任はその子張就であった。実質的な世襲である。『晋書』巻一三天文志下には、景初四(二四〇)年九月のこととして、「涼州塞外の胡、阿畢師が(西域の)諸国を侵犯させたので、西域(戊己)校尉の張就がこれを討った。斬首と捕虜は万をもって計《かぞ》えるほどであった(涼州塞外胡阿畢師使侵犯諸国、西域校尉張就討之、斬首捕虜万計)」とある。この記事に着目した唐長孺氏は、巻一六倉慈伝の「太和中、(慈は)燉煌太守に遷った。……数年後、在官中に卒した。吏・民が(その死を)悲しむさまは親戚を喪ったかのごとくであった。……また西域の諸胡も慈の死を聞きつけると、悉く共に戊己校尉や長史の治所に集まり、哀悼の意を表わした(太和中、遷燉煌太守。……数年卒官、吏民悲感如喪親戚。……及西域諸胡聞慈死、悉共会聚於戊己校尉及長吏治下発哀)」というくだりに見えている戊己校尉も張就のこととしている(同「魏晋時期有関高昌的一些資料」。なお長史とは西域長史のことで、楼蘭に常駐していた)。すなわち張恭・張就父子が二代にわたり、二〇年近く、あるいは二〇年以上もの間、戊己校尉の地位にあった。王素氏は、この点に注目し、戊己校尉の世襲化・任期の長期化・在地化(敦煌出身者の任用)という三つの傾向に注意を喚起している(同『高昌史稿』統治編、第二章)。張就の子張斆《こう》(張勃)は西晋の初め、広漢太守から匈奴中郎将に至り、その子張固は黄門郎に就いており(巻一八閻温伝注引『世語』)、西晋時代の戊己校尉は馬循・車成将・趙貞など、いずれも張氏以外の出身者である。しかし、王素氏は、彼らも敦煌の出身だったと推定する。また敦煌出身の索靖が西晋の武帝年間(二六五〜二九〇年)に「西域戊己校尉長史」に任じられた際、その才を惜しんで中央に呼び戻すように武帝に懇願したのは、当時太子僕だった張勃(張斆)であった(『晋書』巻六〇索靖伝)。

なお張恭・張就父子と似たような例に、後漢時代の班超・班勇父子の例がある。班超は西域都護として(九一〜一〇〇年)、また班勇は西域長史として(一二三〜一二七年)、合わせると十数年中央アジアにあったが、両者の在任時期には四半世紀弱の間隔があるし、官職も違うので、世襲とは言えない。加えて、班氏は長安に隣接する右扶風の平陵(陝西省咸陽市秦都区)に本貫をつなぐ一族であった(『漢書』巻四七班梁・班超伝)。

ところで従来、曹魏の中央アジア進出については、古くは伊瀬仙太郎氏が、曹魏の「西域経営」の「実態は魏の国力を反映して、漢代のそれに比し、あまり強力なものではなかったろう」（同『中国西域経営史研究』、九六頁）と述べ、長澤和俊氏も、「恐らく魏から晋にかけて、名目的ながら車師の地には戊己校尉が派遣されていたのであろう」（同「いわゆる晋の西域経営について」、七七頁）と言い、その意義はあまり評価されてこなかった。岡田・渡邉両氏の推測も、戊己校尉設置の意義にほとんどふれない点で、この系譜に連なるものと言えよう。

しかし戊己校尉がトゥルファンに置かれたことは、まがりなりにも曹魏の影響力が中央アジアに及んだことを示しているのであって、焉耆・鄯善・亀茲・于闐といったオアシス都市国家のみならず、その周縁にあった車師後部や大月氏が曹魏に近づき、王が王号を授与されたのもその結果だったと考えるべきだろう。とくに戊己校尉の治所であるトゥルファンとは、直線距離にして二百キロも離れていない（天山山脈の高山帯によって隔てられているので、この数字はあまり意味がないが）車師後部が曹魏に接近したのは、戊己校尉のトゥルファン常駐なくしてはありえなかったのではないだろうか。したがって官称号と王号の授与は、張恭の戊己校尉着任後のことと考えられるが、その意味でも、戊己校尉としての張恭・張就父子の功績は評価されるべきで、張就がその後、涼州の中心であった金城郡（甘粛省楡中県一帯）の太守に遷っているのも、戊己校尉としての功績によるところが大きかったはずである。

後漢時代のように置廃をくり返すことなく、四世紀の〈五胡十六国〉時代に至るまでほぼ百年間にわたってトゥルファンに戊己校尉が常駐していたこと、そして張就や西晋初期の馬循のように、「涼州塞外胡」や鮮卑(『晋書』巻三武帝紀咸寧元(二七五)年六月条/同二(二七六)年七月条)などの侵攻を退けたことなどから判断して、戊己校尉が中央アジアを守護するという本来の役割を果たしたことは間違いのないところである。

とすれば、伊瀬氏や長澤氏の古典的な理解は見直されるべきであろう。むしろ、本書では出土資料を用いて魏晋時代の中央アジア進出について解明をこころみた唐長孺氏や王素氏の成果を支持したい。

唐氏は、楼蘭で出土した西晋時代の木簡の記述から、西域長史の治所だった楼蘭から、その管下にあった兵員がトゥルファンに派遣されていたこと(漢代のように、内地から直接送り込まれるのではなく)、また木簡にある「高昌士兵」なるタームから、トゥルファンに居住していた人びとが兵員として徴発されたことなどを指摘し、漢代以降、兵員として送り込まれた人びとの末裔がこの地に土着していった結果、実質的には(高昌)郡と呼びうるような生活空間に転化しつつあったことを説いている(同「魏晋時期有関高昌的一些資料」)。また王氏も、魏晋時代のトゥルファンを、漢代のように高昌壁や高昌塁などと呼ぶのは適切ではないことを、当地で出土した西晋時代の契約文書(木簡)や写経(紙)などから示し、唐氏の所説をさらに具体化させている(同『高昌史稿』統治編、第二章)。

前漢時代の紀元前一世紀の半ばに、高昌壁に戊己校尉が兵員を率いて常駐するようになってから三百年近くが経過し、その間、戊己校尉自体は廃止されるような状況に陥ったこともあったが、最前線の軍事基地はしだいに生活空間へと変容を遂げていったのである。曹魏による戊己校尉の復活もそのような趨勢のなかで行なわれたと考えるのが妥当であろう。またかかる変容のなかで、隣接する郡や県、具体的には敦煌郡との人的・物的交流や情報の伝達が促進されたであろうことも想像にかたくない。張恭以降、その子の張就も含めて敦煌を本貫とする人士が歴代の戊己校尉に名を連ねることになったのもそれゆえであろうし、五世紀初めの敦煌の戸籍すなわち「西涼建初十二(四一六)年正月敦煌郡敦煌県西宕郷高昌里籍」(ロンドン、大英図書館所蔵。B.L.S.113)に見えている敦煌県管下の高昌里という里名も、敦煌・トゥルファン両地の深い関係を示唆させるものがある。

二――トゥルファンと敦煌のその後から考える

前節では筆が「正史」から出土資料に及んでしまったが、本節では、唐・王両氏とは異なった出土資料を異なった角度から検討することを通じて、曹魏時代に進んだトゥルファンの「生活空間化」について考えてみよう。

◈トゥルファン出土の墓誌から

戊己校尉の治所だったトゥルファンにはその後、〈五胡十六国〉時代になると、前涼政権によって高昌郡が設置された。三二七年（〈五胡十六国〉には、独自の元号を制定しない政権も少なくないので、元号の併記は原則として省略する）のことで、これにより名実ともに「生活空間」となったわけである。その背景には、内地の慢性的な戦乱状況があった。西晋の宗室諸王の権力闘争に端を発した八王の乱（三〇一～三〇六年）、そして懐帝が匈奴の劉淵によって洛陽から連行された永嘉の乱（三一一年）などにより、政治の不安定化が深まると、日常化した戦乱を避けて華北から多くの人びとが南方や東方、そして西方に移動を始めた（関尾「古代中国における移動と東アジア」／「内乱と移動の世紀」）。こうして移動してきた人びとを収容するために各地に郡や県が新設される。いわゆる僑郡県である。僑郡県については、南方すなわち江南地方に設けられたそれがつとに知られているが、西方では、黄河の本流域やその支流である洮河、大夏河、および湟河などの流域（いずれも現在の甘粛省南部から青海省東部）、そして烏鞘嶺《うしょうれい》を越えた河西地方（甘粛省西部）に多くの郡県が新設されることになる（関尾「南涼政権（三九七―四一四）と徙民政策」）。おそらくはそうした動きに触発されたからであろう、今度は、それまで河西地方に先住していた人びとがさらに西方を目ざして移動を開始した。そういった人びとが目ざした先こそトゥルファンであった。四三九年、その河西を支配していた北涼政権が北魏に降って〈五胡十六国〉時代にピリオドが打たれると、トゥルファンには北涼の亡命政権（四四二～四六〇年）を経て、高昌国という独立国家が建てられ、中国世界から離脱することになる。この地が中国世界に復帰するのは、唐が当時の麴氏高昌国（五〇一年～）を滅ぼし、西州を設けてこの地の直轄支配に乗り出す六四〇年のことだが、二百年に及ぶ北涼亡命政権と高昌国の時代、この地に移り住んだ人びと（の末裔）は、墓誌を墓に埋納する習慣を持つようになった。この墓誌が、「異なった出土資料」の第一である。

北涼亡命政権と高昌国の時代に作製された墓誌のうち、現在知られている最古のものは、「北涼承平十三（四五五）年四月大且渠封戴墓表」（一九七二年、トゥルファン・アスターナ一七七号墓出土）であるが、五世紀に作製されたことがその紀年から明らかなものはこの一方だけで、残りはいずれも六世紀以降、すなわち麴氏高昌国時代のものである。この時代に作製された墓誌は全部で二三〇方が確認されているが、このうち三三方に、トゥルファンへ移住する以前の本貫と考えられる郡名が記されている（一方に夫妻それぞれの本貫が記されている例や、一人の人物が複数の墓誌に重複して記載されている例もあるので、これらを合わせると三八例）。割合としては高くはないが、ここから彼らの祖先の本貫を知ることができるのである。それを、重複分を除いてまとめたのが［表二］であるが、敦煌が一八例で断然首位を占めている。これ以外では、張掖（甘粛省張掖市）三・建康（同・高台県）二・武威（同・武威市）と晋昌（同・瓜州県東南）が各一なので（建康と晋昌は西晋時代以降新設された郡）、敦煌を含め河西地方だけで二五例に達する。そのほかでは、河西に隣接する金城が五、さらに扶風（陝西省扶風県）二・燕国（北京市）と太原（山西省太原市）が各一、不詳が三例となる（関尾「トゥルファン出土墓誌の本貫記載をめぐって」／「〝五胡〟時期西北地区漢人族群之伝播与遷徙」）。

ようするに墓誌に記載された本貫から見るかぎりでは、河西のなかでも敦煌が本貫だった人び

［表二］麴氏高昌国時代の墓誌に見える本貫：著者作成。

No.	本貫	事例数
I	【河西】	25
1	敦煌 （張氏） （索氏） （趙氏）	18 (16) (1) (1)
2	張掖	3
3	建康	2
4	武威	1
5	晋昌	1
II	【涼州】	5
6	金城	5
III	【その他】	7
7	扶風	2
8	燕国	1
9	太原	1
10	その他（不詳）	3
	合計	37

事例数のカッコは内数

とが圧倒的に多かったことがわかる。しかしそれ以上に重要なのは、敦煌の一八例中一六例までが張氏だという事実である。たしかに敦煌の張氏はこの地でも、張氏高昌国(四八八〜四九六年)を建てて王におさまったほか、麴氏高昌国では、王室麴氏との間に世代を超えた婚姻関係を結ぶことによって、政権の中枢を占め続けた。前章の[図一六]に掲げた「胡人俑」が出土した墓の墓主、張雄もこの一族にほかならない。高昌国ではまさに一二を争う名族だったのである。ただ後漢から魏晋にかけての時代、敦煌の張氏は敦煌県だけではなく、效穀県(敦煌市東)や淵泉県(瓜州県東)などにも広く分住していた。たとえば後漢時代、書の名手で「草聖」と称えられた張芝は淵泉の張氏であった(『後漢書』巻六五皇甫張段伝)。したがって敦煌張氏というだけでは同族か否か判断がむつかしく、また先の張恭・張就父子の詳しい本貫もわからない。しかしそのなかにあって注目すべき墓誌がある。一六例のなかの一つである。

①「高昌延昌十二(五七二)年望舒(一二月)張阿□墓表」
(一九三〇年、トゥルファン・ヤールホト溝西地区出土。侯燦他『吐魯番出土磚誌集注』上冊、一一七頁)

延昌十二年歳御壽星
望舒建於星記下旬九
日日維丙辰、新除鎮西
府散望將□□省事、又

轉遷中兵參軍、復遷爲戸曹司馬、字阿□、春秋七十歳一。**原出敦煌、功曹後也**。靈柩葬題文於墓、張氏之墓表者也。

かつての車師前王国は四五〇年、北涼亡命政権によって滅ぼされ、その都だった交河城には交河郡が設けられた。これにともない、城近くの段丘に墓域が設定され、交河郡府に出仕した吏員とその家族の墓が営まれることになったが、①はそのような墓から出土したものである。七一歳で逝去した墓主の姓名（字）は一字読めなくなっているが、没年に続いて、「原《もと》敦煌の出身で、功曹の後裔である」と記す（ボールド部分）。前章で述べたように、この功曹とは言うまでもなく初代の戊己校尉だった張恭のことである（関尾「本貫の記録と記憶」）。本墓誌が作製されたのは、張恭が戊己校尉に任じられてからちょうど三五〇年後にあたる。もちろん墓主の張阿□が実際に張恭の末裔だったのか否かを確かめるすべはない。敦煌張氏の一員であるのかさえ、本当のところはわからない。ただ敦煌（郡）の功曹にして初代の戊己校尉だった張恭の末裔であることは、墓誌に記述する価値がある程度にステータスに関わっていたということである。と同時に、なお当時にあっても、張恭の名はこの地の社会で広く知られていたことを意味している。張阿□自身がどうかはともかく、実際に張恭の末裔にあたる人びとがこの地に移り住んでいたからこそ、墓誌の一文も意味を持ったのであろう。さらに言えば、「敦煌張氏」を名乗る墓誌が群を抜いて多いのは、高昌国にあっては、敦煌張氏の一員であることが無上の名誉だったからではあるまいか。少なくとも、高昌国の人口の圧倒的多数を張氏が占めていたわけではないだろう。とすれば、張氏の人びとが敦煌からトゥルファンへ移住した時期があらためて問われることになるが、それは張恭・張就父子の戊己校尉就任と同時だったか、あるいはその在任中だったと考えることができるのではないか。これが私の推論である。王素氏が指摘する戊己校尉の世襲化・任期の長期化・在地化といった傾向が、就官者の一族の移住を促したということである。敦煌張氏の墓誌の多さは（その全てが張恭の末裔ではないとしても）、張恭・張就に連なる人びとが大勢で早くからこの地に移り住んだことを示唆しているように思う。もちろんそれは成立間もない曹魏が政権として推奨した結果かもしれないし、張恭・張就父子をいただく張氏一族が敦煌で保持していた地域社会への影響力をそぐことが意図されていたのかもしれない。しかし残念ながら、それは想像の域を脱するものではない。

右のような私の推測を、墓誌とはべつの出土資料から傍証してみたい。大分迂遠な論証になるが、お付き合いいただきたい。

◈敦煌出土の鎮墓瓶から

西晋から〈五胡十六国〉にかけての時代、敦煌では、第二章でもふれた鎮墓瓶を墓に埋納することが広く行なわれていた。当時この地ではまだ墓誌が普及しておらず、かろうじてこの壷の腹部に書かれた銘文すなわち鎮墓瓶銘（鎮墓文）によって、墓主を知ることができるのである。その意味では高い史料的な価値を有する喪葬用の文物であり、これが「異なった出土資料」の第二である。二点ほど例示してみよう。

②「前涼升平十三（三六九）年潤月張弘妻汜心容鎮墓瓶銘」

（一九六〇年、敦煌・新店台一号墓出土）［図二］［図三］

升平十三年

潤《ママ》月甲子

朔廿一壬寅、

張弘妻

汜心容

五穀瓶

（升平十三年閏（正）月、朔日が甲子で、廿一日壬寅（の日にみまかった）、張弘の妻である汜心容の五穀瓶）

③「西涼庚子六(四〇五)年正月張輔鎮墓瓶銘」(一九八〇年、敦煌・仏爺廟湾一号墓出土。東京富士美術館編『「中国敦煌展」図録』、解説六二／町田隆吉「敦煌出土四・五世紀陶罐等銘文について」)[図四]

庚子六年正月
水《ママ》未朔廿七日己酉、
敦煌郡敦煌縣
東郷昌利
里張輔字
徳政身死。今下
斗瓶□(鉛)人五
穀。瓶當
重地上生
人。青烏子告
北辰詔、令死
者自受其
殃罸不
加䓣移殃轉
咎。遂与他里。

如律令。

(庚子六年正月、朔日が癸未で、廿七日己酉(の日)、敦煌郡敦煌県東郷昌利里の張輔、字徳政がみまかった。(そこで)今、斗瓶・□(鉛)人・五穀を(墓に)下す。瓶は、地上の生人(に災いが)重(複)するのを当がんとするものである。青烏子が北辰の詔を告げる。「死者をして自らその殃罰を受けさせよ。(殃罰が)㒳(満)を加えた

〔図二〕
「前涼升平十三(三六九)年潤月張弘妻汜心容鎮墓瓶」:東京富士美術館編『「中国敦煌展」図録』、出土文物57(60M1:26)。

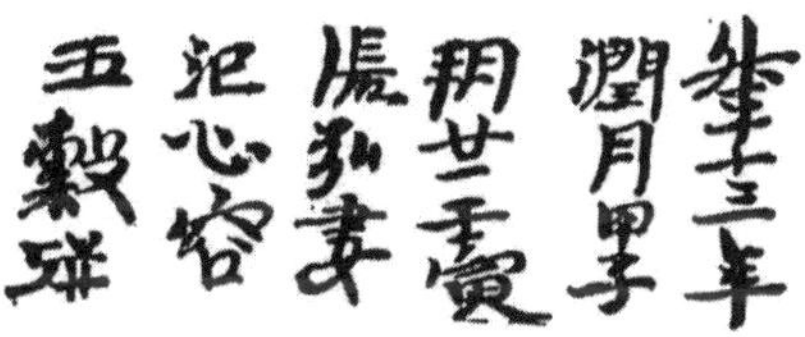

〔図三〕
「前涼升平十三(三六九)年潤月張弘妻汜心容鎮墓瓶銘」模本:敦煌文物研究考古組編「敦煌晋墓」、一九六頁図一三の1(60M1:26)。

〔図四〕
「西涼庚子六(四〇五)年正月張輔鎮墓瓶」:敦煌市博物館編『敦煌文物』、九六頁(80DFM1:32)。

り、(生人に)殃を移したり、咎を転じたりしてはならない。(生人と死者とは)他の里(場所)に遂(邃)ざけよ。律令(に定められた)如く(執り行なえ)」と

②が出土した新店台墓群は敦煌市街の東方に広がる效穀県の墓域であり、仏爺廟湾墓群は市街の東南方に広がる敦煌県東郷の墓域である(関尾「敦煌の古墓群と出土鎮墓文」(上))。二点ともあえて張氏の関係者のものを掲げたのは、当時、效穀県にも敦煌県にも張氏があったことを示したかったからである。このうち②の氾心容の夫である張弘は、前涼の将軍として史書に名前が見えているが、三五三年二月に前秦との戦闘で捕虜になっており(『資治通鑑』巻九九晋紀永和九年二月条)、夫婦合葬墓として構想されたとおぼしき新店台一号墓に埋葬された形跡もない[図五]。

鎮墓瓶銘の詳細とその背後にある死生観などについては先行研究にゆずるとして(町田「敦煌出土四・五世紀陶罐等銘文について」/関尾『もうひとつの敦煌』第二章「鎮墓瓶」/賈小軍他『魏晋十六国河西鎮墓文・墓券整理研究』)、このような鎮墓瓶が、現在までのところ、敦煌市街近郊の墓群から三百点以上(未整理のものを含む)も出土している点は指摘しておくべきだろう。この数は、一つの郡からの出土点数としては、突出していると同時に、第二章に銘文を引いた「後漢熹平二(一七三)年十二月張叔敬鎮墓瓶」に代表される長安や洛陽とその周辺、さらには前章でふれた敦煌以外の河西地方で出土した後漢から曹魏時代の鎮墓瓶に比べると、極端に小型化し(長安・洛陽周辺で出土した後漢時代のものには高さが二〇センチ以上に及ぶ例があるのに対して、②は六センチ、③は六・五センチしかない)、た

めに、②が端的な例だが、その銘文も短くなり、文章構造も単純化している（ただし、「生人」と「死者」（死人）の境界をはっきりと設けるべきという銘文の趣旨には違いがない）。鈴木雅隆氏が「敦煌型鎮墓瓶」と呼び、その他の「後漢型鎮墓瓶」と区別する所以である（同「後漢鎮墓瓶集成」）。また「後漢型鎮墓瓶」が墓室の目立つ位置に置かれたのに対し（江優子「漢墓出土の鎮墓瓶について」）、敦煌では墓主の亡

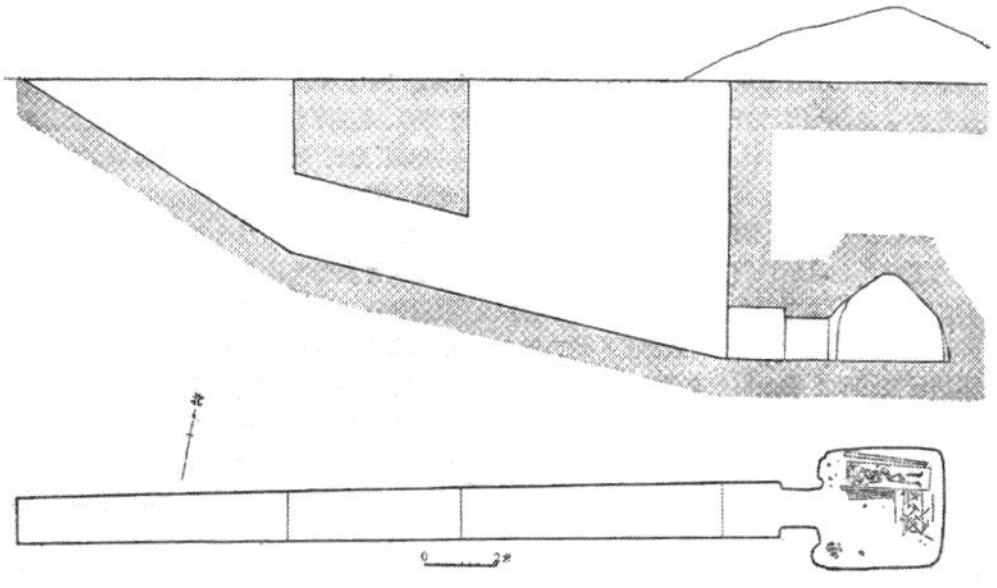

［図五］
新店台一号墓断面図・平面図：
「敦煌晋墓」、一九三頁図七。

骸近くに複数置かれているという特徴もある（関尾「敦煌の古墓群と出土鎮墓文」（下）。なお氾心容・張輔とも、それぞれ三点の鎮墓瓶が出土している）。ようするに、喪葬用文物としての鎮墓瓶（とその銘文）は、敦煌において独自の展開を遂げ、かつ爆発的に普及したと言うことができよう（悪く言えば、それこそ粗製濫造なのだが）。

敦煌で出土した鎮墓瓶のうち、最古のものは銘文が西晋の咸寧二（二七六）年八月、また最新のものは北涼の玄始十（四二一）年八月の紀年を有している（関尾編『中国西北地域出土鎮墓文集成（稿）』）。この間、約一世紀半に及ぶが、敦煌（敦煌県と效穀県）では、鎮墓瓶（銘）が死者（墓主）の鎮魂（と生者の安寧）を祈願するためのほとんど唯一の文物として作製され続けたのである。もしこの時期、すなわち三世紀後半から五世紀初めにかけての約一世紀半の間、敦煌から張氏の出身者を含む多くの人びとがトゥルファンに移動し、かつその地に定着して社会的にも影響力を発揮することができたならば、鎮墓瓶に象徴される彼らの喪葬文化もその地に浸透したと考えるのが自然であろう。しかしながら、現在に至るまで、トゥルファンにおける鎮墓瓶の出土例は一点たりとも報告されていないのである。それではトゥルファンの人びとは独自の喪葬文化をもっていなかったのであろうか。もちろんその答えは否である。高昌郡時代から北涼亡命政権の時代（三二七〜四六〇年）にかけて、トゥルファンを代表する喪葬用文物は、敦煌では出土例が皆無の随葬衣物疏であった。随葬衣物疏についても第二章でふれたが、〈五胡十六国〉時代には、副葬品リストの後方に墓主の鎮魂を祈念する文言（附加文言）が附記されたものを中心に、敦煌以外の河西地方、すなわち武威郡の姑臧県（甘粛省武威市涼州区）・酒泉郡の表是県（のち、建康郡に移管。同・高台県）や玉門県（同・玉門市）などで作成されていたことがわかっている（町田隆吉「河西出土魏晋・五胡十六国時代漢語文献の基礎的整理」）。トゥルファンで作成されたものとあわせ、附加文言の部分を二三例示しておこう。

④「前涼（升平）十三（三六九）年五月烏獨渾随葬衣物疏」（第二枚）
（一九九一年、武威市涼州区紅崖支渠墓群出土。木牘）［図六］

十三年五月廿一日、生人父母為烏獨渾、十九種衣物、生時所著所衣。
山川・谷郭・黄泉・河津・橋梁、不得妄荷脱□荷妄遮脱。持
券、上詣倉天。急々如律令。

（（升平）十三年五月廿一日、生者である父と母が（死者の）烏独渾のために、十九種の衣服や雑物を（用意した。これらは烏独渾が）生前著《つ》けていた所のもの、衣《き》ていた所のものである。山川・谷間の塁壁・黄泉・河の津《わたしば》・橋梁などで、妄りに荷《せ》めたり脱《うば》ったり、□荷めて妄りに遮《さえぎ》って脱ったりしてはならない。券を持っていれば、上って倉（蒼）天に詣《いた》らせよ。急いで律令に（定められた）如く（執り行え））

⑤「前涼升平十四（三七〇）年九月孫狗女随葬衣物疏」（第二面）
（二〇〇二年、玉門市花海鎮畢家灘二六号墓出土。木牘）［図七］

升平十四年九月十四日、晋故大女孫狗女、右牒衣物・雑綵、所持

皆生時所秉。買松柏器一口、顧賈錢九萬九千九百九十。所在聽遣不得留停。時人、左青龍、右白虎、知狀。如律令。

（升平十四年九月十四日、晋の大女孫狗女（がみまかった。そこで）右のように衣服や雑物・綾絹を書き記した。（これら孫狗女が）所持しているのは、皆生前に秉《と》っていたものである。（これに加えて）松柏の器（棺）一口を買った。その値は九万九千九百九十銭であった。（これらの品々を所持した孫狗女の）在る所、遣《い》くことを聴《ゆる》し、留《とど》め停《とどこお》らせてはならない。証人は左に青龍、右に白虎。（いずれも）事情を知っている。律令（に定められた）如く（執り行え））

⑥「北涼眞興七（四二五）年六月宋泮妻隗儀容随葬衣物疏」（部分）
（一九七五年、トゥルファンカラホージャ九六号墓出土、紙）〔図八〕

（前　略）

眞興七年六月　廿四日　高□
郷延壽里民宋泮故妻隗儀容□
謹條隨身衣物數。人不得仞名□
辛關津・河梁不得留難。如律令。

（眞興七年六月廿四日、高（昌郡高昌県□□）郷延寿里の民、宋泮の妻だった隗儀容（がみまかった。そこで謹んで（隗儀容が）身につけた衣服・雑物とその数を列記した。人（第三者）がそれを名づけて自分のモノと仭（認）定してはならない。……関所や津、河や橋梁などで留《とど》め難《はば》んではならない。律令（に定められた）如く（執り行え）」

④の烏独渾の随葬衣物疏は二枚の木牘から成っており、一枚目には一七種（なぜか一九種ではない）の品目と人形図像が書かれている。墓主の烏独渾はその名から判断して非漢族であろう。⑤

［図六］「前涼（升平）十三（三六九）年五月烏獨渾随葬衣物疏」（第二片）：梁継紅「武威出土的漢代衣物疏木牘」、二一頁。

［図七］「前涼升平十四（三七〇）年九月孫狗女随葬衣物疏」（第二面）：張俊民「甘粛玉門畢家灘出土的衣物疏初探」、四〇五頁図一（M26B）。

は第一面に三五種の品目が列挙されている。当時、この地域を支配していた前涼は東晋の元号升平を奉用していたが、墓主の孫狗女には「晉故大女」という四字が冠されているのが暗示的である。

この二点が河西地方の武威郡や酒泉郡の領域から出土したのに対して、⑥はトゥルファンすなわち高昌郡で出土したものである。真興は大夏の元号なので、北涼が大夏に臣従していたことがわかる。附加文言は七行にわたる品目リストの後方に書写されているが、その大意は、河西地方で出土した④・⑤と基本的には一致する。

詳しく見ていくと、⑤は停留禁止文言、⑥は第三者追奪・停留禁止文言ということになる。④は釈読の困難な箇所があるが、やはり第三者追奪・停留禁止文言のようである。もちろん、附加文言をもたず、リストだけの随葬衣物疏もトゥルファン、敦煌を除く河西地方の両地で出土している（関尾「随葬衣物疏と鎮墓文」／「《後秦白雀元年九月某人随葬衣物疏》補説」）。両地の最大の違いは、トゥルファンの随葬衣物疏が全て紙であるのに対し（一六点中一点だけ帛に書かれたものがあるが、これは例外である。関尾「簡帛と紙石の世紀」）、河西地方のそれは全て木牘であることだが、これはトゥルファンでは柢木が多く、簡材の入手が容易ではなかったからであろう。

すなわち、トゥルファンに伝えられた喪葬用文物は、敦煌以外の河西地方で広く行なわれていた随葬衣物疏だったのである。言うまでもなく、武威や酒泉などからこの地に移り住んだ人びとによってもたらされたものと考えられる。このことは、敦煌からトゥルファンに移り住んだ人びとが西晋から〈五胡十六国〉時代にかけてはほとんどいなかったこと、いたとしてもその集団の規模も影響力も小さかったことを示唆していよう。

麴氏高昌国時代、墓誌に祖先の本貫を敦煌と記した張氏の人びとは、西晋・〈五胡十六国〉時代ではなく、それ以前すなわち三世紀前半、張恭・張就父子の時代にトゥルファンに入居したと考えれば、このような情況も説明できよう。この時代、なお敦煌では鎮墓瓶（とその銘文）は独自の展開を遂げて広く普及してはいなかったと考えてほぼ間違いないからである。

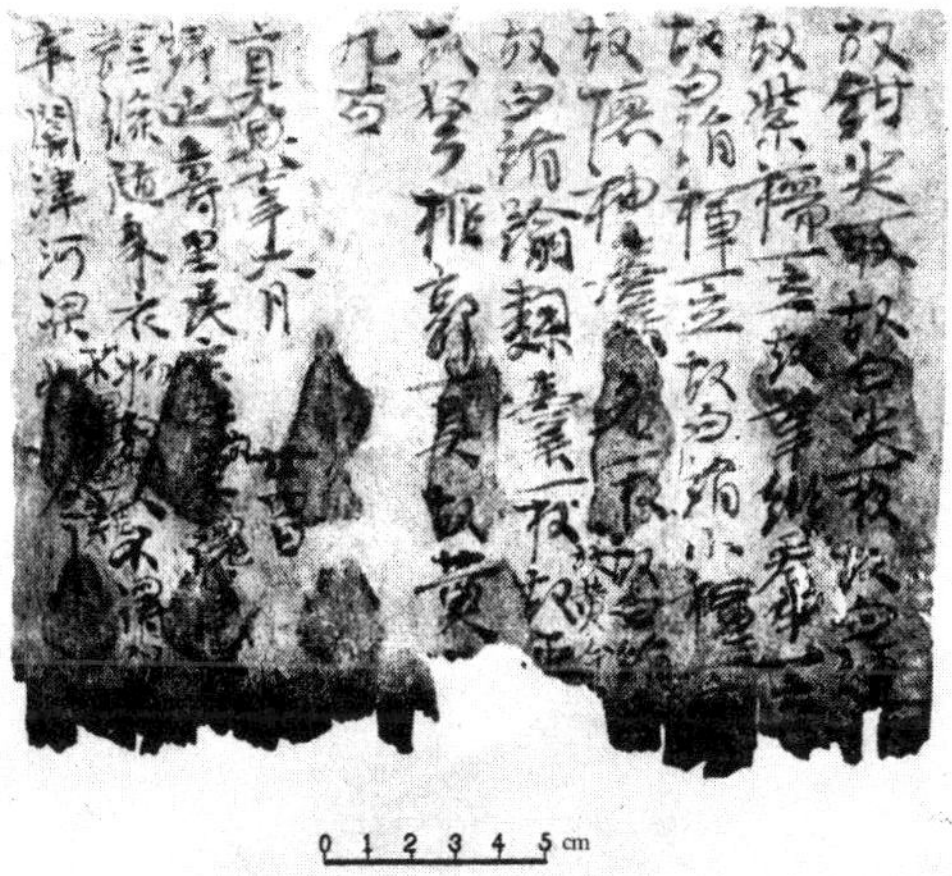

〔図八〕
「北涼眞興七（四二五）年六月宋泮妻隗儀容随葬衣物疏」：唐長孺主編『吐魯番出土文書』〔壱〕、二八頁。

麹氏高昌国時代、トゥルファンでは〈五胡十六国〉時代から引き続いて随葬衣物疏が主要な喪葬用文物としての地位を占め続けたのに対し、「敦煌型鎮墓瓶」も含めいかなる鎮墓瓶も喪葬用文物として用いられることはなかった。

おわりに

最後に繰り返すが、張恭・張就父子の一族をはじめ敦煌の張氏出身者が全てトゥルファンに移り住んだなどと主張するつもりはない。西晋・〈五胡十六国〉時代、敦煌には張氏一族が在住していたことは②や③の鎮墓瓶銘から明らかであるばかりか、李暠《こう》が大都督・大将軍を自称して西涼政権（四〇〇〜四二一年）を敦煌で発足させた際、右長史として暠を補佐したのは效穀令だった敦煌出身の張邈《ばく》であった（関尾「試論五胡時代的地域与政権」）。九世紀、唐代末期にも敦煌では、後漢の張芝の末裔を自称する張氏の出身者が複数見出せる。もちろん真偽を確かめるすべはないが（と言うより、信憑性はほとんどないが）、敦煌張氏は唐代に至っても敦煌の名族であり続けたのである（関尾「従邈真讃看敦煌居民的本貫意識」）。また張氏以外の者は張恭・張就父子の時代にトゥルファンに移動しなかったと言うつもりもない。張恭・張就父子の近親者を中心に、その戊己校尉赴任中に敦煌からトゥルファンに移住した張氏の出身者がいたようだということである。

唐長孺氏や王素氏は、漢代には前線基地だった高昌壁（塁）が時間の経過にともない、人口の自然増によって生活空間に変質していった側面を重視した。私もそのような側面があったこと自体を否定するつもりはないが、張恭・張就父子の戊己校尉就任にともなって、敦煌からトゥルファンに移住した人びとがいたこと、したがって、トゥルファンにおける人口の増加は自然増だけによってもたらされたものではないということである。このようなトゥルファンの生活空間化はかつて敦煌がたどった道とも重なるようにみえる。周知のように、敦煌を含めた河西地方は、紀元前二世紀後半、内紛の結果として匈奴の渾邪王が前漢に降って来たことによって、中国世界に組み込まれることになった。その後前後して武威・張掖・酒泉、そして敦煌の四郡（河西四郡）が新設され、内地から貧民や刑徒がその家族とともに送り込まれて開発が進められた（松田壽男「漢魏時代に於ける西北シナの開発」）。この開発の進展や社会的な成熟については、やはり人口の自然増がこれを支えたかのように考えられてきたふしがある。たとえば、白須淨眞氏は在地豪族層の成立から名族社会への展開を見通した（同「在地豪族・名族社会」）。しかし少なくとも敦煌の場合は、黄河の度重なる氾濫による被災者の移住や中央の官員の政治的な亡命などによる新来者を受け入れることにより、中国世界の最西端に位置しながらも、凝集力の強い社会を生み出していったのである（関尾『もうひとつの敦煌』第四章「敦煌社会の成立」）。曹魏の時代、トゥルファンはその敦煌からの移住をうけて、敦煌と同じような道を歩んだのである。三二七年の高昌郡の成立はその最後の仕上げでもあったと言えよう。

さてそれでは、西戎伝が立てられなかったのはどうしてなのだろうか。問題はふり出しに戻ってしまった感があるが、『三国志』全体の構成や体例を考えれば、新たな仮説を提出するのはそれほどむつかしくはないような気がする。つぎの機会を俟つとしよう。

【参考文献】

［日本語］（五十音順）

伊瀬仙太郎『中国西域経営史研究』巌南堂書店、一九六八年（初版：『西域経営史の研究』日本学術振興会、一九五五年）。

小谷仲男『大月氏　中央アジアに謎の民族を尋ねて』（新装版）、東方書店・東方選書、二〇一〇年。

大庭　脩『親魏倭王』増補新版、学生社、二〇〇一年。

岡田英弘『倭国　東アジア世界の中で』中央公論社・中公新書、一九七七年。

――――「「魏志東夷伝」の世界」『岡田英弘著作集』第三巻・日本とは何か、藤原書店、二〇一四年（一九七八年初出）。

江　優子「漢墓出土の鎮墓瓶について――銘文と墓内配置に見える死生観」『鷹陵史学』第二九号、二〇〇三年。https://archives.bukkyo-u.ac.jp/rp-contents/OS/0029/OS0029R001.pdf（二〇一九年一月時点）

嶋崎　昌「姑師と車師前・後王国」同『隋唐時代の東トゥルキスタン研究―高昌国史研究を中心として―』東京大学出版会、一九七七年（一九六六年初出）。

白須淨眞「在地豪族・名族社会―一～四世紀の河西―」『講座敦煌』第三巻・敦煌の社会、大東出版社、一九八〇年。

鈴木雅隆「後漢鎮墓瓶集成」『長江流域文化研究所年報』第五号、二〇〇七年。

関尾史郎「南涼政権（三九七―四一四）と徙民政策」『史学雑誌』第八九編第一号、一九八〇年。

――――「古代中国における移動と東アジア」『岩波講座 世界歴史』第一九巻・移動と移民――地域を結ぶダイナミズム、岩波書店、一九九九年。

――――編『中国西北地域出土鎮墓文集成（稿）』新潟大学超域研究機構・大域プロジェクト研究資料叢刊、二〇〇五年。

――――「敦煌の古墓群と出土鎮墓文」上・下、『資料学研究』第四・五号、二〇〇七年・二〇〇八年。http://dspace.lib.

niigata-u.ac.jp/dspace/bitstream/10191/5100/1/1_0014.pdf、http://dspace.lib.niigata-u.ac.jp/dspace/bitstream/10191/12974/1/04_05_Y0001.pdf(二〇一九年一月時点)

――「随葬衣物疏と鎮墓文―新たな敦煌トゥルファン学のために―」『西北出土文献研究』第六号、二〇〇八年。

――『もうひとつの敦煌―鎮墓瓶と画像磚の世界―』高志書院・新大人文選書、二〇一一年。

――「本貫の記憶と記録―敦煌張氏の場合―」関尾編『環東アジア地域の歴史と「情報」』知泉書館、二〇一四年。

――「トゥルファン出土墓誌の本貫記載をめぐって―「本貫の記憶と記録」拾遺―」『資料学研究』第一一号、二〇一四年。

――「簡帛と紙石の世紀」『歴史学研究』第九六四号、二〇一七年。

――「内乱と移動の世紀―四～五世紀中国における漢族の移動と中央アジア―」『専修大学古代東ユーラシア研究センター年報』第五号、二〇一九年。

冨谷　至『漢倭奴国王から日本国天皇へ　国号「日本」と称号「天皇」の誕生』臨川書店・京大人文研東方学叢書、二〇一八年。

長澤和俊「いわゆる晋の西域経営について」同『シルク・ロード史研究』国書刊行会、一九七九年（一九七七年初出）。

町田隆吉「敦煌出土四・五世紀陶罐等銘文について―中国古代における葬送習俗に関する覚え書き―」『研究紀要』（東京学芸大学附属高等学校大泉校舎）第一〇集、一九八六年。

――「河西出土魏晋・五胡十六国時代漢語文献の基礎的整理」渡邉義浩編『第四回日中学者中国古代史論壇論文集　中国新出資料学の展開』汲古書院、二〇一三年。

松田壽男「漢魏時代に於ける西北シナの開発」『松田壽男著作集』第四巻・東西文化の交流Ⅱ、六興出版、一九八七年（一九四〇年初出）。

渡邉義浩「国際関係よりみた倭人伝」同『三国志よりみた邪馬台国―国際関係と文化を中心として―』汲古書院、二〇一六年（二〇一一年・二〇一二年初出）。

【中国語】（画数順）

王　素『高昌史稿』統治編、文物出版社・中国文物研究所出土文献研究、一九九八年。

唐長孺「魏晋時期有関高昌的一些資料」同『唐長孺文集　山居存稿』中華書局、二〇一一年（一九七九年初出）。

賈小軍・武　鑫『魏晋十六国河西鎮墓文・墓券整理研究』中国社会科学出版社、二〇一七年。

関尾史郎／裴成国訳「《後秦白雀元年九月某人随葬衣物疏》補説」栄新江・朱玉麒主編『西域考古・史地・語言研究新視野　黄文弼与中瑞西北科学考査団国際学術研討会論文集』科学出版社・新疆師範大学黄文弼中心叢刊、二〇一四年。

――／田衛衛訳「従邈真讃看敦煌居民的本貫意識――以張氏為中心」中山大学歴史学系編『紀念岑仲勉先生誕辰一三〇周年国際学術研討会論文集』（予稿集）、二〇一六年。

――／蘇俊林訳「試論五胡時代的地域与政権――以西涼政権為中心（摘要）」中国魏晋南北朝史学会主弁『中国魏晋南北朝史学会第十二届年会暨国際学術研討会会議論文』（予稿集）下冊、二〇一七年。

――／田衛衛訳「〝五胡〟時期西北地区漢人族群之伝播与遷徙――以出土資料為中心」陝西師範大学歴史文化学院・陝西歴史博物館編『絲綢之路研究集刊』第二輯、商務印書館、二〇一八年。

【図表出典の書誌データ】（掲載順。参考文献は除く）

松田壽男・森鹿三編『アジア歴史地図』平凡社、一九六六年。

侯　燦・呉美琳『吐魯番出土磚誌集注』（全二冊）、巴蜀書社、二〇〇三年。

東京富士美術館編『「中国敦煌展」図録』東京富士美術館、一九八五年。

敦煌文物研究所考古組「敦煌晋墓」『考古』一九七四年第三期。

敦煌市博物館編『敦煌文物』甘粛人民美術出版社、二〇〇二年。
梁継紅「武威出土的漢代衣物疏木牘」『隴右文博』一九九七年第二期。
張俊民「甘粛玉門畢家灘出土的衣物疏初探」陳建明主編『湖南省博物館館刊』第七輯、岳麓書社、二〇一一年。
唐長孺主編『吐魯番出土文書』〔壱〕、文物出版社、一九九二年。

あとがき

最初に手にしたのは、「正史」である陳寿の『三国志』だった。

卒業論文のテーマに、〈五胡十六国〉のうち、鮮卑族慕容部が立てた前燕政権（三三七〜三七〇年）を取り上げることになったからである。その前史である三国時代の鮮卑族の動向を把握する必要があるが、そのためには、『三国志』巻三〇烏桓鮮卑東夷伝を読み解かなければならない。当時は中華書局版の点校本『三国志』が絶版だったため、購入したのは台湾の芸文印書館から出ていた盧弼の『三国志集解』だった。この集解本は今でも研究室の書架の奥まったところに積まれているが、本書の執筆に際しては、その後まもなく手に入った点校本『三国志』に依拠した。随所に書き込みがあるのだが、すでに冊子の体裁を喪失して久しく、亡父の遺品の中から見つかった新品同様の点校本『三国志』の世話にもなった。

大学院に進学してからも〈五胡十六国〉時代の研究を継続することになったが、この時代に関してはは、なにぶんにもまとまった史料が少ない。後代の類書や地理書を手当たりしだい開き、崔鴻『十六国春秋』をはじめとする「覇史」の佚文を見つけては原稿用紙に写し取ったのはこの頃のことだが（この時の作業は、後年、「五胡の会」のメンバーの努力により、『五胡十六国覇史輯佚』として結実した）、本書の第一章でふれた、亳州・曹氏一族墓出土の刻字塼を集めた亳県博物館「安徽亳県発現一批漢代字磚和石刻」が掲載された『文物資料叢刊』(2)を手に入れたのもそれとほぼ同時期のことである。

『三国志演義』に接したのは最後で、小川環樹・金田純一郎訳の『完訳三国志』を刊行直後に全冊買いそろえることができた。これは大学院退学後のことだが、通読したのはさらに遅く、新潟大学に職を得て、必要に迫られてのことであった。

というわけで、私の三国時代へのアプローチは、「正史」→出土資料→『演義』という順序をたどっている。これは歴史研究者のなかでも、『演義』→「正史」（→出土資料）というアプローチ派が多数を占めているようなので（近年は『演義』以前にさらにさまざまなメディアが用意されているようだが、残念ながらそれは私の理解を超えている）、まさしく少数派、それこそ異端である。だからであろう、歴史研究者の著作も、「正史」を含む編纂史料と出土資料を含む一次史料とを悉皆的に博捜した上でこの時代を論ずるのではなく、文学研究者のそれと同じように、「正史」と『演義』だけで論じて事足れりとするような風潮には（それが販売戦略であるにせよ）以前からひじょうに不満であった。手元にある渡邉義浩『三国志事典』を開いても、『演義』は出てくるが、走馬楼呉簡は出てこない。高陵の写真はあるが、朱然墓への言及はない（関尾「新刊紹介　渡邉義浩『三国志事典』／神野正史『世界史劇場　正史三国志』」）。『三国史事典』ではないからかもしれないが、そう反論されても釈然としないものが残る。そんな思いが本書執筆の動機となっている。

主題に「考古学」としたが、じつは発掘調査に従事した経験が私にはない。あるのは、発掘調査の現場を見学した経験くらいである。したがって筆を起こした頃はおこがましさが拭えなかったのだが、書き進めていくうちに、自分が三国時代の出土資料を紹介するのだという使命感のようなものが沸き起こってきた。主題にふさわしい内容を備えているか否かは、読者の皆さんに判断を委ねたい。

ただ執筆中に、本書で取り上げたもの以外にも興味深い出土資料が少なくないことにあらためて気づかされたし、『三国志』の読解ももっと確度を高めていかなければならないことを痛感した。さらなる機会を俟ちたいと思う。もっとも私が参加している出土資料に関する二つの研究会、すなわち走馬楼呉簡の読解を目的とした「長沙呉簡研究会」も、西北地方から出土した塼画や鎮墓瓶（鎮墓文）などのデータベース作りに取り組んでいる「西北出土文献研究会」も、メンバーの減少化と高齢化が進んでおり、先行きは五里霧中というのが実状である（本書の執筆に際して、両研究会のメンバーから多大な支援を受けたことは言うまでもない）。

東方選書の一冊に、という話をいただいたのはたしか、鎮墓瓶と画像磚（塼画）から敦煌の地域社会に迫った前著『もうひとつの敦煌』の刊行直後のことだったように記憶する。前著で取り上げた塼画は歴史学的にも魅力的で、いずれは敦煌にとどまらず、嘉峪関・酒泉・高台など河西地方の各地で出土した塼画や壁画についてもきちんと紹介したいと思っていたのだが（最近では敦煌と嘉峪関の中間にある瓜州や玉門でも出土例が報告されている）、当時は校務に忙殺されており、くわえて美術史の素養もない自分が（もっとも考古学の素養もないのだが）と躊躇しているうちに時間がたってしまった。このような一書の構想がいつ生まれ、どのように形をなすに至ったのか、これも思い出せないのだが、右に述べたような事情が大きく作用していることだけは確かである。

いろいろと理由をつけて執筆を先延ばししてきたにもかかわらず、いつも丁寧に対応してくださった東方書店コンテンツ事業部の家本奈都さんには、深く感謝したい。家本さんの、読者第一の本づくりへのこだわりには圧倒されるばかりであった。加えて、私の探書の求めに毎回敏速に対処してくださった同営業部の伊藤みのりさんにも謝意を表したい。そもそも伊藤さんが母校でもある新潟大学を営業で訪れることがなかったならば、本書が世に出ることもなかったと思うからである。

【関連文献】

関尾史郎「新刊紹介　渡邉義浩『三国志事典』／神野正史『世界史劇場 正史三国志』」『東アジア―歴史と文化―』第二七号、二〇一八年。

渡邉義浩『三国志事典』大修館書店、二〇一七年。
亳県博物館「安徽亳県発現一批漢代字磚和石刻」文物編輯委員会編『文物資料叢刊』(2)、文物出版社、一九七八年。

東方選書

三国志《さんごくし》の考古学《こうこがく》
出土《しゅつど》資料《しりょう》からみた三国志《さんごくし》と三国時代《さんごくじだい》

東方選書 52

二〇一九年六月二五日　初版第一刷発行

著　者…………関尾史郎
発行者…………山田真史
発売所…………株式会社東方書店
東京都千代田区神田神保町一―三　〒一〇一―〇〇五一
電話（〇三）三二九四―一〇〇一
営業電話（〇三）三九三七―〇三〇〇
ブックデザイン…鈴木一誌・下田麻亜也
組版…………三協美術
印刷・製本………（株）シナノパブリッシングプレス

定価はカバーに表示してあります

ISBN 978-4-497-21913-8 C0322